AF398134

Bibliografische Information der Deutschen Nationalbibliothek:

Die Deutsche Nationalbibliothek verzeichnet diese Publikation in der Deutschen Nationalbibliografie; detaillierte bibliografische Daten sind im Internet über http://dnb.d-nb.de abrufbar.

Impressum:

Copyright © 2014 ScienceFactory

Ein Imprint der GRIN Verlags GmbH

Druck und Bindung: Books on Demand GmbH, Norderstedt, Germany

Coverbild: pixabay.com + lithograph plate from Gray's Anatomy

Recht auf Leben – von Anfang an?

Pränatale Diagnostik und Präimplantationsdiagnostik aus medizinischer, rechtlicher und ethischer Perspektive

Inhalt

Nadja Belobrow (2012): Präimplantationsdiagnostik – Fluch oder Segen? Perspektiven, Argumentationsstrategien und Lösungsansätze

Einleitung

Die Präimplantationsdiagnostik[1] ist eine Methode zur gezielten Untersuchung und Beurteilung genetischer Krankheitsdispositionen an in vitro gezeugten Embryonen noch vor der Übertragung und Einpflanzung in den Uterus der prospektiven Mutter. Als Träger unerwünschter Merkmale identifizierte Embryonen können von der Übertragung ausgeschlossen werden. Wesentliche Voraussetzung für die Anwendung der Präimplantationsdiagnostik war die Entwicklung der assistierten Reproduktionstechniken, insbesondere der In-vitro-Fertilisation, durch welche Embryonen überhaupt der Untersuchung zugänglich gemacht werden konnten sowie die Entschlüsselung des menschlichen Genoms.

Bis 2011 war die Anwendung der vergleichsweise noch jungen Technik in Deutschland auf der Grundlage des Embryonenschutzgesetzes verboten. Da sie jedoch für Paare mit einem bekannten genetischen Krankheitsrisiko, die gleichzeitig den Wunsch nach einem gesunden Kind haben, eine Alternative zur „Schwangerschaft auf Probe" mit einem eventuellen Schwangerschaftsabbruch nach einer Pränataldiagnostik (PND) mit positivem Ergebnis darstellt und die PID im europäischen Ausland oder den USA bereits Anwendung findet, wurde ihre Einführung auf der Grundlage einer Gesetzesänderung verschiedentlich gefordert. Doch die Präimplantationsdiagnostik war aufgrund der vielen mit ihrer Einführung und Anwendung verbundenen Implikationen politisch, gesellschaftlich, ethisch, medizinisch und rechtlich stark umstritten und wird noch heute diskutiert.

In der vorliegenden Arbeit soll vorrangig die ethische Debatte um die PID aus verschiedenen Perspektiven nachgezeichnet, die Argumentationsstrategien der Befürworter und Gegner dargestellt und anschließend ihr jeweiliger Beitrag zur Lösung der komplexen Problematiken, die sich aus der Einführung, aber auch aus dem Verbot der PID ergeben, beurteilt werden. Verfolgt werden mehrere Ziele: Zum einen möchte diese Arbeit zu einer Einschätzung über das Verhältnis von Recht und Ethik in einer hochkomplexen Streitfrage wie der PID kommen. Wie unterscheiden sich die Debatten beider Fachgebiete? Wo liegen ihre Gemeinsamkeiten und können sie sich ge-

---

[1] Ich verwende die in Deutschland gebräuchliche Abkürzung PID. In einigen Quellen ist aber auch von PGD (Preimplantation Genetic Diagnosis) die Rede.

genseitig befruchten und voranbringen oder müssen sie separat geführt werden? Wie bedingen geltendes Recht und ethische Normen einander?

Zum anderen sollen die hier erörterten Perspektiven ethischer Fragestellungen zur Präimplantationsdiagnostik hinsichtlich ihres Beitrages zu einer konsensualen Entscheidungsfindung beurteilt werden. Durch die Entwicklung der PID eröffnen sich neue, mit komplexen Problemstellungen behaftete Handlungsoptionen. Welcher Ansatz kann am ehesten den Erfordernissen adäquater Begegnung mit diesen Problemstellungen gerecht werden? Welche Argumentationsstrategie ist am besten geeignet, eine allgemein akzeptierte Lösung zu erarbeiten? Wie ist die PID letztlich aus ethischer Sicht zu beurteilen und ist eine eindeutige Aussage hierzu überhaupt möglich?

Zur Darlegung und Beurteilung der juristischen und ethischen Argumente für und wider die Anwendung der Präimplantationsdiagnostik sind grundlegende biologische und medizinische Kenntnisse vonnöten; daher werden diese im ersten Teil der Arbeit kurz beschrieben. Behandelt werden die Indikationen präimplantativer Diagnostik, genetische Grundlagen, die verschiedenen Methoden prädiktiver Untersuchungen, die Techniken der In-vitro-Fertilisation sowie die embryonale Entwicklung. Der zweite Teil befasst sich mit der rechtlichen Debatte zur PID, die letztlich zur aktuellen Gesetzeslage in Deutschland geführt hat sowie den juristischen Implikationen für die verschiedenen beteiligten Parteien, also den Embryo, die Eltern, aber auch die beratenden und durchführenden Ärzte. Dabei geht es um Probleme, die sich direkt aus der klinischen Praxis ergeben, aber vor allem auch um juristische Bewertungen und – engstens damit verwoben – Abwägungen der individuellen wie gesellschaftlichen Folgen. Ein Grundproblem besteht bereits durch die Möglichkeit der so genannten „Verwerfung" überzähliger Embryonen, womit die Frage nach dem moralischen Status und Schutz des Embryos sowie der Abwägung zwischen den Rechten der Eltern, insbesondere der Frauen, und denen des Kindes aufgeworfen wird. Der dritte Teil verfolgt dann die ethischen Aspekte der präimplantativen Diagnostik. Auch in der ethischen Debatte ist die Frage nach dem Status des Embryos von herausragender Bedeutung. Aus weiteren Perspektiven werden mit der praktischen Anwendung der PID verbundene Fragen, insbesondere solche der Autonomie, erörtert sowie aus konsequentialistischer Perspektive sozialethische Aspekte wie etwa Einwände gegen Selektion und Diskriminierung beleuchtet und diskutiert. Abschließend soll eine Zusammenfassung der komplexen Sachverhalte und Argumentationen gegeben und ein Fazit gezogen werden.

Medizinisch-naturwissenschaftliche Grundlagen

In diesem Teil der Arbeit werden die grundlegenden medizinischen und naturwissenschaftlichen Kenntnisse vermittelt, die zum Verständnis der darauf folgenden Kapitel als notwendig erachtet werden. Dabei werden die Indikationen für die verschiedenen Möglichkeiten prädiktiver Diagnostik, insbesondere der Präimplantationsdiagnostik sowie damit in Zusammenhang stehend die genetische Beratung und deren Grundlagen behandelt. Weiter wird die klinische Praxis der assistierten Reproduktion erläutert und die embryonale Entwicklung dargestellt.

Indikationen prädiktiver Diagnostik

Während einer bereits etablierten Schwangerschaft gibt es neben den klassischen, zeitlich festgelegten sonographischen Untersuchungen zur Überwachung der regelrechten Lage des Kindes und des Mutterkuchens sowie zum Ausschluss starker phänotypischer Fehlbildungen weitere Methoden zur Vorhersage über gesundheitliche Störungen oder Krankheitsdispositionen des Embryos.

Jede dieser unterschiedlichen Methoden setzt zu verschiedenen Zeitpunkten der geplanten oder etablierten Schwangerschaft an – im Falle der präimplantativen Diagnostik bereits vor der Einpflanzung des Embryos in den Uterus – und ist auch unterschiedlich aussagekräftig.

> Bei der Indikation zu einer diagnostischen Methode ist zu berücksichtigen, dass sie in der Regel nur sinnvoll und damit ärztlich begründbar ist, wenn aus der Diagnose auch eine konkrete präventive oder therapeutische Handlung folgt.[2]

Allgemein gibt es vier Indikationsgruppen: Verdacht auf eine monogen erbliche Krankheitsanlage, Verdacht auf genetische Risiken für multifaktoriell bedingte Krankheiten oder Verdacht auf Chromosomenstörungen sowie die Identifikation erwünschter genetischer Merkmale.[3] In diesen Fällen besteht die Möglichkeit einer genetischen Beratung, die im Folgenden genauer erläutert wird.

Genetische Beratung

Die genetische Beratung soll die Schwangere vom Zeitpunkt ihrer Inanspruchnahme sowohl vor als auch nach einer eventuellen Testung begleiten. Dabei ist die Einwilligung der Schwangeren nach entsprechender Information die unbe-

---

[2] Nationaler Ethikrat (2003), S. 60f.
[3] Vgl. Deutscher Ethikrat (2011), S. 15.

dingte Voraussetzung. Die Beratung vor der Durchführung einer gezielten Diagnostik umfasst folgende Bereiche:

- Anlaß für die Untersuchung,

- Ziel der Untersuchung,

- Risiko der Untersuchung,

- Grenzen der pränatalen diagnostischen Möglichkeiten und pränatal nicht erfaßbare Störungen,

- Sicherheit des Untersuchungsergebnisses,

- Art und Schweregrad möglicher oder vermuteter Störungen,

- Möglichkeiten des Vorgehens bei einem pathologischen Befund,

- psychologisches und ethisches Konfliktpotential bei Vorliegen eines pathologischen Befundes,

- Alternativen zur Nicht-Inanspruchnahme der invasiven pränatalen Diagnostik.[4]

Nach Diagnose einer Erkrankung oder Entwicklungsstörung umfasst die Beratung:

- Bedeutung des Befundes,

- Ursache, Art und Prognose der Erkrankung oder Entwicklungsstörung des Kindes,

- mögliche Komplikationen,

- prä- und postnatale Therapie- und Förderungsmöglichkeiten,

- Konsequenzen für die Geburtsleitung (Modus, Zeit und Ort)

- Alternativen: Fortführung oder Abbruch der Schwangerschaft,

- Kontaktmöglichkeiten zu gleichartig Betroffenen und Selbsthilfegruppen,

- Möglichkeiten der Inanspruchnahme medizinischer und sozialer Hilfe.[5]

Entscheidet sich die Schwangere für eine Fortführung der Schwangerschaft, sind folgende Beratungsinhalte vorgesehen:

- nicht-invasive medikamentöse Behandlung des Kindes über die Schwangere,

- invasive medikamentöse Behandlung des Kindes,

---

[4] www.bundesaerztekammer.de Zugriff am 29.02.2012 18:05.
[5] www.bundesaerztekammer.de Zugriff am 29.02.2012 18:05.

- operative Maßnahmen.[6]

Wünscht sie einen Schwangerschaftsabbruch, beinhaltet die Beratung Informationen über:

- die Möglichkeiten der Durchführung des Abbruchs unter den gegebenen medizinischen und juristischen Rahmenbedingungen,

- den Umgang mit dem toten Kind (z. B. Beerdigung),

- die Möglichkeiten einer eventuell erforderlichen psychotherapeutischen Nachsorge, gegebenenfalls unter Hinzuziehung von Selbsthilfegruppen sowie deren Vermittlung.[7]

Grundlagen der Genetik

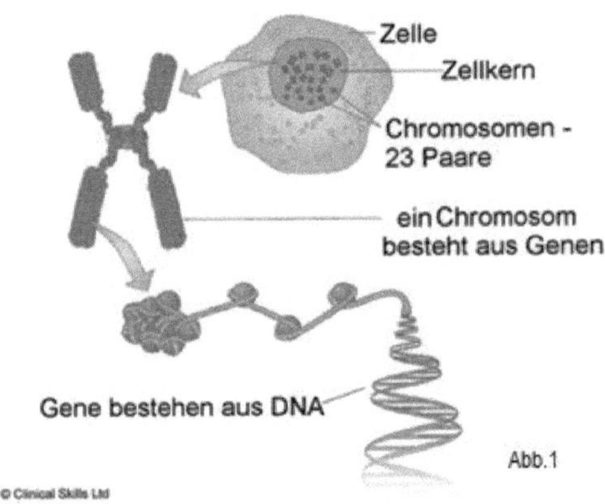

Abb. 1: Chromosomen (Quelle: www.eurogentest.org vom 28.02.2012 18:04)

---

[6] www.bundesaerztekammer.de Zugriff am 29.02.2012 18:05.
[7] www.bundesaerztekammer.de Zugriff am 29.02.2012 18:05.

Die Erbsubstanz DNS (Desoxyribonukleinsäure) ist in sämtlichen Zellkernen der 10^{14} Zellen auf den 23 Chromosomenpaaren enthalten (Abb.1). Sie ist ein lang-kettiges Molekül aus 30.000-40.000 Informationseinheiten (den Genen), die in linearen Sequenzen aus vier verschiedenen Bausteinen (den Nukleotiden Gua-nin, Adenin, Thymin, Cytidin) vorliegen und Zucker (Desoxyribose) sowie eine Phosphatgruppe enthalten (Abb.2).[5]

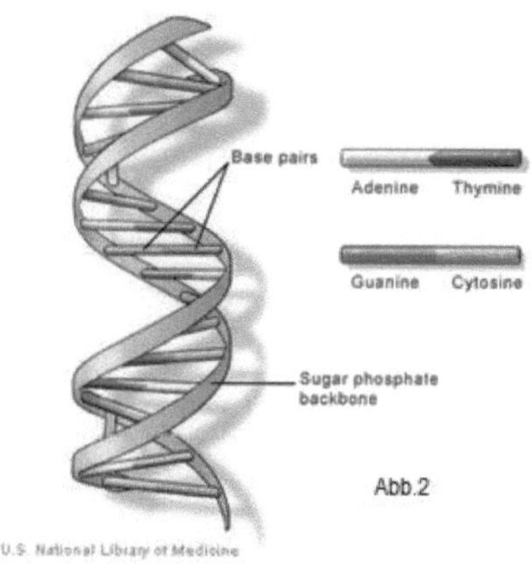

Abb 2: Doppelhelix (Quelle: www.rmif.de vom 28.02.2012 18:43)

Die Gesamteinheit der Erbanlagen wird als Genom bezeichnet. In Körperzellen liegen die Chromosomen und die darauf befindlichen Gene doppelt vor, eine Hälfte von der Mutter und die andere Hälfte vom Vater (Diploidie). Keimzellen enthalten dagegen halbierte Chromosomen (Haploidie).

Die genetische Weitergabe und Neukombination erfolgt über die Halbierung und anschließende Rekombination des genetischen Materials der Eltern, die Bildung der Samen- und Eizellen, die Befruchtung und anschließende Embryonal- bzw. Fetalentwicklung.[8]

Dabei ergibt sich aufgrund der Fülle an genetischen Informationen eine erhebli-che Variabilität der Ausprägung der Erbanlagen, die in verschiedenen Phänoty-pen manifest wird. Die Entstehung von Mutationen ist beim Vorgang der Meiose vor der Bildung der Keimzellen möglich; ihre Weitergabe

---

[5] Vgl. Deutsche Forschungsgemeinschaft (2003), S. 6.
[8] Vgl. Deutsche Forschungsgemeinschaft (2003), S. 7.

erfolgt durch fortgesetzte Zellteilung, wobei die kodierte Geninformation auf die RNA übertragen (Transkription) und in Aminosäureketten, also Proteine, umgesetzt wird (Translation) (Abb.3). [9]

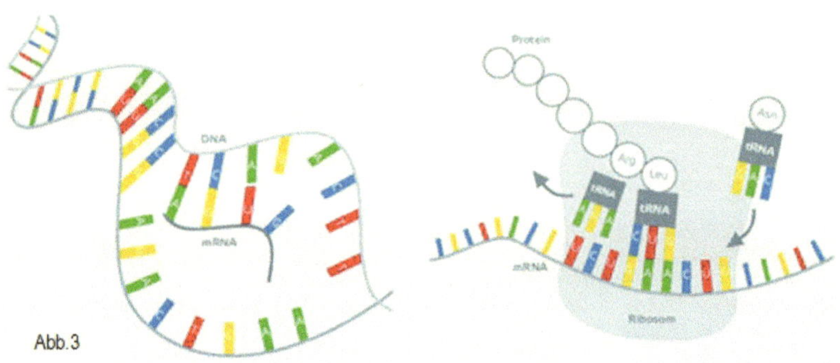

Abb. 3: Transkription und Translation (Quelle: www.bio.logis.org vom 29.02.2012 18:23)

Die Umsetzung von Genen in Genprodukte erfolgt nur bei aktiven Genen und wird Expression genannt. Menschliche Genome unterscheiden sich in etwa 0,1%, was immerhin drei Millionen Sequenzunterschiede ausmacht. Durch genetische Mutationen ergeben sich funktionelle Konsequenzen, die aber nicht notwendigerweise als Einschränkung wahrnehmbar sein müssen. Unterschieden werden daher deterministische von probabilistischen Diagnosen. [10] Erstere bezeichnen Krankheiten, deren Ausbruch mit an Sicherheit grenzender Wahrscheinlichkeit bei Erreichen des üblichen Alters erfolgt. Letztere geben lediglich eine mehr oder minder erhöhte Wahrscheinlichkeit der Krankheitsmanifestation an.

> Ob eine Krankheit tatsächlich in Erscheinung tritt, hängt vor allem davon ab, ob der Erbgang (a) rezessiv oder dominant ist, bzw. ob (b) das betreffende Gen auf den Gonosomen oder Autosomen liegt, oder (c) der Mutationsgrund auf eine zu große oder zu kleine Zahl von Chromosomen zurückzuführen ist. [11]

---

[9] Vgl. Ebd., S. 8ff.
[10] Vgl. Schmidt, H. T. (2003), S. 46.
[11] Ebd., S. 47.

Bei rezessiven Erbgängen besteht die Möglichkeit, dass das die Krankheit auslösende Gen nur auf einem der in doppelter Ausführung vorliegenden Chromosomen auftritt. In diesem Fall kann die Mutation durch das zweite, gesunde Chromosom kompensiert werden. So können Personen, die Anlagen zu einer Krankheitsdisposition tragen, diese weiter vererben, ohne selbst davon betroffen zu sein. „Ein signifikantes Risiko der Übertragung auf potentielle Kinder ergibt sich nur in dem Fall, bei dem beide Elternteile Träger sind, wobei nach den Mendel'schen Gesetzen die Wahrscheinlichkeit für ein auffälliges Kind 25% beträgt (ebenfalls 25% für ein gänzlich unbelastetes Kind, 50% für ein Kind, das, wie die Eltern, Anlageträger ist).“[12] Bei dominanten Erbgängen setzt sich das relevante Gen durch und manifestiert sich im Phänotyp. Wenn nur ein Elternteil Träger der Erkrankung ist, beträgt die Vererbungswahrscheinlichkeit je 50% für ein belastetes bzw. unbelastetes Kind, sind dagegen beide Eltern Träger, erhöht sich die Wahrscheinlichkeit für die Weitergabe auf 75%.

Liegt das von einer Mutation betroffene Gen auf den Gonosomen, also den Geschlechtschromosomen, „korreliert die Wahrscheinlichkeit, eine Krankheit zu erben, mit dem Geschlecht, das die potentiellen Nachkommen haben. Bei X-chromosomal-gebundenen Gendefekten ist die Wahrscheinlichkeit für Männer dabei wesentlich höher zu erkranken, da sie kein zweites X-Chromosom haben, das den Defekt kompensieren könnte.“[13]

Die dritte Möglichkeit der Weitergabe genetischer Krankheiten entsteht aus so genannten Chromosomenaberrationen (Störungen), die entweder in numerischer Form aufgrund von Translokationen oder in struktureller Form durch Umlagerungen innerhalb eines oder zweier Chromosomen, was i.d.R. keine phänotypischen Auswirkungen nach sich zieht, vorliegen können.

> Für Neugeborene besteht insgesamt ein Fehlbildungs- bzw. Erkrankungsrisiko von 3-5%. Davon machen Chromosomenstörungen und monogene Erkrankungen, also Erkrankungen die von nur einer Gensequenz ausgelöst werden, etwa 1,5% aus.[14]

Der Rest geht auf spontane Mutationen zurück, die nicht mittels prädiktiver genetischer Diagnostik vorhergesagt werden können. Eine monogen erbliche Krankheit aufgrund einer Mutation eines einzelnen Genes kann bereits vorgeburtlich auch ohne Manifestation diagnostiziert werden und damit bietet die PID die Möglichkeit, das Vorliegen einer entsprechenden Erkrankung bei

---

[12] A.a.O.
[13] Schmidt, H. T. (2003), S. 48.
[14] Knoepffler, N. (2004), S. 111.

einem Embryo zu überprüfen. Die Manifestation multifaktorieller Krankheiten ist neben dem Vorliegen einer genetischen Disposition auch von entsprechenden Umwelteinflüssen abhängig.[15]

Methoden prädiktiver Diagnostik

Mit fortschreitender medizinischer Forschung und technischer Entwicklung sind seit den 60er Jahren immer mehr Möglichkeiten vorgeburtlicher Diagnostik entstanden, die – wie bereits erwähnt – zu unterschiedlichen Zeitpunkten einer geplanten oder bereits etablierten Schwangerschaft ansetzen. Zu unterscheiden sind Methoden der Präfertilisations- bzw. Präkonzeptionsdiagnostik, der Präimplantationsdiagnostik und der Pränataldiagnostik.

Allen Verfahren ist das Ziel gemeinsam, die Geburt eines schwer erkrankten oder behinderten Kindes zu verhindern, wobei die Anwendung der Pränataldiagnostik am Embryo in vivo ansetzt und damit eine bereits bestehende Schwangerschaft erfordert, was gleichzeitig impliziert, dass nach Feststellung einer manifestierten oder disponierten Krankheit lediglich ein Schwangerschaftsabbruch zur Verhinderung in Frage kommt. Die anderen beiden Methoden hingegen setzen notwendig die künstliche Befruchtung voraus, da die entsprechenden genetischen Analyseverfahren nur in vitro durchgeführt werden können.

Anwendung und Interpretation genetischer Testverfahren

Generell ist bei der Interpretation genetischer Informationen zu beachten, dass ein einziges Gen Träger verschiedener Mutationen sein und damit auch verschiedene Krankheitsbilder erzeugen kann. Gleichzeitig kann ein bestimmtes Krankheitsbild durch unterschiedliche Gendefekte hervorgerufen werden. Selbst die identische Mutation eines Genes kann innerhalb einer Familie zu voneinander abweichenden Krankheitsbildern führen, was auf die unterschiedliche Durchschlagskraft (Penetranz) einer dominant vererbten genetischen Störung zurückzuführen ist. In der Schwangerschaft eingenommene Medikamente können ebenfalls Krankheitsbilder hervorrufen, die mit monogenen Erbkrankheiten übereinstimmen, so dass auch hier eine genaue Abgrenzung erforderlich ist.[16]

Prädiktive genetische Analysen können das Risiko der Weitervererbung genetisch bedingter Krankheiten minimieren, aber nicht verhindern, dass spontane Mutationen auftreten. Gleichzeitig beinhaltet jede Anwendung der hier erläuter-

---

[15] Vgl. Deutsche Forschungsgemeinschaft (2003), S. 12-19.
[16] Vgl. Deutsche Forschungsgemeinschaft (2003), S. 22-25.

ten Verfahren ein mehr oder minder großes Risiko, seinerseits Schädigungen des Embryos zu verursachen, bis hin zum Verlust durch Spontanabort.

Pränataldiagnostik

Die Pränataldiagnostik bietet sowohl Möglichkeiten phänotypischer als auch genotypischer Untersuchungen an Embryonen in vivo.[17] Ihre Methoden haben sich weitgehend etabliert und sind inzwischen routinierter, zuweilen unkritisch angewandter Bestandteil vorsorglicher Schwangerschaftsuntersuchungen.[18]

Bis zur Entwicklung der Sonographie, mit der erstmals der Embryo im Mutterleib sichtbar wurde, bestanden praktisch keine direkten Untersuchungsmöglichkeiten, die Auskunft über den Gesundheitszustand eines Ungeborenen geben konnten. Mit der Ultraschalltechnik konnten zumindest der regelrechte Entwicklungsstand überprüft und gravierende Fehlbildungen entdeckt werden. Zur Erkennung von Chromosomenanomalien wie beispielsweise der Trisomie 21 (Down-Syndrom) dient der so genannte Triple-Test, der anhand der Konzentration bestimmter Substanzen im mütterlichen Blut unter Einbeziehung weiterer Faktoren eine Abschätzung der individuellen Risikowahrscheinlichkeit ermöglicht, die jedoch einer relativen Unsicherheit unterliegt. Der Bluttest kann zwischen der 16. und der 18. Schwangerschaftswoche durchgeführt werden.

---

[17] Vgl. Kollek, R. (2002), S. 16-20.
[18] Vgl. ausführlich die Konsequenzen der PND für die Wahrnehmung von Schwangerschaft und Geburt. Schindele, E. (1990).

Zu den invasiven Untersuchungsmethoden gehören die Amniozentese und die Chorionzottenbiopsie, die ein – wenn auch geringes – Risiko spontaner Aborte beinhalten und deshalb nur nach gewissenhafter Abwägung vorgenommen werden sollten. Durch die Entwicklung der Amniozentese konnten erstmals Zellen des Embryos einer Analyse zugeführt werden:

> Bei dem Verfahren wird eine Hohlnadel, deren richtige Führung auf dem Ultraschall beobachtet wird, in die Fruchtblase (das Amnion) gestochen und etwas Fruchtwasser entnommen. Darin befinden sich immer einige vom Embryo abgestoßene Zellen, die mit unterschiedlichen Analysemethoden genauer untersucht werden können.[19]

Der Untersuchungszeitraum liegt zwischen der 14. und 16. Schwangerschaftswoche, ein Ergebnis liegt aber oft erst zu Beginn des 5. Schwangerschaftsmonats vor.

Wird im Falle positiver Diagnostik ein Abbruch der Schwangerschaft gewünscht, bedeutet dies in der Regel die Abtreibung eines extrauterin lebensfähigen Embryos und enorme psychische Belastungen für die Frau.

Die Chorionzottenbiopsie hat hingegen den Vorteil, dass sie bereits in der achten oder neunten Woche durchgeführt werden kann und das Ergebnis noch vor Ende des dritten Monats zu erwarten ist. Bei dieser Methode

> [...] werden die embryonalen Zellen für die Analyse nicht dem Fruchtwasser entnommen, sondern dem Chorion, d.h. der Plazenta. Die Plazenta wird aus embryonalem Gewebe gebildet. Deshalb enthalten ihre Zellen die gleichen genetischen Informationen wie die des Embryos. Mithilfe eines chirurgischen Instruments wird unter Ultraschallkontrolle eine kleine Menge Gewebes entnommen, das dann wie bei der Amniozentese weiterkultiviert und untersucht wird.[20]

Präfertilisations- bzw. Präkonzeptionsdiagnostik

Die Methoden präkonzeptiver Diagnostik, also vor der in diesem Fall in vitro stattfindenden Befruchtung, bestehen zum einen in der Untersuchung der Polkörper an der Eizelle der prospektiven Mutter und zum anderen in der Untersuchung der Spermienqualität des prospektiven Vaters. Die Polkörper bilden sich im Verlauf der Reifeteilung an der Peripherie der Eizelle. Sie „haben nach derzeitigem Stand der Wissenschaft keine relevante Funktion im Rahmen des Befruchtungsprozesses, weshalb es möglich ist, einen Polkörper von einer zu einem späteren Zeitpunkt noch zu befruchtenden Eizelle

---

[19] Kollek, R. (2002), S 18.
[20] Kollek, R. (2002), S. 19.

zu entfernen"[21] und einer genetischen Analyse zu unterziehen. Dieses Verfahren erlaubt jedoch nur den Ausschluss mütterlicherseits zu vererbender unerwünschter genetischer Anlagen mittels der Selektion ungeeigneter Eizellen. Die Untersuchung der männlichen Keimzelle erlaubt in genetischer Hinsicht lediglich die Identifikation des Geschlechtschromosoms, womit immerhin die Vererbung X-chromosomal-gebundener Erkrankungen umgangen werden kann. Eine weitergehende Analyse des Spermiums ist nicht möglich, da dieses bei der Untersuchung verbraucht würde.[22]

Präimplantationsdiagnostik

Bei der Präimplantationsdiagnostik ist die nicht-invasive PID, die im Rahmen jeder In-vitro-Fertilisation (IVF), die ja die Voraussetzung für dieses Verfahren ist, durchgeführt wird und lediglich augenscheinlich nicht lebensfähige Keime selektiert, von der invasiven und hier zu erörternden PID zu unterscheiden.[23]

Dabei werden einem Embryo im 6- bis 10-Zell-Stadium ein oder zwei der so genannten Blastomeren entnommen und verbrauchend gezielt auf bestimmte genetische Mutationen untersucht. Je nach Ergebnis der Biopsie kann der Embryo zur Herbeiführung einer Schwangerschaft in den Uterus der prospektiven (genetischen) Mutter transferiert, zur späteren Verwendung kryokonserviert oder nicht implantiert werden. Diese „Verwerfung" führt zum Absterben des Embryos, der außerhalb des Mutterleibs nicht überlebensfähig ist.

> Zur Diagnose kommen in Abhängigkeit von den zu untersuchenden Merkmalen zwei Verfahren zur Anwendung, FISH (dt.: Fluoreszenz-in-vitro-Hybridisierung) und PCR (dt.: Polymerasekettenreaktion). Ein weiteres Hilfsverfahren ist PEP (‚primer extension amplification'), das zum Ziel hat, die begrenzte Menge an DNA, die in der entnommenen Zelle vorliegt, zu vervielfachen, um verschiedene parallele Untersuchungen zu erlauben.[24]

Die FISH weist beispielsweise Trisomie 21 nach, die PCR dient der Feststellung rezessiver Erbkrankheiten.

Assistierte Reproduktion/In-vitro-Fertilisation

Im Folgenden wird das Verfahren der In-vitro-Fertilisation (IVF) als Voraussetzung für die Durchführung präimplantativer Diagnostik erläutert. IVF ist eigent-

---

[21] Schmidt, H. T. (2003), S. 30.
[22] Ebd., S. 32.
[23] Vgl. Knoepffler, N. (2004), S. 110f.
[24] Schmidt, H. T. (2003), S. 33.

lich eine Technik der assistierten Reproduktion, welche Paaren, die ungewollt kinderlos sind, zur Etablierung einer Schwangerschaft verhelfen soll. Paare mit einem erhöhten genetischen Risiko können aufgrund ihrer Krankheitsdisposition oder -manifestation sowie aus embryopathischen Gründen ebenfalls Fertilitätsschwierigkeiten aufweisen, diese sind aber nicht zwingend vorhanden. Die IVF muss bei dem Wunsch nach einer PID jedenfalls in Kauf genommen werden.

Gametengewinnung

Der natürliche, spontane Ovarialzyklus wird durch das Hypothalamus-Hypophysen-System gesteuert, wobei der Hypothalamus das Zwischenhirn und die Hypophyse die Hirnanhangdrüse bezeichnet. Der Hypothalamus bildet das Freisetzungshormon GnRH (Gonadotropin-Releasing-Hormon), das wiederum den Hypophysen-Vorderlappen zur Bildung der Gonadotropine FSH und LH anregt. Das follikelstimulierende FSH fördert die Reifung der Eibläschen, wodurch Östrogen gebildet und die Gebärmutterschleimhaut zum Wachstum angeregt wird. Dieser Vorgang führt zu einer negativen Rückkopplung mit der Hypophyse und der Reduktion des FSH. Das luteinisierende LH führt zur Reifung und zum Springen des Follikels. Im Eierstock zurückbleibendes Follikelgewebe wird in Gelbkörper (Corpus luteum) umgewandelt, die ebenfalls die Gebärmutterschleimhaut anregendes Progesteron bilden (Abb. 4). Die Abstoßung einer befruchteten Eizelle wird durch das ‚human chorionic gonadotropin' (HCG) verhindert.[25]

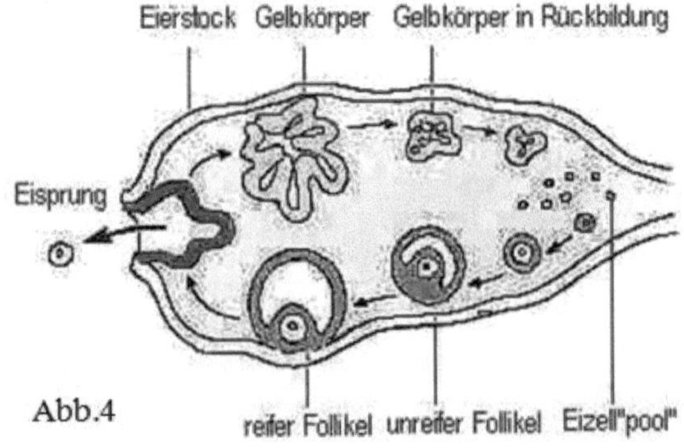

Abb. 4: Follikelbildung (Quelle: www.wunschkinder.net vom 22.06.2012 17:38)

---

[25] Vgl. Barbian,E./Berg, G. (1997), S. 39f.

In der klinischen Praxis beginnt das IVF-Verfahren in der Regel mit der hormo-
nellen Follikelstimulation. Diverse hormonelle Stimulantien ermöglichen ver-
mehrtes Follikelwachstum und erhöhen die Chancen auf befruchtungsfähige Eizellen. Des Weiteren können Zyklus und Eisprung quasi programmiert (z.B. mit
GnRH-Analoga) und so an den Klinikalltag angepasst werden. Die Auswahl und
Kombination der Stimulationsmittel beruht weitgehend auf den Erfahrungswer-
ten der einzelnen Teams, der Zahl der zu erwartenden Eizellen und den Implan-
tationsraten.[26] Die hormonelle Stimulation birgt Risiken für die behandelten
Frauen. Neben Unverträglichkeiten wie Kopfschmerzen, Brustspannen, Wassereinlagerungen und Hitzewallungen besteht die Gefahr des Hyperstimulations-
syndroms mit erhöhter Gefäßdurchlässigkeit in Bauchhöhle, Pleuralraum und
Herzbeutel.

Dies kann zu verringertem Blutvolumen, Bluteindickung, Elektrolytveränderun-
gen und in schweren Fällen zu Lungenembolie, Schlaganfall oder gar zum Tod
führen. Weiterhin treten vermehrt Mehrlingsschwangerschaften, Spontanaborte
und extrauterine Schwangerschaften sowie angeborene Fehlbildungen auf. Die
perinatale Mortalität ist erhöht und es gibt Hinweise auf einen Zusammenhang
zwischen der medikamentösen Follikelstimulation und hormonabhängigen Kar-
zinomen.[27]

---

[26] Vgl. Ebd., S. 41-44.
[27] Vgl. Barbian,E./ Berg, G. (1997), S. 58-63.

Die Punktion der Eizelle erfolgt zwischen dem 10. und 14. Zyklustag, je nach Art des IVF-Zentrums in einigen Fällen auch ambulant. Der Eisprung wird etwa 36 Stunden vor der geplanten Punktion ausgelöst.[28] Aus technischen sowie diagnostischen Gründen wird die Follikelpunktion nur noch selten – vornehmlich bei schwierigen Befunden – laparaskopisch durchgeführt. Meist wird transvaginal unter Ultraschallsicht punktiert, ein Verfahren, das geringere Kosten verursacht und durch niedrige Komplikationsraten eine höhere Akzeptanz der Patientinnen genießt.[29] Dennoch bestehen Risiken wie die Verletzung von Blutgefäßen, Herz-Kreislauf-Störungen, entzündliche Prozesse und das übliche Narkoserisiko.[30] Die Zahl der punktierten Follikel variiert je nach Indikation oder Stimulationsmodell sowie nach dem Ergebnis der Eizellbewertung oder auch nach Wunsch der Patientinnen. In den meisten Fällen werden entweder alle Eizellen oder eine vorher festgelegte Zahl punktiert, wobei Ersteres die Zystenbildung durch Hyperstimulation verhindert.[31] Auch eine verschlechterte Qualität des männlichen Samens oder die Kryokonservierung nicht benötigter Eizellen für spätere Zyklen indizieren die Punktion sämtlicher gefundener Follikel.

Die Samenabgabe und -aufbereitung erfolgt in der Regel nach erfolgreicher Punktion, bei der GIFT-Methode aber auch vorher. Ein Spermiogramm kontrolliert die Qualität des Samens; Messparameter sind das Nativpräparat in Augenschein, Geruch und Farbe, der pH-Wert, die Konsistenz und deren Veränderung sowie die Spermienzahl, -form und -beweglichkeit (Motilität). Die Aufbereitung des Spermas beinhaltet die Trennung von Spermatozoen und Seminalplasma.

Die Befruchtung in vitro

Die Befruchtung in vitro erfolgt entweder auf „natürlichem" Wege durch die Zusammenführung von Eizelle und etwa 100.000 Spermien, wovon eines binnen weniger Minuten die äußere Hülle der Eizelle durchdringt und von ihrem Inneren aktiv aufgenommen wird[32] oder – vor allem im Falle

---

[28] Vgl. Ebd., S. 63.
[29] Vgl. Ebd., S. 64ff.
[30] Vgl. Ebd., S. 67f.
[31] Vgl. Ebd., S. 69f.
[32] Vgl. Müller, S. E./Schmid-Tannwald, I./Hornstein, O. P. (Hg) (2008), S. 21.

mangelnder Befruchtungsfähigkeit der männlichen Spermien – mit Hilfe der so genannten Intracytoplasmatischen Spermieninjektion (ICSI) (Abb. 5).

> Mit einer Glaskapillare, die den Samenfaden enthält, wird die dicke Hülle der Zona pellucida durchstoßen und die Spermie vorsichtig in das Innere der Eizelle eingeführt. Bei 60 bis 70% dieser injizierten Eizellen kommt es dann tatsächlich zur Befruchtung, die an der Vorkernbildung ersichtlich ist.[33]

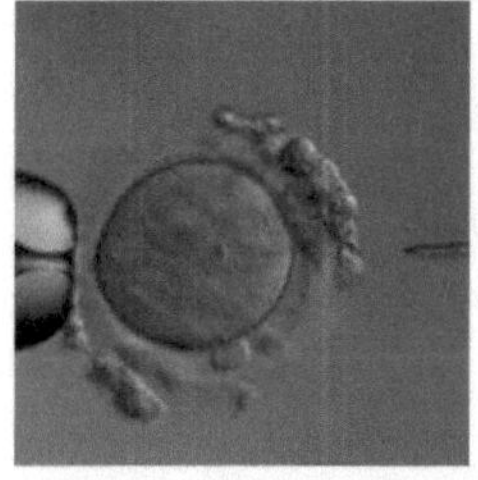

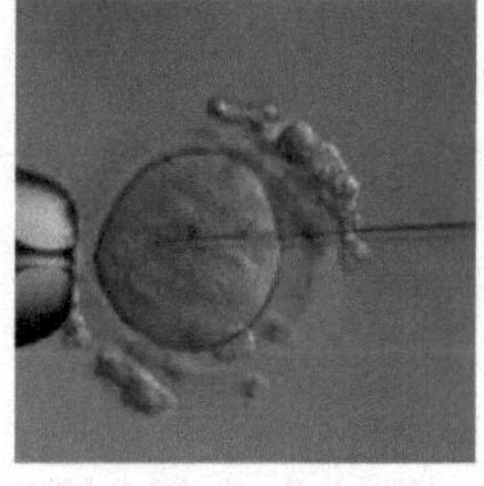

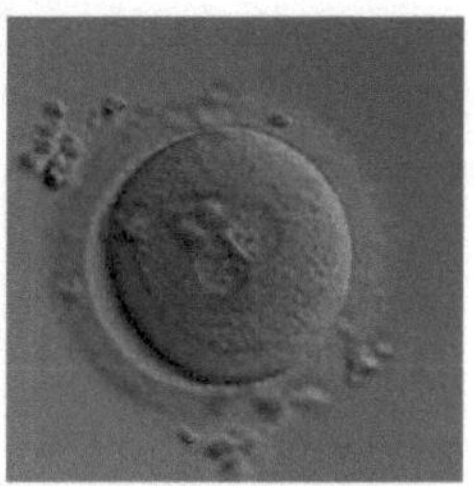

Abb. 5: Intracytoplasmatische Spermieninjektion (ICSI) (Quelle: www.praxisklinik-sydow.de vom 26.06.2012 21:44)

Embryonalentwicklung

Die so genannte Imprägnation, die Penetration der Eizelle durch das Spermium, markiert den Beginn des Befruchtungsvorganges. Durch die anschließende Verschmelzung der Membranen der Ei- und Samenzellen wird die Eizellmembran für andere Spermien undurchlässig. Bei der IVF können nach etwa 12 bis 18 Stunden die Vorkerne (Pronuclei) identifiziert werden.[34]

> Beide Vorkerne enthalten je 23 Chromosomen. Sie reduplizieren sich in den nächsten achtzehn bis zwanzig Stunden getrennt voneinander. Dadurch sind sie für die Konjugation vorbereitet. Die Kerne nähern sich, ihre Membranen lösen sich auf und ihre reduplizierten Chromosomen ordnen sich auf einer gemeinsamen Spindel an. [...] Dieses Entwicklungsstadium wird als Zygote bezeichnet.[35]

---

[33] Ebd., S. 22.
[34] Vgl. Knoepffler, N. (2004), S. 51.
[35] Knoepffler, N. (2004), S. 51.

Durch die nun folgende mitotische Zellteilung entstehen die so genannten Fur-
chungszellen oder Blastomeren (Abb. 6).

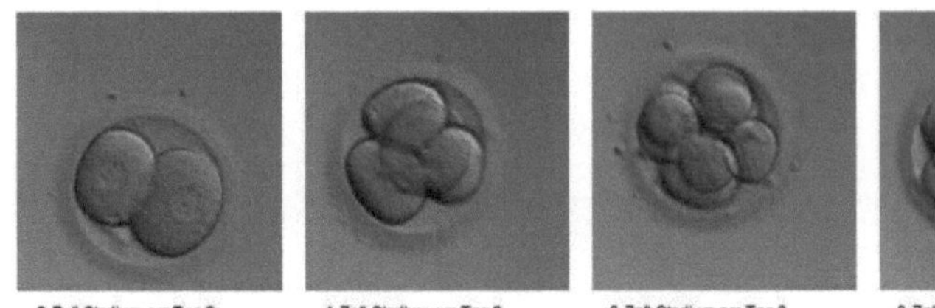

Abb. 6: Blastomeren (Quelle: www.praxisklinik-sydow.de vom 26.06.2012 21:44)

Bis zum 4-Zell-Stadium wird von der Totipotenz der Zellen ausgegangen, d.h.
von ihrer Fähigkeit, sich isoliert bei Vorliegen der nötigen Voraussetzungen zu
einem vollständigen Menschen zu entwickeln. Zwischen dem 4- und 8-Zell-
Stadium, wenn die fortlaufende Differenzierung der Zellen beginnt, ist die Totipotenz umstritten, was ein wesentlicher Streitpunkt in der Debatte um die PID
ist.

> Ihre Durchführung erfordert für gewöhnlich eine Embryobiopsie im Sechs- bis
> Zehn-Zell-Stadium. Die biopsierten Blastomeren können also noch totipotent und
> demzufolge unter den gleichen Schutz wie der Embryo gestellt sein. Da sie für die
> Untersuchung des Erbguts zerstört werden, liegt eine potenzielle Verletzung des
> Embryonenschutzes vor, deren Nachweisbarkeit durch das Vorgehen selbst un-
> möglich wird, da die Totipotenz mit Zerstörung der Zelle verloren geht.[36]

Handelt es sich nämlich bei der genetisch untersuchten und damit zerstörten
Blastomere um eine totipotente Zelle, wird quasi ein Embryo verbraucht, was
die Instrumentalisierung und Tötung eines potentiellen menschlichen Lebewe-
sens impliziert.[37] Nach dem 8-Zell-Stadium, etwa am dritten Tag der so genannten Morula, lässt sich keine Totipotenz mehr nachweisen. Die Blastomeren dif-
ferenzieren sich nun zu Embryoblasten, aus denen sich der Embryo weiterentwickelt und zu äußeren Trophoblasten, die den Embryo umhüllen und später mit
maternalen Zellen die Plazenta bilden.[38]

Bei natürlicher Befruchtung findet die Einnistung in den Uterus (Nidation) etwa
am 7. Tag p.c. (post conceptionem: nach der Befruchtung) statt, wenn die
Blastozyste aus etwa 125 Zellen besteht. Während des Nidationsvorganges „hef-

---

[36] Schmider, A. (2010), S. 12.
[37] Vgl. Schmidt, H.T. (2003), S. 27.
[38] Vgl. Knoepffler, N. (2004), S. 52 und Kollek, R. (2002), S. 65f.

tet sich die Blastozyste an der Uterusschleimhaut (Endometrium) fest und die Trophoblasten wachsen in dieselbe ein. Der Embryo sinkt schließlich vollständig in die Uterusschleimhaut ein (Implantation) [...]."[39] Nach der Nidation setzt die Organogenese (Organentwicklung) ein. Durch die Ausbildung des so genannten Primitivstreifens, der die Achsen des Embryos (Kopf-Rumpf/Rücken/Bauch) festlegt, endet die Möglichkeit der Zwillingsbildung (mit Ausnahme siamesischer Zwillinge); der Embryo kann sich nicht mehr in mehrere Individuen teilen.[40]

> Der Entwicklungsabschnitt von der fünften bis zur achten Woche ist die Embryonalperiode, in der die großen Organsysteme neben dem Herzkreislauf- und dem Nervensystem entstehen und Knochen, Muskeln, der Magen-Darm-Kanal, Leber, Lungen und Nieren angelegt werden. [...] Nach zehn Wochen, was der 12. Schwangerschaftswoche entspricht (Schwangerschaftswochen werden nach der letzten Menstruation gezählt), ist die Organogenese abgeschlossen. Der menschliche Organismus wird ab dieser Zeit in der Medizin als „Fötus" bezeichnet.[41]

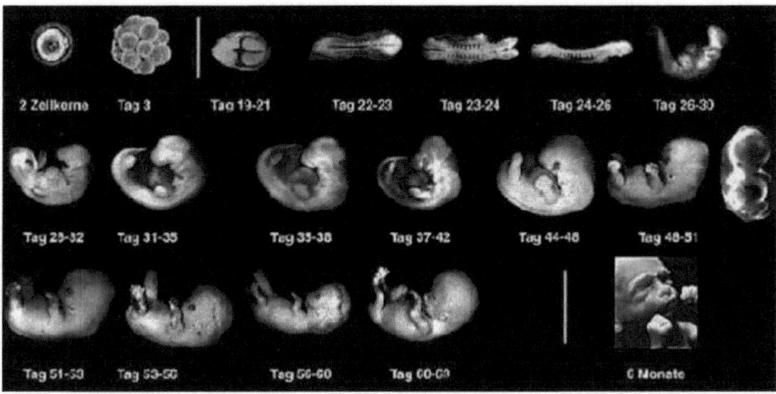

Abb. 7: Embryonalentwicklung (Quelle: www.mysteria3000.de vom 22.06.2012 21:33)

---

[39] Gropp, S. (2005), S. 39.
[40] Vgl. a.a.O.
[41] Knoepffler, S. 54.

Die rechtliche Debatte zur PID

Die Diskussion der Techniken, Möglichkeiten, Grenzen und notwendigen Regelungen hinsichtlich der Präimplantationsdiagnostik erfordert die interdisziplinäre Beteiligung unterschiedlicher Fachgebiete: Neben der naturwissenschaftlich-medizinisch-technischen Komponente sind auch grundlegende Fragen angesprochen, die ganz offensichtlich eine ethische und rechtliche Würdigung verlangen.

> Für rechtliche Argumentationen sind andere Begründungen erforderlich als für ethische: Rechtliche Argumentationen haben vor allem auch die pragmatische Regelungsmöglichkeit eines Sachverhaltes und die Möglichkeit der Durchsetzbarkeit von Schutzansprüchen zu berücksichtigen. Sie können daher als erfolgreich angesehen werden, wenn sie eine gesellschaftlich akzeptable und tolerierte Lösung hervorbringen, selbst wenn diese einen –unter ethischen Gesichtspunkten gegebenenfalls fragwürdigen – Kompromisscharakter haben.[42]

Die zur rechtlichen Beurteilung und Regelung der PID in Frage kommenden Normen bedingen durch Inkonsistenzen ihrerseits ethische Probleme, die hier auch entsprechend Berücksichtigung finden sollen, ebenso wie die Rolle des Menschenwürdeprinzips, das eine herausragende Rolle in der ethischen Debatte einnimmt, aber auf einer verfassungsrechtlichen Tradition beruht.[43] Die wichtigsten im Rahmen dieser Arbeit in Augenschein zu nehmenden Normen sind das Embryonenschutzgesetz (ESchG) von 1991 sowie die §§ 218ff des Strafgesetzbuches (StGB) und die Artikel 1 und 2 des Grundgesetzes (GG). Selbstverständlich existieren viele weitere in Frage kommende Regelungswerke, Richtlinien, standesrechtliche Regelungen und juristische Empfehlungen, die jedoch an dieser Stelle nicht notwendigerweise erörtert werden müssen.[44]

Das Gesetz zum Schutz von Embryonen (ESchG)

Angesichts der Entwicklungen moderner Fortpflanzungsmedizin ergab sich in den 80er Jahren zunehmender Handlungsbedarf zum Schutz des Embryos in vitro. Nach einer langen Phase der Beratung, Diskussion und Entwürfe trat zum 01.01.1991 das Embryonenschutzgesetz[45] in Kraft. Die Verfahren der Präimplantationsdiagnostik kollidieren insofern mit dem ESchG, als es beispielsweise die Verwendung totipotenter Zellen (§ 8 Abs. 1 u. 2), die Befruchtung einer Eizelle zu einem anderen Zweck als der Herbeiführung einer Schwangerschaft (§ 1 Abs. 1 Nr. 2) und die Verwendung eines Embryos zu einem anderen Zweck als

---

[42] Schmidt, H. T. (2003), S. 53.
[43] Vgl. Ebd., S. 53.
[44] Vgl. hierzu Gropp, S. (2005).
[45] www.gesetze-im-internet.de Zugriff am 23.06.2012 00:27.

seiner Erhaltung (§ 2 Abs. 1) verbietet. Die Anwendung des ESchG auf den Umgang mit pluripotenten Zellen ist umstritten, „da die Entnahme und Diagnose nicht ausschließlich der Erhaltung des zu testenden Embryos diene, sondern nur möglicherweise. (Teil-)Ziel der Handlung sei gerade die Erlangung von Wissen, das bei einem pathologischen Befund ein Verwerfen zur Folge habe."[46] Werden mehr Eizellen für eine spätere Diagnose und Selektion befruchtet, als zur Herbeiführung einer Schwangerschaft nötig, verstößt bereits dies gegen die Voraussetzungen zur Straflosigkeit der IVF. „Kann über diese Kritik noch hinweggegangen werden, wenn ein diagnostizierter Embryo letztlich als gesund erachtet und transferiert wird, so wird doch in jedem Fall zu bedenken gegeben, dass § 1 Abs. 1 Nr. 2 und § 2 Abs. 1 dann zur Anwendung kämen, wenn ein biopsierter Embryo mit pathologischem Befund aufgrund dieses Befundes nicht transferiert, sondern verworfen werde."[47]

Problematisch ist, dass das ESchG eigentlich die fremdnützige Embryonenforschung und die IVF regelt, nicht aber im Hinblick auf die PID mit IVF verfasst wurde und somit die entsprechenden Implikationen nicht abdeckt. Aus diesem Grund und wegen einiger Wertungswidersprüche — vor allem hinsichtlich der §§ 218ff StGB – wird die Änderung des ESchG gefordert.

Die Regelungen zum Schwangerschaftsabbruch nach §§ 218ff StGB

Das Strafgesetzbuch schützt den Embryo in vivo ab dem Zeitpunkt der Nidation und stellt den Abbruch einer Schwangerschaft grundsätzlich unter Strafe. Innerhalb einer Frist von 12 Wochen bei Nachweis der Durchführung einer Beratung sowie bei Abtreibung aufgrund medizinisch-sozialer Indikation (also bei Gefahr für das Leben oder die körperliche oder seelische Gesundheit der prospektiven Mutter, womit auch Spätabbrüche nach pathologischem Befund mit PND möglich sind) wird ein Schwangerschaftsabbruch allerdings nicht verfolgt und straffrei gestellt.

Die Spannung liegt nun in der Verhandelbarkeit der Grundrechtsposition des Embryos im Falle der Frist- und Indikationslösung gegenüber der Respektierung des Status des Embryos als Grundrechtsträger im Falle der Anwendung der PID bei restriktiver Auslegung des EschG. Daraus leiten die Befürworter der Präimplantationsdiagnostik ab, dass der Status des Embryos auch im Falle der PID

---

[46] Schmidt, H. T. (2003), S. 61.
[47] Ebd., S. 61.

verhandelbar sein muss[48] und führen dazu einige Wertungswidersprüche an.

Konstatiert wird die Inkonsistenz in der Akzeptanz von Spätabbrüchen bei bestehendem PID-Verbot und der legale Einsatz von Nidationshemmern wie der „Pille danach" zur Vermeidung einer Konfliktlage durch Schwangerschaft.

> Während Nidationshemmer und ‚Pille danach' präventiv gegen potenzielle Embryonen Anwendung finden, deren Existenz unbekannt bleibt, handelt es sich im Fall der PID um reale, sogar in ihrer genetischen Beschaffenheit bekannte Embryonen. Doch die Fristenlösung, der zufolge Abbrüche innerhalb der ersten zwölf Schwangerschaftswochen bei Vorlage einer Bescheinigung über eine erfolgte Beratung zwar rechtswidrig, jedoch straffrei sind, beweist, dass selbst nachgewiesene, bereits implantierte und wahrscheinlich gesunde Embryonen nur über ein relatives Lebensrecht verfügen. Ein Abwägen dieses Rechts erfolgt hier nicht unbedingt gegen eine Gefährdung der Integrität des Lebens der Schwangeren. Allein die Entscheidung der werdenden Mutter gegen ihr Kind und die Befolgung des gesetzlich festgelegten Ablaufs sind ausschlaggebend für die Straffreiheit.[49]

Zur so genannten „Letztverantwortung" weist Schmidt auf den Pragmatismus der gesetzlichen Regelung hin, der auf Schadensbegrenzung durch die Verhinderung illegaler Abtreibung und Einfluss nehmende Beratung abzielt.[50]

Verfassungsrechtliche Diskussion

Im Mittelpunkt der verfassungsrechtlichen Diskussion steht die Frage nach dem Status des Embryos.[51] Dies ist darauf zurückzuführen, dass sämtliche weiteren rechtlichen Erörterungen – etwa um die gesellschaftlichen Folgen der Anwendung – sich erübrigten, sollte sich ein Verbot der PID aus dem Grundgesetz ableiten lassen.[52] Mit dem Begriff Embryo ist hier der Embryo im fraglichen Zeitraum zwischen der Kernverschmelzung und der möglichen Entnahme embryonaler Stammzellen für eine PID, also etwa fünf bis acht Tage nach der Befruchtung gemeint. Weiter ist darauf hinzuweisen, dass hier lediglich der verfassungsrechtliche Status des Embryos als Grundrechtsträger, nicht aber die Bewertung seines moralischen Status innerhalb unserer Gesellschaft beabsichtigt ist.[53]

Die entscheidenden zu überprüfenden grundgesetzlichen Normen sind Art. 1 Abs. 1 („Die Würde des Menschen ist unantastbar") und Art. 2 Abs. 2 GG („Je-

---

[48] Schmidt, H. T. (2003), S. 64f.
[49] Schmider, A. (2010), S. 33.
[50] Vgl. Schmidt, H. T. (2003), S. 73.
[51] Vgl. u.a. Reis, H. (1984); Eser, A. (1990); Rhonheimer, M. (1994); Gropp, S. (2005).
[52] Vgl. Lungstras, A. B. (2008), S. 31.
[53] Vgl. Ebd., S. 32.

der hat das Recht auf Leben").[54] Fraglich ist die Auslegung der Begriffe „Mensch" und „Jeder", denn sie entscheidet, ob dem Embryo Würde im Sinne des Grundgesetzes zusteht und/oder er Träger des Lebensrechts ist und somit unter staatlicher Schutzpflicht steht.

Der Status des Embryos – Drei Thesen

Nach Lungstras[55] lassen sich die Argumente innerhalb der verfassungsrechtlichen Debatte – wenn auch stark vereinfacht und andere mögliche Darstellungen einer zusammenhängenden Argumentation nicht ausschließend – grundsätzlich einer von drei Thesen zuordnen, wobei die erste überwiegend von Gegnern der PID vertreten wird, während die anderen beiden als Gegenthesen eher von Befürwortern der Techniken vertreten werden.

These I: Der Embryo ist „Mensch" und „Jeder" im Sinne des Grundgesetzes. Der Embryo wäre also wie ein geborener Mensch zu behandeln, womit die PID einem Verstoß gegen die Menschenwürde und das Lebensrecht gleichkäme und sich ein Verbot der Methode direkt aus dem Grundgesetz ableiten ließe.[56]

These II: Der Embryo ist kein „Mensch" und nicht „Jeder" bzw. nur „Jeder" im Sinne des Grundgesetzes. Die Vertreter dieser These nehmen eine Abwägung der Schutzrechte des Embryos mit den Rechten Dritter vor, die durch etwaige Verbote eingeschränkt würden; dem Gesetzgeber wird so ein größerer Entscheidungsspielraum zugebilligt.[57]

These III: Relativierung des verfassungsrechtlichen Lebens- und Würdeschutzes des Embryos. Diese These billigt dem Embryo zwar das Recht auf Leben und teilweise auch den Status als „Mensch" im Sinne des Grundgesetzes zu, argumentiert aber mit einem abgestuften Schutzkonzept, so dass in der Konsequenz die Zulassung der PID in den gestalterischen Möglichkeiten des Gesetzgebers liegt.[58]

Der Argumentation der Vertreter der ersten These folgend fällt der Beginn des Lebens mit dem Beginn des Lebensrechts und der Menschenwürde zusammen. „Dabei ist der Zeitpunkt für die Entstehung neuen individuellen menschlichen Lebens weitgehend unbestritten. Ab der Verschmelzung von Ei- und Samenzelle

---

[54] www.bundestag.de Zugriff am 11.04.2012 16:45.
[55] Vgl. Lungstras, A. B. (2008), S. 35.
[56] Vgl. Ebd., S. 59.
[57] Vgl. Ebd., S. 71.
[58] Vgl. Ebd., S. 81.

ist die genetische Ausstattung des Embryos festgelegt und unterscheidet sich von der seiner Eltern."[59]

Die Befürworter dieser Argumentation beziehen sich dabei auf die Theorie der weiten Tatbestandsauslegung, nach der die möglichst wirkungsvolle Auslegung der verfassungsgemäßen Rechte gefordert wird, um eine weitestgehende juristische Wirkungskraft zu erzielen, die auch dem Grundgesetz als Instrument zum Schutz der menschlichen Existenz gerecht wird.[60] Ein weiterer grundlegender Bestandteil dieser Argumentationslinie sind die so bezeichneten SKIP-Argumente (Spezies-, Kontinuitäts-, Identitäts-, und Potentialitätsargument).[61]

Das Speziesargument. Kern dieses Arguments ist die Gattungszugehörigkeit des Embryos zur menschlichen Spezies, aufgrund der ihm, wie jedem menschlichen Lebewesen, das Würde- und Lebensrecht zugestanden werden muss.

Das Kontinuitätsargument. Hier führt die Tatsache der kontinuierlich verlaufenden Entwicklung des Embryos ab dem Zeitpunkt der Befruchtung zu dem Schluss, dass keine späteren – weil willkürlich gewählten – Zeitpunkte für die Zuschreibung der fraglichen Rechte zulässig seien.

Das Identitätsargument. Ausgangspunkt dieses Arguments ist die Trägerschaft der Menschenwürde und des Lebensrechts aller Menschen, „die aktual die Eigenschaften besitzen, die sie unzweifelhaft als ‚Mensch‘ und ‚Jeder‘ i. S. d. Grundgesetzes auszeichnen […]. Der frühe Embryo sei mit diesem Menschen identisch, weshalb auch ihm ein Würde- und Lebensrecht zukommen müsse."[62]

Das Potentialitätsargument. „Jedem Menschen, der aktual bestimmte Eigenschaften besitzt, [kommt] Menschenwürde und das Recht auf Leben [zu]. Damit müsse sie auch jedem zukommen, der diese Eigenschaften zwar nicht aktual, aber doch potential besitzt."[63] Abgezielt wird hier auf menschentypische Eigenschaften, durch deren Zuschreibung einem Embryo ebenso wie Säuglingen, Schlafenden oder Komatösen die entsprechenden Rechte zugebilligt werden müssen. Auch kantische und christliche Bezugnahmen spielen in der Argumentation wider die PID eine Rolle, sollen aber im Rahmen dieser Arbeit zur Dar-

---

[59] Ebd., S. 45.
[60] Lungstras, A. B. (2008)., S. 46.
[61] Vgl. Ebd., S. 49-56.
[62] Ebd., S. 53.
[63] Ebd., S. 55.

stellung der rechtlichen Debatte vernachlässigt werden.

Als schärfste Kritik gegen die oben dargestellten Argumente und damit die erste These kann der Vorwurf der verfassungsrechtlichen Inkonsistenz gelten. Konstatiert wird die Unvereinbarkeit „des hohen Schutzniveaus, welches dem Embryo in vitro zuerkannt wird, und des schwachen Schutzes, der dem Embryo in vivo [aufgrund der Bestimmungen der §§ 218 ff. StGB, die die zwar rechtswidrige, aber straflose Abtreibung regeln] tatsächlich zukommt."[64] Dieser Vorwurf wird aus verschiedenen Gründen nur teilweise anerkannt, führt in diesem Fall aber zu der Forderung, nicht die Regelungen zur PID zu liberalisieren, sondern diejenigen zur Abtreibung strenger zu gestalten.[65] Die Verletzung der Menschenwürde durch die PID liegt ihren Gegnern zufolge in der „Qualitätskontrolle" des embryonalen Erbguts. Der Embryo werde nicht um seiner selbst willen anerkannt, sondern nur aufgrund genetischer Eigenschaften.[66]

Die Vertreter der zweiten These nehmen eine Trennung des Menschenwürde- vom Lebensrecht vor, da letzteres unter einem Gesetzesvorbehalt steht, der beispielsweise die Tötung in Notlagen erlaubt. So bedeutet die Tötung nicht zwangsläufig auch eine Verletzung der Menschenwürde. Erst durch diese Entkoppelung beider Rechte wird auch die Widersprüchlichkeit der Regelungen zur Abtreibung aufgehoben.[67] Zunächst wird die Frage nach dem Beginn des Lebensrechts des Embryos erörtert, wobei sich die Befürworter dieser These nur darüber einig sind, dass dem Embryo während der ersten 14 Tage nach der Kernverschmelzung – also im für die Entnahme von Stammzellen und Durchführung der PID relevanten Zeitraum – kein Lebensrecht zukommt. Es werden unterschiedliche Zeitpunkte als Ansatz für den Beginn des Lebensrechts diskutiert. Als Begründung für die Festsetzung ab dem 14. Tag nach der Befruchtung wird die Nidation, also die Einnistung des Embryos in die Gebärmutter, angeführt. Diese wird „als absolut notwendige Bedingung für die Entwicklung des Embryos beschrieben."[68] Eine weitere Begründung ist die Individuation durch den Verlust der Totipotenz der Zellen, wonach keine Mehrlingsbildung mehr möglich ist.

Ein anderer in Betracht gezogener Zeitpunkt des Beginns des Lebensrechts ist

---

[64] Lungstras, A.B. (2008), S. 57.
[65] Vgl. Ebd., S. 58f.
[66] Vgl. Ebd., S. 60.
[67] Vgl. Ebd., S. 62.
[68] Ebd., S. 63.

das Einsetzen der Gehirnfunktionen, wobei dieser Zeitpunkt als spiegelbildliche Parallele zum Hirntod als offiziellem Todeszeitpunkt dargestellt wird.[69] Weitere Zeitpunkte, die in der embryonalen Entwicklung als Zäsur für das Einsetzen des Lebensrechts gesehen werden, sind die Empfindungsfähigkeit des Embryos etwa ab dem dritten Schwangerschaftsmonat als Voraussetzung für die Verletzbarkeit eines menschlichen Wesens und der ihm zugeschriebenen Rechte sowie der Zeitpunkt der Geburt, vor dem der Embryo noch kein „Überlebensinteresse" habe.[70]

Der Beginn des Menschenwürdeschutzes wird dem Embryo von den Vertretern der oben ausgeführten zweiten These in der Regel erst zu einem Zeitpunkt nach dem Einsetzen des Lebensrechts zugestanden[71] und steht somit bei der Erörterung der Zulässigkeit der PID gegenüber dem Lebensrecht im Hintergrund. Kritisiert wird die willkürliche Zuschreibung der Menschenwürde. „Gemeint ist damit, dass die Menschen sich die Würde nicht gegenseitig zuschreiben und die Kriterien dafür festlegen können. [...] Diese Willkür zeige sich unter anderem auch darin, dass Begründungsversuche für die unterschiedlichsten Zeitpunkte bestünden. Darüber hinaus führe die konsequente Fortführung dieser These unweigerlich dazu, die Menschen schutzlos zu stellen, denen auch nach der Geburt die von den Vertretern der Gegenthese genannten Voraussetzungen für ein Würde- und Lebensrecht fehlten,"[72] wie beispielsweise Alzheimer- oder Komapatienten.

Im nächsten Schritt der Argumentation werden der Schutz des Embryos und die Rechte Dritter gegeneinander abgewogen. Durch ein Verbot der PID betroffene Rechte der Eltern sind der Schutz von Ehe und Familie nach Art. 6 Abs. 1 GG, das Recht auf informationelle Selbstbestimmung der Eltern gemäß Art 2 Abs. 1 i. V. m. Art. 1 Abs. 1 GG sowie das Recht auf Würde nach Art. 1 Abs. 1 und auf Leben und Gesundheit der Mutter nach Art. 2 Abs. 2 GG. Auch Rechte des Arztes auf Berufsausübung nach Art. 12 Abs. 1 und auf Wissenschaftsfreiheit gemäß Art. 5 Abs. 3 GG sind vom Verbot der PID berührt.[73]

Dem Embryo wird aufgrund oder trotz negierter Grundrechtsträgerschaft zwar kein absoluter, zumindest aber ein „ausreichender" Schutz zugestanden, der

---

[69] Vgl. Lungstras, A. B. (2008), S. 66.
[70] Vgl. Ebd., S. 66f.
[71] Vgl. Ebd., S. 68f.
[72] Ebd., S. 70.
[73] Vgl. Ebd., S. 73f.

auch „über die Maßgaben des Tierschutzes hinausgehen"[74] soll. Die Abwägung des Embryonenschutzes mit den Rechten Dritter wird in der Regel vom Gesetzgeber gefordert; Autoren, die sie selbst vornehmen, gewichten die Rechte Dritter meist höher und plädieren für eine beschränkte Zulassung der PID im Falle des Vorliegens bestimmter Krankheiten.

Die Vertreter der dritten These stimmen überwiegend mit jenen der ersten These hinsichtlich der Zuschreibung des Lebens- und Würdeschutzes überein. Da die Zulassung der Techniken der PID dennoch befürwortet wird, werden die Rechte relativiert und als entwicklungsbezogen abgestufte Schutzkonzepte begriffen und so die Dichotomie der möglichen Diskussionsergebnisse (absoluter Schutz oder absolute Schutzlosigkeit des Embryos in vitro) aufgelöst. Begründet wird dieses Vorgehen mit der Feststellung eines Freiraums für „entwicklungsbezogene Konkretisierungen".[75] Da sich nach den obigen Ausführungen aus dem Wortlaut der grundgesetzlichen Normen keine zweifelsfreie Interpretation hinsichtlich der Einbeziehung des Embryos in den Schutzbereich ableiten lässt und sich zu jedem der zur Stützung der drei Thesen oben angeführten Argumente auch ein
Gegenargument finden lässt, ist eine Einigung mit Hilfe der Überzeugungskraft der eigenen Argumentation unwahrscheinlich.

Die Frage nach der juristischen Zulässigkeit der Präimplantationsdiagnostik lässt sich also offensichtlich nicht ohne weiteres durch die rechtliche Diskussion des embryonalen Status befriedigend beantworten, so dass ein Wechsel der Perspektive vorgenommen werden sollte. Hier kommt die folgenorientierte Debatte ins Spiel.

Die folgenorientierte Debatte

Zunächst erscheint die Folgenabwägung der zur Diskussion stehenden PID innerhalb eines juristischen Entscheidungsprozesses problematisch, da hier persönliche Wertungen des Richters in die Beurteilung einfließen können, die der Neutralität des Staates in weltanschaulichen und religiösen Fragen entgegenstehen könnten. Es hat sich jedoch gezeigt, dass keine dem Grundgesetz inhärente Entscheidung vorgegeben ist, so dass die Abwägung der Folgen für die Gesellschaft und das Rechtssystem als legitimes und probates Mittel zur juristischen Beurteilung zumindest in Betracht gezogen werden muss, sofern diese weltan-

---

[74] Lungstras, A. B. (2008), S. 74.
[75] Ebd., S. 77.

31

schaulichen Aspekte auch als solche offen gelegt werden.

Gleichzeitig ist an dieser Stelle auf die bereits angesprochenen Schnittmengen von rechtlicher und ethischer Argumentation hinzuweisen, wenn auch weiterhin die juristische Fragestellung eher auf die rechtliche Zulässigkeit eines Verbots als auf die moralische Zulässigkeit der Zulassung der PID abzielt. Dennoch finden die im Folgenden dargestellten auf die Chancen und Möglichkeiten der PID hoffenden und die Risiken und Gefahren befürchtenden Argumente in beiden Debatten ihren Platz.

Argumente gegen die PID sind das Dammbruch- bzw. Missbrauchsargument und die Gefahr der Diskriminierung geborener behinderter Menschen. Beim ersten Argument wird eine zwangsläufig negative und irreversible Entwicklung zur positiven Embryonenselektion nach Zulassung der Technik unterstellt.

Gemeint ist damit, dass durch das Diagnoseverfahren nicht lediglich die kranken Embryonen ausgesondert werden (negative Selektion), sondern dass auch Auswahlkriterien wie das Geschlecht, die Augenfarbe etc. eine Rolle spielen könnten.[76]

Hinsichtlich der Diskriminierung geborener Behinderter wird befürchtet, dass durch die Zulassung und Anwendung der Diagnosemöglichkeit am Embryo und dessen Aussonderung beim Vorliegen bestimmter Krankheiten bzw. Behinderungen ein gesellschaftlicher Druck auf Eltern aufgebaut wird, der auf Dauer dazu führt, dass im Rahmen künstlicher Befruchtungen nur noch gesunde Kinder eingepflanzt werden.[77] Damit einhergehend könnte ein Rechtfertigungsdruck für Eltern behinderter Kinder entstehen.

Argumente für die PID ergeben sich durch die Bezugnahme auf andere Länder, Wirtschafts- und Forschungsstandortfragen und den Umgang mit möglichen Therapien, stehen aber in sehr engem Zusammenhang mit der Diskussion um die embryonale Stammzellenforschung und lassen sich von dieser schwer trennen.

Das erste Argument verweist auf die zum Teil liberalen Regelungen anderer Rechtsstaaten, die nahe legen, dass auch der juristische Schluss einer Zulassung der PID möglich ist.[78] Das Wirtschafts- und Standortargument zielt auf die ökonomischen und (forschungs-)wissenschaftlichen Nachteile ab, die ein Verbot der Stammzellforschung und der PID nach sich ziehen könnte. Beim dritten Argument schließlich wird die Frage aufgeworfen, ob Erkenntnisse und Therapien, die im Ausland möglicherweise durch die Forschung an embryonalen Stammzellen entwickelt würden, im Rahmen einer PID in Deutschland Anwendung finden dürften oder konsequenterweise ebenfalls verboten sein müssten.[79]

Der Vorteil der Schwerpunktlegung der Debatte auf die Folgen gegenüber der Statusorientierung liegt in der zwar beschränkten, aber doch vorhandenen Möglichkeit, auf der Grundlage empirischer Daten Prognosen über die Folgen der Zulassung und Anwendung einer bestimmten Technik zu erstellen. Die so genannte Technikfolgenabschätzung ist ein durch den zuständigen Bundestagsausschuss veranlasstes Mittel zur „Auslotung der Potentiale neuer wissenschaftlicher technischer Entwicklungen und [...] Analyse damit verbundener wissen-

---

[76] Lungstras, A. B. (2008), S. 168.
[77] Ebd., S. 171.
[78] Vgl. hierzu Siep, L./Quante, M. (2003).
[79] Vgl. Lungstras, A. B. (2008), S. 173 .

schaftlicher Folgen."[80] Die Prognosen können auf Bürgerbefragungen, fachliche Expertise oder – besonders im Falle der PID aufgrund mangelnder eigener empirischer Daten – dem Vergleich mit Erfahrungen anderer Staaten gründen.[81]

Das TAB (Büro für Technikfolgenabschätzung beim Deutschen Bundestag) kommt in seiner Untersuchung mit Hilfe eines Vergleichs von sieben Ländern mit unterschiedlichen Regelungen zu dem Schluss, dass bei freier Marktentwicklung auf der Grundlage von Angebot und Nachfrage ohne regulierende Eingriffe „die Nutzung der PID nicht auf Einzelfälle mit besonderen Risiken oder gar auf medizinische Indikationen begrenzt bleiben wird."[82] Allerdings fand das TAB auch Möglichkeiten der gesetzlichen Beschränkung und Regulierung.[83]

Ein weiterer Vorteil der folgenorientierten Argumentation ist die Erleichterung der Konsensfindung als gemeinsame Prämisse und Angelpunkt der Debatte. „Wird beispielsweise der Eintritt einer bestimmten negativen Folge als Grundlage für die Ablehnung […] herangezogen, so wird weniger die Tatsache des Negativen der Folge bestritten, als vielmehr die Frage, *ob* diese Folge eintreten wird."[84] Im Rahmen der Folgen abwägenden Argumentation lassen sich über die Lagergrenzen der Befürworter und Gegner der Präimplantationsdiagnostik hinweg bestimmte Konsensbereiche und Übereinstimmungen herausarbeiten, die als einende Grundlage bei der juristischen Entscheidungsfindung hilfreich sein könnten. Zu finden sind solche Übereinstimmungen sowohl hinsichtlich negativer Folgen als auch positiver Zielrichtungen der Diagnosemethode. Allgemeine Zustimmung findet beispielsweise die Ablehnung positiver Eugenik im Sinne der Auswahl bestimmter Eigenschaften und phänotypischer Merkmale.

Hieraus ergibt sich die konkrete Frage, ob und wie gesetzliche Regelungen eine solche Praxis unterbinden können, wobei der erneute Blick auf die Erfahrungen derjenigen Länder, in denen die PID bereits juristisch etabliert ist, zeigt, dass beispielsweise Zertifizierungen, restriktive Indikationen, möglichst genaue Verfahrensvorschriften und umfangreiche Kontrollen geeignet sind, die Anwendung der PID zu beschränken.[85] Ebenfalls übereinstimmend wird der PID ein positives Potential bei Fällen zugeschrieben, in denen „Eltern, die mit hoher Wahrscheinlichkeit ein schwerkrankes und kaum lebensfähiges Kind zur Welt bringen wer-

---

[80] Ebd., S. 183.
[81] Vgl. www.tab-beim-bundestag.de Zugriff am 12.04.2012 15:19.
[82] Vgl. www.tab-beim-bundestag.de Zugriff am 12.04.2012 15:41.
[83] Vgl. Ebd.
[84] Lungstras, A. B. (2008), S. 176.
[85] Vgl. www.tab-beim-bundestag.de Zugriff am 23.06.2012 01:02.

den, geholfen werden soll."[86]

Präimplantationsdiagnostikgesetz (PräimpG)

> Mit seinem Urteil vom 6. Juli 2010 hat der Bundesgerichtshof festgestellt, dass die PID zur Entdeckung schwerer genetischer Schäden des künstlich erzeugten Embryos nach geltendem Recht unter bestimmten Voraussetzungen straffrei ist. Dabei hat der Bundesgerichtshof darauf hingewiesen, dass es widersprüchlich wäre, einerseits die belastenden Schwangerschaftsabbrüche nach § 218a Abs. 2 StGB straffrei zu lassen und andererseits die PID, die auf einem weitaus weniger belastenden Weg dasselbe Ziel verfolgt, bei Strafe zu untersagen.[87]

Ein Jahr später stimmt der Bundestag über die fraktionsübergreifenden Gesetzentwürfe zur Präimplantationsdiagnostik ab. Angenommen wird der Entwurf eines Gesetzes zur begrenzten Zulassung der Präimplantationsdiagnostik (Präimplantationsdiagnostikgesetz – PräimpG).

> Um Rechtssicherheit für die betroffenen Paare und die Ärzte herzustellen, sei das Embryonenschutzgesetz um eine Regelung zu ergänzen, die die Voraussetzungen und das Verfahren einer PID festlege. Zur Vermeidung von Missbräuchen solle die Präimplantationsdiagnostik nach verpflichtender Aufklärung und Beratung sowie einem positiven Votum einer interdisziplinär zusammengesetzten Ethik-Kommission in den Fällen zulässig sein, in denen ein oder beide Elternteile die Veranlagung für eine schwerwiegende Erbkrankheit in sich trügen oder mit einer Tot- oder Fehlgeburt zu rechnen sei. Im Vorfeld der PID solle eine sorgfältige Diagnostik bei beiden Partnern nach strengen Kriterien erfolgen. Zur Gewährleistung eines hohen medizinischen Standards solle die PID an lizenzierten Zentren vorgenommen werden.[88]

---

[86] Lungstras, A. B. (2008), S. 182.
[87] www.bundesgerichtshof.de Zugriff am 23.06.2012 16:09.
[88] www.gesetzgebung.beck.de Zugriff am 23.06.2012 16:24.

Die ethische Diskussion

Bei der ethischen Diskussion um die Präimplantationsdiagnostik sind vorrangig drei Fragestellungen aufgeworfen, nämlich erstens die Frage nach der grundsätzlichen ethischen Vertretbarkeit der Methode aus einer deontologischen Perspektive, zweitens die ethischen Implikationen, die sich aus der praktischen Anwendung ergeben und drittens werden konsequentialistisch die möglichen individuellen, sozialen und gesellschaftlichen Folgen der Durchführung hinterfragt.

Die Entscheidung bezüglich der ethischen Vertretbarkeit der Methode an sich hängt stark von den moralischen Vorannahmen der unterschiedlichen Positionen ab und bezieht sich hauptsächlich auf die Frage nach dem moralischen Status des Embryos. Von der Zuschreibung moralischer Relevanz hängt es ab, ob dem Embryo ein Recht auf Leben wie einem geborenen Menschen zukommt und er damit unter dem Schutz eines generellen Tötungsverbotes steht, welches die Anwendung der PID verböte. Im Rahmen dieser Fragestellung werden aber auch Vergleiche zwischen der präimplantativen und den pränatalen Untersuchungsmethoden gezogen sowie Widersprüche hinsichtlich der Abtreibungsregelungen problematisiert.

Bezüglich der praktischen Anwendung der PID rücken vor allem Überlegungen zu – speziell weiblicher – (Patientinnen-)Autonomie in den Vordergrund, vorrangig ein Anliegen feministischer Gruppen. Weitere wichtige Fragen sind die nach den möglichen Indikationen für eine PID, d.h. welchen Personen(-gruppen) die Behandlung anhand welcher Kriterien zugänglich gemacht werden soll und welche Verfahrensvorschriften nötig sind, damit eine missbräuchliche Ausweitung und Anwendung der Techniken vermieden werden kann.

Bei der Debatte um mögliche Folgen der Anwendung der PID geht es um die Auswirkungen auf das Menschenbild in unserer Gesellschaft, die Gefahr der Diskriminierung Behinderter und des Einzuges eugenischer Bestrebungen sowie um die Frage, wie mit den so genannten „überzähligen" Embryonen, die nicht implantiert werden können oder sollen, zu verfahren ist, also etwa ob sie einer wissenschaftlichen Nutzung zugänglich gemacht werden dürfen.

Im nun folgenden Teil werden unter anderem die oben skizzierten Problemstellungen vertiefend beschrieben und kritisch diskutiert, wobei kein Anspruch auf Vollständigkeit erhoben werden kann. Dennoch wird eine im Rahmen dieser Arbeit möglichst ausführliche Behandlung der genannten Fragen angestrebt.

Die Frage nach dem moralischen Status des Embryos

Die Debatte um den Status des Embryos wird bereits spätestens seit den 80er Jahren im Zusammenhang mit der Abtreibungsfrage kontrovers und bisher ohne Konsens geführt. Beim Schwangerschaftsabbruch geht es um eine aktive Tötungshandlung, doch auch wenn dies bei der PID nicht der Fall ist (vorausgesetzt, es handelt sich um die Verwendung pluripotenter Zellen), so geht es zumindest um eine Tötung durch Unterlassung, nämlich hinsichtlich derjenigen Embryonen, die aufgrund ihrer genetischen Ausstattung nicht in den Uterus der Frau implantiert, d.h. „verworfen" werden. Ausschlaggebend für die ethische Bewertung der PID aus dieser Perspektive ist daher die „Frage, ob bzw. ab wann ungeborenes menschliches Leben unter das Tötungsverbot fällt oder ob sich dieses nicht vielmehr ausschließlich auf *geborene Menschen* bezieht".[89]

Dabei können die Positionen und Argumente bezüglich dieser Frage drei Modellen zugeordnet werden: dem Person-, dem Progredienz- und dem Objektmodell.[90] Unter dem Personmodell können die aus dem vorherigen Kapitel bereits bekannten SKIP-Argumente (Spezies-, Kontinuitäts-, Individualitäts- und Potentialitätsargument) subsumiert werden. Abgesehen von der unterschiedlichen Definition und Verwendung der Begriffe Mensch, Person und Menschenwürde[91] steht schon die Tragfähigkeit und damit die Akzeptanz der Anwendbarkeit dieser Begriffe in der bioethischen Debatte in Frage.[92]

---

[89] Kaminsky, C. (1998), S. 65.
[90] Vgl. Schmieder, S. 13.
[91] Vgl. u.a. Quante, M. in: Siep, L./Quante, M. (Hrsg) (2003), S. 136 und Knoepffler, N. (2004), S. 3.
[92] Vgl. Knoepffler, N. (2004), S. 7-49.

Die Begründung des Menschenwürdeprinzips

In unserer pluralistischen Gesellschaft sind – neben internationalen Übereinkommen und der deutschen Verfassung als wichtige Referenzpunkte für die normative und konsensbildende Bedeutung des Begriffs[93] – zwei wesentliche Begründungen für die Menschenwürde aus christlich-theologischer Herleitung die Gottesebenbildlichkeit des Menschen[94] und säkular die kantische Bestimmung.

> Theologisch gründet die Menschenwürde in der Gottesebenbildlichkeit des Menschen. Sie ergibt sich aus der besonderen Zuwendung der Liebe Gottes zu jedem einzelnen. Menschenwürde besagt aus christlicher Sicht, dass der Mensch im Voraus zu all seinen Leistungen, Fähigkeiten und Unfähigkeiten von Gott bedingungslos geliebt und bejaht ist. Die Menschenwürde ist damit zugleich unverdient und unantastbar, nicht teilbar und nicht aberkennbar. Jeder Mensch, egal ob jung oder alt, gesund oder krank, geboren oder ungeboren, behindert oder sterbend, hat die gleiche Würde.[95]

Menschliches Leben wird somit als ein Geschenk Gottes betrachtet, das als solches heilig ist. Die „derart begründete Menschenwürde [ist] immer als eine Würde zu denken, die von Gott herkommt und an seinem Willen Maß zu nehmen hat. [...] Dem Menschen wird grundsätzlicher Subjektstatus und grundsätzliche Gleichheit zugebilligt, aber es gehört auch konstitutiv zu seiner Würde, ‚Eigentum‘ Gottes zu sein“.[96]

Nach Kants Grundlegung zur Metaphysik der Sitten ist Autonomie „der Grund der Würde der menschlichen und jeder vernünftigen Natur“.[97] Zur „Würde“ formuliert er:

> Nun sage ich: der Mensch und überhaupt jedes vernünftige Wesen existirt als Zweck an sich selbst, nicht bloß als Mittel zum beliebigen Gebrauche für diesen oder jenen Willen.[98]

---

[93] Knoepffler, N. (2004), S. 8-10.
[94] Zur Einbeziehung des christlichen Konzepts der „Heiligkeit des Lebens“ trotz des mangelnden Anspruchs religiöser Positionen auf allgemeine Akzeptanz vgl. Kaminsky, C. (1998), S. 74f.
[95] Pinter, I. (2003), S. 49.
[96] Knoepffler, N. (2004), S. 76.
[97] www.korpora.org Zugriff am 02.06.2012 14:31.
[98] Ebd. Zugriff am 02.06.2012 14:48.

Weiter heißt es:

> Im Reiche der Zwecke hat alles entweder einen Preis, oder eine Würde. Was einen
> Preis hat, an dessen Stelle kann auch etwas anderes als Äquivalent gesetzt werden;
> was dagegen über allen Preis erhaben ist, mithin kein Äquivalent verstattet, das
> hat eine Würde. Was sich auf die allgemeinen menschlichen Neigungen und Be-
> dürfnisse bezieht, hat einen Marktpreis; das, was, auch ohne ein Bedürfniß vo-
> rauszusetzen, einem gewissen Geschmacke, d. i. einem Wohlgefallen am[99] bloßen
> zwecklosen Spiel unserer Gemüthskräfte, gemäß ist, einen Affectionspreis; das
> aber, was die Bedingung ausmacht, unter der allein etwas Zweck an sich selbst
> sein kann, hat nicht bloß einen relativen Werth, d. i. einen Preis, sondern einen in-
> nern Werth, d. i. Würde.[100]

Auch aus der Schrift Kants als einem der wichtigsten Vertreter der Aufklärung
und Begründer der abendländischen Philosophietradition lässt sich die Auffassung des Menschen als prinzipiellem „Subjekt moralisch-praktischer Ver-
nunft"[101] ableiten, der als solches „grundsätzlich Gleicher mit allen Menschen"[102]
und Selbstzweck ist und dem damit Menschenwürde zukommt. Knoepffler beschreibt – unabhängig von religiösen oder ethischen Prämissen – einen Ansatz
zur Begründung des Menschenwürdeprinzips in Anlehnung an Gewirth, der auf
der „Befähigung, in einem gehaltvollen Sinn zu handeln"[103], basiert und sowohl
als Minimalvoraussetzung für die Annahme menschlicher Würde wie auch als
konsensfähige Übereinstimmung verschiedener moralischer Ansätze betrachtet
wird.

Die Inklusion des Embryos unter das Prinzip der Menschenwürde

Die Gültigkeit des Menschenwürdeprinzips vorausgesetzt, stellt sich die Frage,
wem Menschenwürde zukommt. Ist ungeborenes Leben, sind menschliche Keime Menschen im Sinne der Menschenwürde?

> Für den Lebensanfang heißt dies konkret: Ab wann ist ein menschliches Leben in
> der Weise zu achten, dass sein grundsätzlicher Subjektstatus und seine grundsätz-
> liche Gleichheit anerkannt wird, anders ausgedrückt: Ab wann ist ein menschli-
> ches Leben als Mensch im moralischen Sinn zu verstehen?[104]

Das *Speziesargument* ist, sofern es der Gattung Mensch „einen moralischen
Sonderstatus im Reich des Lebendigen [einräumt], ohne diesen zugleich mit ei-

---

⁹⁹ www.korpora.org Zugriff am 02.06.2012 14:54.
¹⁰⁰ Ebd. Zugriff am 02.06.2012 14:56.
¹⁰¹ Knoepffler, N. (2004), S. 44.
¹⁰² a.a.O.
¹⁰³ a.a.O.
¹⁰⁴ Knoepffler, N. (2004), S. 50.

39

ner begründeten Höherwertung ontologischer Merkmale zu belegen, die exklusiv und für alle Mitglieder der Gattung gelten"[105], dem Vorwurf des „Speziezismus"[106] ausgesetzt. Doch auch in seiner gemäßigten, die Würde anderer Lebewesen nicht ausschließenden Form, sind die Prämissen des Arguments problematisch, da zunächst Eigenschaften gefunden werden müssen, die zur Rechtfertigung moralischer Relevanz und Wertschätzung führen.

Die Prämissen des Arguments:

1. Jedem Mitglied der Spezies Mensch kommt Menschenwürde zu

2. Jeder menschliche Keim ist Mitglied der Spezies Mensch

3. Also kommt jedem menschlichen Keim Menschenwürde zu

setzen also voraus, was ja eigentlich noch fraglich ist, nämlich warum jedem Gattungsmitglied Würde zukommen soll (1). Die zweite Prämisse ist ebenfalls aufgrund der Kontinuität ohne Zäsuren der biologischen Prozesse vor, während und nach der Befruchtung, die die Festlegung eines fixen Zeitpunktes der „Menschwerdung" ausschließen, nicht konsensfähig. Das Speziesargument kann die Extension der Menschenwürde auf den Embryo ohne Zuhilfenahme der anderen angeführten Argumente nicht begründen.[107]

Dasselbe gilt für das *Kontinuitätsargument*, dessen Prämissen:

1. Jedem Menschen, der aktual bestimmte Eigenschaften x, z.B. Vernunftfähigkeit, hat, kommt Menschenwürde zu

2. Wenn jedem Menschen, der aktual die Eigenschaften x hat, Menschenwürde zukommt, dann kommt auch jedem menschlichen Lebewesen, das sich mit einer bestimmten Wahrscheinlichkeit zu einem oder mehreren Menschen entwickelt, der bzw. die die Eigenschaften x hat bzw. haben, Menschenwürde zu

3. Jeder menschliche Keim ist ein menschliches Lebewesen, das sich kontinuierlich (ohne moralrelevante Einschnitte) mit einer bestimmten Wahrscheinlichkeit zu einem oder mehreren Menschen entwickeln wird, der bzw. die die Eigenschaften x hat bzw. haben

---

[105] Kaminsky, C. (1998), S. 40.
[106] Speziezismus ist analog zum Begriff Rassismus als „Vorurteil oder eine Haltung der Voreingenommenheit zugunsten der Interessen der Mitglieder der eigenen Spezies und gegen die Interessen der Mitglieder anderer Spezies" (Singer, P. (1996), S. 35) zu verstehen.
[107] Vgl. Knoepffler, N. (2004), S. 56-58.

4. Also kommt bereits jedem menschlichen Keim Menschenwürde zu

wiederum nicht erklären können, in welcher Hinsicht „deskriptive Prädikate, in diesem Fall der Rückgriff auf biologische Daten, die moralische Frage, in diesem Fall die Frage nach dem moralischen Status des Embryos"[108] entscheiden können.

Die Prämissen des *Identitätsarguments* lauten:

1. Jedem Menschen, der aktual bestimmte Eigenschaften x hat, kommt Menschenwürde zu.

2. Jeder menschliche Keim ist in moralrelevanter Hinsicht identisch mit einem Menschen, der die Eigenschaften x hat.

3. Also kommt jedem menschlichen Keim Würde zu.

Die moralrelevante Identität kann aber aufgrund der technischen Möglichkeiten „den menschlichen Keim in vitro zu teilen, also genidentische Zwillinge zu schaffen"[109], nicht auf der Einzigartigkeit des menschlichen Genoms fundieren.

Stattdessen wird „Identität ontologisch in einer menschlichen Seele verortet. Dabei wird angenommen, dass diese Seele beim Befruchtungsvorgang hinzutritt, sei es, indem sie von Gott eingegossen wird, sei es, indem sie sich selbst bildet."[110] Die Form des Identitätsarguments verändert sich dann so:

1. Jedem Menschen, der aktual bestimmte Eigenschaften x hat, kommt Menschenwürde zu.

2. Jeder Mensch, der beseelt ist, hat aktual die Eigenschaften x.

3. Jeder menschliche Keim ist beseelt.

4. Also kommt jedem menschlichen Keim Menschenwürde zu.

Allerdings sind sowohl die Annahme einer Geistseele an sich als auch der Zeitpunkt der Beseelung streitbar,[111] womit die Identität kein hinreichendes Argument für die Zuschreibung von Menschenwürde an den Embryo ist.

Das *Potentialitätsargument* als letztes der SKIP-Argumente lautet folgenderma-

---

[108] Knoepffler, N. (2004), S. 59.
[109] Ebd., S. 60.
[110] Knoepffler, N. (2004), S. 60.
[111] Vgl. ebd., S. 61-65.

ßen:

1. Jedem Menschen, der aktual bestimmte Eigenschaften x hat, kommt Menschenwürde zu.

2. Wenn jedem Menschen, der aktual bestimmte Eigenschaften x hat, Menschenwürde zukommt, dann kommt auch jedem Wesen, das potentiell x hat, Menschenwürde zu.

3. Jeder menschliche Keim ist ein Wesen, das potentiell x hat.

4. Jedem menschlichen Keim kommt also Menschenwürde zu.

Im Falle der potentiellen Entwicklung eines menschlichen Keims zum Menschen mit den Eigenschaften x ist an aktive Potentialität zu denken, bei der ein bestimmter Prozess, wenn er einmal begonnen hat, mit einer bestimmten Wahrscheinlichkeit „aus sich heraus erfolgreich verläuft und zu einem bestimmten Ergebnis führt, vorausgesetzt, notwendige Hintergrundbedingungen sind gegeben."[112]

Eine weitere Bedeutung von Potentialität liegt in der so genannten dispositionellen Potentialität: „Eine dispositionelle Potentialität ist die grundsätzliche Fähigkeit, eine Fähigkeit auszubilden."[113] Dem menschlichen Keim nach abgeschlossenem Befruchtungsvorgang wird ein grundsätzlicher Subjektstatus zugesprochen, weil er aktuale Eigenschaften besitzt, die für den Erwerb potentieller Eigenschaften disponieren.

1. Jedem Menschen, der aktual bestimmte Eigenschaften x hat, kommt Menschenwürde zu.

2. Jedem menschlichen Lebewesen, das aktual die dispositionelle Potentialität besitzt, bestimmte Eigenschaften x auszubilden, kommt Menschenwürde zu.

3. Jeder menschliche Keim ist ein menschliches Lebewesen, das aktual die dispositionelle Potentialität besitzt, bestimmte Eigenschaften x auszubilden.

4. Also kommt jedem menschlichen Keim Menschenwürde zu.

Doch auch diese Form des Potentialitätsarguments kann auf mehrere Weisen problematisiert werden. Zunächst müsste bestimmt werden, ab welchem Zeit-

---

[112] Ebd., S. 66.
[113] Knoepffler, N. (2004), S. 67.

punkt von einem menschlichen Lebewesen, das aktual die dispositionelle Potentialität besitzt, bestimmte Eigenschaften x auszubilden, gesprochen werden kann, was wiederum nicht konsensfähig scheint.

> Darüber hinaus entsteht ein wichtiges Problem, sobald die Befruchtung in vitro stattfindet. Warum kann man hier von einer aktiven Potentialität sprechen, bevor die Implantation in den Mutterleib stattfindet, denn dieser Moment ist zumindest notwendige Bedingung, damit die Entwicklungsfähigkeit des menschlichen Keims bestehen bleibt: Wenn der Keim nicht implantiert wird, kann er sich nicht weiterentwickeln.[114]

Aus diesem Problem heraus entsteht die Notwendigkeit einer Bestimmung, was und was nicht als wesentliche Bedingung gelten soll. Noch kritischer ist jedoch zu betrachten, dass das Potentialitätsargument nicht die Menschenwürde von Menschen begründet, die eben nicht die aktive Potentialität im Sinne dispositioneller Potentialität besitzen, wie etwa schwerst geistig behinderte Menschen.

Neben den oben besprochenen Strategien zur Inklusion des Embryos unter das Prinzip der Menschenwürde gibt es noch die Argumente des Progredienz- und des Objektmodells, nämlich das gradualistische Argument und das Interessen-Argument.

Die Vertreter des *Progredienzmodells* verwenden *das gradualistische Argument*. Es vertritt ein Konzept anwachsenden Lebensschutzes, demzufolge dem allmählich sich entwickelnden Embryo je nach Stand seiner Entwicklung mehr oder weniger Lebensschutz, aber noch keine Menschenwürde zukommt. Dies soll erst ab einem bestimmten Entwicklungsstand, der aber aufgrund der verschiedentlich möglichen Bestimmungen eben unbestimmt bleibt, der Fall sein.

---

[114] Ebd., S. 70.

Nach dieser Position wäre die eingeschränkte Nutzung der Präimplantationsdiagnostik ethisch vertretbar und im Hinblick auf den Vergleich zur fortgeschrittenen Entwicklung und Empfindungsfähigkeit des Embryos zum Zeitpunkt von Spätabtreibungen nach Pränataldiagnostik sogar ethisch geboten.

Dennoch bleibt die Kritik, dass „[...] eine Menschenwürdeanerkenntnis, die gerade die grundsätzliche Gleichheit von aktualen Eigenschaften abhängig macht und damit Menschen auf Grund bestimmter fehlender Eigenschaften aus der Anerkenntnis von Menschenwürde ausschließt, [...] gerade den eigentlich unumstrittenen Kern des Menschenwürdegedankens [verletzt], nämlich die grundsätzliche Gleichheit mindestens aller geborenen Menschen, so wenigstens nach der Fassung in der Menschenrechtserklärung der Vereinten Nationen."[116]

Dieser Kritik ist auch massiv die Position des *Objektmodells*, die das *Interessenargument* vertritt, ausgesetzt. Ihm zufolge lautet die entscheidende Frage nicht, „ob ungeborenes menschliches Leben moralisch in gleicher Weise zu berücksichtigen ist wie geborenes bzw. erwachsenes menschliches Leben, [...] [sondern] warum bzw. wann es verwerflich ist, menschliches Leben zu töten [...]."[117]

Da als Voraussetzung für die Zuerkennung des Personstatus Eigenschaften wie aktuelles Ich-Bewusstsein, Autonomie, Rationalität und Schmerzempfinden postuliert werden, „sind also Embryonen, schwerstbehinderte und komatöse Menschen keine Personen. Ihnen allen werden weder Menschenwürde noch Menschenrechte zugesprochen."[118] Somit kommt dem Embryo nur der Status eines Objektes zu.

---

[115] Schmider, A. (2010), S. 20.
[116] Ebd., S. 79.
[117] Kaminsky, C. (1998), S. 118.
[118] Schmider, A. (2010), S. 21.

diagnostik steht folglich nichts entgegen. Ebenso sind Schwangerschaftsabbrüche zu jedem Zeitpunkt moralisch gerechtfertigt, da der Embryo bzw. der Fetus nicht mehr wert ist als jeder andere Zellverband.[119]

Dies ergibt sich aus einem Stufenmodell, nach dem Embryonen, gleichgestellt mit Pflanzen und niederen Tieren aufgrund der mangelnden Empfindungsfähigkeit keiner moralischen Berücksichtigung bedürfen. Föten ab dem dritten Schwangerschaftsmonat werden, wie etwa Mäuse und Schweine, der zweiten Stufe zugerechnet. Erst Lebewesen der dritten Stufe (z.B. erwachsene Menschen und Gorillas), „die nicht nur empfindungsfähig, sondern auch selbstbewusst und rational sind [...], müssen hinsichtlich aller Interessen, Präferenzen und Wünsche, die sie haben, moralisch berücksichtigt werden."[120]

Das Tötungsverbot wird also hier mit einem bestehenden Überlebensinteresse begründet. Will man dieser Position folgen, so erfordert dies allerdings nicht nur die Infragestellung des Status ungeborenen menschlichen Lebens, sondern auch die Aberkennung bisher unumstrittener Rechte geborener Menschen.

Es scheint jedoch außerhalb dieser Position darüber Konsens zu bestehen, dass dem menschlichen Leben ein Wert beigemessen wird, der, auch wenn er nicht konsensuell begründet werden kann, dennoch nicht bestritten und der Diskussion ausgesetzt wird.[121]

Selbst wenn diese Perspektive der moralischen Fragestellung enttabuisiert würde, bestünde aber das Problem, „dass sich der Interessen-Begriff als moralisches Kriterium zumindest dann disqualifiziert, wenn der Träger eines möglicherweise vorhandenen Interesses dieses – aus welchen Gründen auch immer – nicht (auch verstanden als „noch nicht" ebenso wie „nicht mehr") äußern kann."[122]

Weitere wichtige Argumente hinsichtlich der Begründung des embryonalen Status sind das semantische und das Vorsichtsargument sowie das Argument der schiefen Ebene, die im Folgenden ebenfalls dargestellt und erörtert werden sollen.

Die *semantische Argumentation* bezieht sich auf die differente Bedeutung der Begriffe „etwas" und „jemand". Danach sind Menschen nie etwas, sondern jemand und was ein Jemand ist, dem kommt Menschenwürde zu. Da Menschen

---

[119] Ebd., S. 22.
[120] Kaminsky, C. (1998), S. 124.
[121] Vgl. Schmider, A. (2010), S. 22.
[122] Kaminsky, C. (1998), S. 125f.

anhand ihres „artspezifischen, individuellen Genom[s]"[123] identifiziert werden und menschliche Keime ein solches besitzen, sind sie jemand und ihnen kommt Menschenwürde zu.

Auch bei dieser Argumentation ergibt sich das Problem der Festlegung einer moralischen Zuschreibung aufgrund biologischer Befunde und damit des Zeitpunktes, ab dem mit Sicherheit von „jemand" gesprochen werden kann. In differenzierterer Form des semantischen Arguments wird behauptet, dass das Prädikat „Mensch" nicht Ausdruck sprachlicher Konvention ist, sondern „ein Individuum natürlicher Art, das durch eine bestimmte Natur gekennzeichnet ist"[124] meint und „dass die natürlichen Arten aus ihrer Essenz heraus uns zwingen, sie als das zu identifizieren, was sie wesenhaft sind."[125] Die kennzeichnende Natur soll in der Entwicklungsfähigkeit des Menschen hinsichtlich körperlicher und mentaler Funktionen liegen.

Auch diese Herleitung steht vor dem Problem, dass die Prämisse der „Natur" des Menschen ja gerade umstritten ist und damit nicht als allgemein akzeptiert gelten kann, zumal wieder auf die Implikationen für die Gültigkeit des Menschenwürdeprinzips für schwerst geistig behinderte Menschen, denen es ja an Entwicklungsfähigkeit in oben genanntem Sinne mangelt, hinzuweisen ist. Zudem ist die „natürliche Art" eine gesellschaftlich bestimmte Referenz, deren Setzung abhängig von Sprechergemeinschaft, Ort und Zeit ist.

Das *Vorsichtsargument* räumt sämtliche Probleme und kritischen Punkte der bisher besprochenen Argumente ein. Aufgrund der strittigen Frage nach der Ausweitung des Menschenwürdeprinzips auf den Embryo legt es als Maßstab die Vorsicht an.

> Würden wir zu Unrecht die Menschenwürde eines menschlichen Lebewesens, dem Menschenwürde zukommt, nicht achten, dann wäre dies ein sehr großes Vergehen. Andererseits könnte dadurch, dass zu Unrecht dort Menschenwürde geachtet und geschützt wird, wo gar keine Menschenwürde zu achten und zu schützen ist, ein großer Schaden angerichtet werden.[126]

Gerade angesichts dieser Zweiseitigkeit der letztlich zu treffenden Entscheidung über die Vertretbarkeit der PID – auch der Verzicht auf die Anwendung ihrer Methoden kann ja mit der Menschenwürde kollidieren – lässt sich diese Argu-

---

[123] Knoepffler, N. (2004), S. 71.
[124] Ebd., S. 72.
[125] a.a.O.
[126] Knoepffler, N. (2004), S. 75.

mentation in Frage stellen und bietet somit ebenfalls keine konsensfähige Grundlage.

Das *Argument der schiefen Ebene* möchte eine Entscheidung über die Festlegung des Beginns des Menschenwürdeprinzips umgehen, weil durch die willkürliche Setzung eines Entscheidungspunktes die Gefahr schrecklicher Konsequenzen drohe. Bestritten werden kann auch dies, denn:

> Wer aus Angst vor einer willkürlichen Setzung den Zeitpunkt möglichst weit nach vorn verschiebt, der beraubt sich wichtiger moralischer Optionen. Gerade weil der biologische Befund nicht eindeutig ist, muss alle Mühe darauf verwendet werden, die Grenzen dort zu ziehen, wo sie mit guten Gründen gezogen werden sollten, Menschenwürde darum dann zu achten, wenn es gute Gründe gibt, sie zu achten, und davon auszugehen, dass dem Ungeborenen keine Menschenwürde zukommt, wenn es gute Gründe gibt, davon auszugehen, dass das Ungeborene noch nicht Mensch im moralischen Sinn ist.[127]

Nach eingehender Auseinandersetzung mit den hier behandelten Argumenten zur Klärung der Statusfrage des Embryos als Grundlage für die Entscheidung über die ethische Vertretbarkeit der PID lässt sich feststellen, dass keine der vorgestellten Strategien zur Extension des Menschenwürdeprinzips auf den Embryo in überzeugender Weise konsensfähig ist, weder für sich genommen noch in unterschiedlichen Kombinationen untereinander.

Die stark weltanschaulich geprägte Statusdebatte scheint angesichts der Komplexität der durch die technischen Möglichkeiten aufgeworfenen Problemlage nicht ohne die Zuhilfenahme weiterer Argumente zu einer Lösung beitragen zu können, erst recht dann nicht, wenn man die etwaigen Konsequenzen der grundsätzlichen Überlegungen zu den philosophischen Fragen nach dem Beginn und der Natur des menschlichen Lebens betrachtet. Dies zeigt sich vor allem beim Vergleich der Präimplantationsdiagnostik mit der Pränataldiagnostik und den Regelungen zum Schwangerschaftsabbruch.

PID und PND im Vergleich

Die bereits seit den 60er Jahren zunehmend etablierten Techniken der Pränataldiagnostik und die noch jungen Möglichkeiten der umstrittenen Präimplantationsdiagnostik haben als Ziel gemeinsam, Paaren mit genetischen Risiken zu gesundem Nachwuchs zu verhelfen. Ebenfalls gemeinsam ist ihnen, dass in beiden Fällen eine genetische Diagnostik vorgenommen wird, deren Ergebnisse im Fall

---

[127] Ebd., S. 79f.

der PID zur Tötung eines menschlichen Keimes durch Nicht-Implantation, also Verwerfung, und im Fall der PND zur Tötung eines Fötus durch Abtreibung führen können.

Einige Unterschiede beider Methoden bestehen in der Konfliktlage, die eng mit der Beziehung zwischen Mutter und Kind verbunden ist sowie dem selektiven Charakter. Hinsichtlich der *Konfliktlage* handelt es sich bei der PND um eine „Schwangerschaft auf Probe", die Paare eingehen müssen, wenn sie trotz des Risikos genetisch bedingter Krankheiten den Wunsch nach einem (gesunden) Kind hegen, so dass der Konflikt hier durch das Ergebnis der genetischen Diagnose entsteht.

> Die PGD setzt im Unterschied zur PND eine IVF mit deren spezifischen Risiken voraus, andererseits erfordert sie keine Schwangerschaft. Wird der menschliche Keim nach der genetischen Diagnostik nicht implantiert, so handelt es sich um eine Unterlassungshandlung. Die PND erfordert dagegen keine IVF. Sie setzt eine monatelange Schwangerschaft voraus und wird in den meisten Fällen an einem Fötus vorgenommen, dessen Organogenese abgeschlossen ist. Wird der Konfliktfall zwischen Mutter und Kind in der Weise aufgelöst, dass gegen das Leben des Kindes entschieden wird, so wird dieses gezielt getötet, teilweise sogar zu einem Zeitpunkt, an dem es bereits außerhalb des Mutterleibs lebensfähig gewesen wäre.[128]

Einem Modell graduell anwachsenden Lebensschutzes folgend, wäre daher die Verwerfung eines Embryos nach PID der zu einem viel späteren Zeitpunkt vorgenommenen Abtreibung nach PND vorzuziehen. Allerdings werden aufgrund der relativ hohen Fehlerraten präimplantativer Diagnostik zur Ergebnissicherung weiterhin Amniozentesen zur Kontrolle durchgeführt, so

---

[128] Knoepffler, N. (2004), S. 114.

dass die PID Spätabbrüche nicht vermeiden, sondern nur deren Anzahl verringern kann. Dieser Umstand schwächt wiederum die Rechtfertigung der PID.

Die *Beziehungslage* zwischen Mutter und Fötus stellt sich in den beiden Konfliktfällen sehr unterschiedlich dar. Mit Fortschreiten einer bestehenden Schwangerschaft entsteht vor dem Hintergrund der körperlichen Einheit zweier geschützter Leben eine Beziehung der Fürsorge, die die Frau im Falle des Konfliktes, mit einem schwer erkrankten Kind zu leben oder die Schwangerschaft abzubrechen, in eine besondere psychische Belastungssituation bringt.

Mit der Feststellung einer genetischen oder chromosomalen Störung müssen die Eltern „sich für oder gegen dieses eine Kind entscheiden. Einen anderen Ausweg aus dem Dilemma gibt es nicht. Dabei sind mütterliche Autonomie bzw. das mütterliche Recht auf Unversehrtheit und das Lebensrecht des ungeborenen Kindes die Güter, die es gegeneinander abzuwägen gilt. Die Rechtfertigung eines Schwangerschaftsabbruchs liegt darin, dass dem Schutz der mütterlichen Integrität Vorrang vor dem Schutz des pränatalen Lebens eingeräumt wird."[129]

Bei der PID dagegen handelt es sich um eine „Zeugung auf Probe", „die womöglich ohne das Vorliegen eines aktuellen Konflikts die Auswahl nichtbetroffener Embryonen und darüber hinaus eine positive Selektion ermöglicht. Eine Rechtfertigung dieser Auswahl ohne jede Not wäre dann nur durch das positive Recht der Eltern auf ein gesundes Kind denkbar."[130] Doch da die der PID vorausgehende oft langwierige Behandlung im Rahmen der IVF derart mit Risiken und Belastungen, vor allem für die prospektive Mutter, behaftet ist, kann man annehmen, dass allein das Wissen um die Abstammung der Embryonen und die Hoffnung auf ein eigenes gesundes Kind keine völlige Beziehungslosigkeit zulassen [...]."[131]

Zudem haben viele Paare mit einem hohen Risiko, schwer kranke Kinder zu zeugen, bereits eine oder mehrere Abtreibungen nach PND hinter sich und wollen „den für die Frau und auch die betroffenen Keime weniger schmerzhaften Weg der PGD wählen, denn eine Abtreibung stellt eine Gefährdung der mütterlichen Gesundheit dar und ein abgetriebener Fötus ist zumindest empfindungsfähig, was von einem drei Tage alten menschlichen Keim nicht ge-

---

[129] Schmider, A. (2010), S. 27.
[130] Schmider A. (2010), S. 27.
[131] A.a.O.

sagt werden kann."[132]

Nach Knoepffler kann die PID in Fällen bestimmter genetischer Veränderungen auch als passive Sterbehilfe verstanden werden, nämlich dann, „wenn der menschliche Keim so geschädigt ist, dass das Unterlassen seiner Implantation einer passiven Sterbehilfe vergleichbar wäre, die manchmal Neugeborenen gewährt wird, wenn diese sich in einem Sterbeprozess befinden."[133]

Letztlich muss die Entscheidung über die Zumutbarkeit der PID wie auch der PND wohl den betroffenen Frauen in ihrer individuellen Lebenssituation überlassen werden, da sie im Zweifelsfall diejenigen sind, die die Risiken und die Belastungen des Konfliktes hauptsächlich tragen. „Sie kann nicht pauschal und paternalistisch von Außenstehenden vorgenommen und als Argument für oder gegen die Präimplantationsdiagnostik verwendet werden."[134]

Bezüglich des unterschiedlichen *selektiven Charakters* beider Methoden ist festzustellen, dass die Entscheidung hinsichtlich der Fortsetzung oder des Abbruchs einer bestehenden Schwangerschaft nach PND durch die Eltern bzw. die Mutter selbst für oder gegen *einen* ganz bestimmten Fötus fällt, wohingegen im Entschluss zur PID bereits auch die Entscheidung für die Wahl (in diesem Fall durch Mediziner) aus mehreren Embryonen nach genetischen Kriterien liegt. „Besonders die schutzlose Verfügbarkeit der In-vitro-Embryonen verstärkt den Eindruck, dass die Schwelle zur Selektion hier niedriger anzusiedeln ist als bei einer „Schwangerschaft auf Probe", deren Vorsätzlichkeit und selektiver Charakter nicht offensichtlich sind."[135] Ein vollständiges Verbot selektiver Methoden würde aber nach sich ziehen, dass nach der Fristenlösung der Regelungen zum Schwangerschaftsabbruch gesunde Föten abgetrieben werden könnten, während behinderte Föten ausgetragen werden müssten.

PID und Abtreibung im Vergleich

Die Regelungen zum Schwangerschaftsabbruch sehen eine Fristenlösung vor, nach der eine Abtreibung nach einer zwingenden Beratung innerhalb der ersten zwölf Wochen der Schwangerschaft zwar rechtswidrig ist, aber straffrei bleibt. Die Rechtswidrigkeit des Abbruches beruht auf der Annahme zweier Rechtsträger, nämlich der Mutter und eben des Embryos, deren Rechte aber in Form einer

---

[132] Knoepffler, N. (2004), S. 115f.
[133] Ebd., S. 117.
[134] Schmider, A. (2010), S. 26.
[135] Schmider, A. (2010), S. 28.

Güterabwägung einander gegenüber gestellt werden können, wobei das Recht der Frau auf Selbstbestimmung und körperliche Unversehrtheit das relative Lebensrecht des Embryos überwiegt.

Nach geltendem Recht sind Nidationshemmer und die so genannte „Pille danach" erlaubt und „nicht durch das Vorhandensein einer Konfliktlage, sondern vielmehr durch deren Vermeidung zu rechtfertigen. Die rechtliche Regelung der Abtreibung klammert also Embryonen *vor* der Implantation aus der Strafvorschrift aus. Obwohl die Präimplantationsdiagnostik ebenfalls dazu dient, den Eintritt existenzieller Schwangerschaftskonflikte und der ihnen folgenden Schwangerschaftsabbrüche zu verhindern, ist das Verwerfen drei Tage alter In-vitro-Embryonen hingegen verboten."[136]

Bei bestehendem PID-Verbot sind also wenige Tage alte in vitro gezeugte Embryonen stärker geschützt als bereits implantierte, nachgewiesene und fortgeschritten entwickelte Embryonen. Für Frauen und Paare mit dem Wunsch nach einem eigenen Kind bei gleichzeitigem Risiko für schwere genetische Defekte, die aus persönlichen Gründen eine Abtreibung ablehnen, wäre die PID die einzige Möglichkeit, relativ sicher gesunden Nachwuchs zu bekommen. Gleichzeitig kann die Anwendung der PID unter bestimmten Bedingungen, die es später noch zu erörtern gilt, auch zu einer Stärkung autonomer weiblicher Reproduktionsentscheidungen führen.

Perspektive II: Die praktische Anwendung der PID

Da die Erörterung des moralischen Status des Embryos keine eindeutige und allgemein akzeptable Entscheidung über die ethische Vertretbarkeit der Präimplantationsdiagnostik erbringen konnte, wollen wir uns nun weiteren diskussionsbedürftigen Fragen zuwenden, in deren kritischer Betrachtung und Beantwortung eventuell auch eine Entscheidungsgrundlage zu finden sein könnte. Hinsichtlich der praktischen Anwendung der Präimplantationsdiagnostik ergeben sich vor allem Fragen nach den zulässigen Grenzen der derzeitigen und zukünftig vorstellbaren Anwendungsmöglichkeiten sowie der vertretbaren Indikationsstellung. Ein weiterer wichtiger Punkt sind Überlegungen zu Autonomie und Fortpflanzungsfreiheit, dies vor allem aus der Perspektive der betroffenen Frauen.

---

[136] Ebd., S. 33.

Anwendungsmöglichkeiten und Indikationsstellung

Als Grundvoraussetzung jeglicher Indikation für eine präimplantative Diagnostik gehen wir von einem nachweislichen Risiko genetisch bedingter Krankheiten aus, deren Weitergabe an den Embryo durch die Eltern mittels genetischer Untersuchung in vitro ausgeschlossen werden soll. Nun wäre zu klären, welche Voraussetzungen für eine ethisch zulässige Nutzung erfüllt sein müssen und welche Restriktionen die missbräuchliche Anwendung verhindern können. Damit ergeben sich verschiedene Aspekte, die in die Überlegungen einzubeziehen sind[137] und im Folgenden einer kritischen Würdigung unterzogen werden sollen.

Bei den derzeitigen Anwendungsmöglichkeiten stehen die Untersuchung auf monogen erbliche Krankheiten und prädiktive Diagnostik von spätmanifesten Krankheiten im Vordergrund. „Ausgangspunkt für die Entwicklung und Anwendung der PID waren zunächst monogen vererbte Erkrankungen, deren ursächliche Mutationen mittels PCR nachweisbar sind. Ihre Anlagen können auf den Autosomen oder Gonosomen liegen und rezessiv oder dominant vererbt werden."[138]

Im ersten Teil dieser Arbeit wurde ja bereits erläutert, dass für die Diagnose auszuschließender Erkrankungen der entsprechende genetische Code entschlüsselt sein muss. Die bisherige Entwicklung lässt vermuten, dass sich durch die weitere Erforschung des humanen Genoms die Palette der möglichen in vitro diagnostizierbaren Krankheiten und damit eventuell auch die Liste der möglichen Indikationen erweitern wird. Bereits jetzt können im Bereich der monogen erblichen Erkrankungen beispielsweise Chorea Huntington, Mukoviszidose, Muskeldystrophie, Sichelzellenanämie und viele andere mehr diagnostiziert werden.

Ein weiteres Untersuchungsfeld sind chromosomale Translokationen und Strukturaberrationen. Die Träger dieser Anomalien sind zwar meistens phänotypisch gesund (balancierte Translokation ohne Verlust von Genmaterial), doch während der Keimbahn-Meiose können in den Gameten unbalancierte Translokationen entstehen, die zu Mono- oder Trisomien beim Embryo führen können.

Diese fehlerhaften Chromosomensätze können Fertilitätsprobleme, rezidivierende Aborte oder die Geburt von Kindern mit Malformationen und geistiger Behinderung verursachen. Ähnliches gilt im Fall einer Inversion, d.h. nach Bruch und Wiedereinbau eines um 180° gedrehten Chromomenabschnitts. Hier kommt es

---

[137] Vgl. Schmider, A. (2010), S. 61-64.
[138] Schmider, A. (2010), S. 59.

während der Meiose durch ungleiches Crossing-over zu Duplikation oder Deletion chromosomaler Segmente, so dass Gameten mit unbalancierten Strukturaberrationen entstehen.[139]

Zunächst eröffnet sich die Frage, ob die PID nur Paaren nach der Geburt eines erkrankten Kindes bzw. nach Abbruch einer belasteten Schwangerschaft im Rahmen einer Pränataldiagnostik, also bei Wiederholungsrisiko offen stehen soll.

Schätzungen zufolge läge die Zahl der betroffenen Paare in Deutschland pro Jahr dann zwischen 50 und 1000.[140] Die Forderung nach dem Vorhandensein eines Wiederholungsrisikos, also die Voraussetzung mindestens eines bereits erbkrank geborenen Kindes entspringt „dem Wissen, dass viele Paare sich erst nach der Geburt eines betroffenen Kindes oder nach einer PND mit anschließendem Schwangerschaftsabbruch humangenetisch untersuchen lassen. Zugleich ist sie jedoch Ausdruck der Befürchtung, dass andernfalls die Nachfrage präkonzeptioneller Risikodiagnostik und mit ihr die Anzahl der an PID interessierten Paare ansteigt.“[141] Darauf ist jedoch zu erwidern, dass die betroffenen Paare dem Zwang ausgesetzt werden, zunächst die ausschließlich individuell einzuschätzende „Last“ eines Lebens mit einem behinderten oder schwer kranken Kind zu tragen bzw. das Risiko eines Spontanabortes einzugehen, bevor ihnen die Option gewährt wird, mit Hilfe der PID ein gesundes Kind zur Welt zu bringen. Die individuelle Lebenssituation und Belastungsgrenze der Betroffenen wird damit völlig außer Acht gelassen.

Darf die PID auch ohne Wiederholungsrisiko bei bekanntem genetischen Risiko in Anspruch genommen werden, käme sie auch für Paare in Frage, bei denen „ein nachgewiesener Anlageträgerstatus für eine autosomal rezessiv erbliche Erkrankung (z.B. für eine relativ häufige Erbkrankheit wie die Mukoviszidose) besteht, [...] ein Partner gesicherter Anlageträger für eine Chromosomenstrukturaberration in balanciertem Zustand oder Anlageträger für eine autosomal dominant erbliche Erkrankung ist, [...] die Frau gesicherte Anlageträgerin für eine geschlechtsgebundene Erkrankung ist.“[142]

Wenn alle fortpflanzungswilligen Paare, bei denen ein nachgewiesenes familiäres Risiko vorliegt, zur Vermeidung eines späteren Schwangerschaftsabbruchs eine In-vitro-Fertilisation und Präimplantationsdiagnostik in Anspruch nehmen woll-

---

[139] Ebd., S. 60.
[140] Kollek, R. (2002), S. 79.
[141] Schmider, A. (2010), S. 61.
[142] Kollek, R. (2002), S. 80.

ten, beliefe sich die Zahl der potentiell Interessierten aus dieser Gruppe gegenwärtig auf ca. 1800 Paare.[143]

Es ist jedoch davon auszugehen, dass die tatsächliche Bereitschaft zur Durchführung aufgrund der i. d. R. gegebenen Fertilität und angesichts der vielseitigen Belastungen durch die IVF nur bei etwa einem Drittel der Paare vorhanden wäre.[144]

Wie stellt sich die Situation beim Einsatz der PID im Falle prädiktiver Diagnostik, also hinsichtlich spätmanifester oder multifaktorieller Krankheiten dar? Spätmanifeste Erkrankungen beruhen auf Mutationen, die mit an Sicherheit grenzender Wahrscheinlichkeit zum Ausbruch der Erkrankung zu irgendeinem späteren Zeitpunkt führen werden.

> Zu den diagnostizierbaren spätmanifesten Erkrankungen zählen u.a. Chorea Huntington und familiäre Alzheimer. Merkmalsträger sind bis zur Manifestation der Erkrankung ab dem 40. Lebensjahr diesbezüglich gesundheitlich nicht beeinträchtigt. Allerdings kann das Wissen um die eigene Trägerschaft sehr belastend sein, zumal der Krankheitsverlauf bei betroffenen Verwandten oft miterlebt wird.[145]

Neben der Schwierigkeit, im Rahmen der IVF und PID dem möglichen Anlageträger seinen Genstatus vorzuenthalten,[146] kann als wesentliches Argument gegen die Nutzung der PID im Falle spätmanifester Krankheiten angeführt werden, dass „von ihnen keine unmittelbare Gefährdung der mütterlichen Integrität ausgeht."[147] Vielmehr wird hier eine unzulässige Bewertung des Lebens eines oder einer Kranken vorgenommen. Sinnvoll und ethisch vertretbar hingegen wäre die PID, wenn sie therapierbare Krankheiten diagnostiziert und nicht automatisch zur „Verwerfung" eines belasteten Embryos führt, sondern lediglich zur frühzeitigen Behandlung desselben.

Wiederum eindeutig muss die Ablehnung ausfallen, wenn es im Rahmen der PID um die Diagnose von Dispositionen für multifaktorielle Erkrankungen wie Krebs, Herz-Kreislauf-Leiden, Rheuma oder psychische Störungen geht, da nicht jeder Träger eines veränderten Gens auch tatsächlich erkrankt. Die Manifestation multifaktorieller Krankheiten ist nämlich auch vom Zusammenspiel mit weiteren Genen sowie Umweltfaktoren abhängig. „Die Entwicklung dieser

---

[143] A.a.O.
[144] Vgl. Kollek, R. (2002), S. 81.
[145] Schmider, A. (2010), S. 62.
[146] Kollek, R. (2010), S. 84-88.
[147] Schmider, A. (2010), S. 63.

Krankheiten ist angesichts der Veränderbarkeit (bekannter) externer Einflüsse keinesfalls unaufhaltsam. Es existiert hier keine eindeutige Korrelation zwischen Geno- und Phänotyp."[148]

Eine weitere infrage kommende Nutzergruppe sind Frauen über 35 mit Fertilitätsstörungen, da verminderte Fruchtbarkeitsraten auf „die sinkende Qualität der von älteren Frauen gebildeten Eizellen"[149] zurückgeführt werden können und vermehrt Aneuploidien (z.B. Trisomie 21) auftreten.[150] Aneuploidie-Risiko ist tatsächlich weltweit die häufigste Indikation für eine präimplantantive Diagnostik. Gleichzeitig kann durch PID und die Transplantation nur der vielversprechendsten Embryonen die Effizienz der IVF gesteigert werden.

Die tatsächliche jeweilige Zielsetzung eines Screenings ist allerdings kritisch zu hinterfragen.

> Ausgehend von einer angestrebten Reduktion der Aneuploidierate unter den geborenen Kindern erscheint die Methode als Qualitätskontrolle. [...] Allein die Verfügbarkeit der Embryonen verleitet dazu, eine Diagnostik durchzuführen, die ethisch nicht zu rechtfertigen ist. Auf der anderen Seite erscheint dennoch die Vorstellung paradox, dass Paare nach erfolgreicher Sterilitätsbehandlung und PND die eingetretene Schwangerschaft wieder abbrechen, weil das Kind krank oder behindert ist.[151]

Problematisch ist auch, dass besonders hinsichtlich des Screenings auf Aneuploidien aufgrund der so bezeichneten Mosaikbildung uneindeutige Befunde vorliegen können. „Das bedeutet, daß der Embryo einige Zellen mit normalem, und einige mit abweichendem Chromosomenmuster haben kann. Eine solche so genannte Mixoploidie, also das gleichzeitige Vorliegen von Blastomeren mit unterschiedlichen Chromosomenkonstellationen, ist bei Präimplantationsembryonen häufig zu beobachten"[152] und erfordert die Kontrolle des Befundes durch eine spätere Pränataldiagnostik. Wird das Aneuploidie-Screening mit dem Ziel der Verbesserung der Fertilitätsrate durchgeführt, könnte sich die Argumentation anders darstellen, schließlich ist aus ärztlicher Sicht die bestmögliche Behandlung ihrer Patientinnen moralisch verpflichtend. Doch stellt sich, auch aufgrund der noch unklaren Datenlage zur Effizienz und Verlässlichkeit der Screenings, die Frage nach der Rechtfertigung, zu diesem Zweck zunächst möglichst viele Embryonen zu zeugen, diese zu untersuchen und sie nach einer systematischen,

---

[148] Ebd., S. 64.
[149] Kollek, R. (2002), S. 94.
[150] Vgl. Ebd., S. 97.
[151] Schmider, A. (2010), S.69f.
[152] Kollek, R. (2002), S. 102f.

aber unsicheren Bewertung ihrer Lebenschancen durch Nicht-Implantation zu „verwerfen".[153]

Zwei weitere mögliche Indikationen für eine PID sind das so genannte Social Sexing und Diminishment. Social Sexing beinhaltet die Identifikation der Geschlechtschromosomen und den Transfer nur solcher Embryonen, die den Geschlechtspräferenzen der prospektiven Eltern entsprechen, ohne dass eine geschlechtsgebundene erbliche Krankheit vorläge.

Dies geschieht unter Berufung auf das Recht der Eltern auf Fortpflanzungsfreiheit und Autonomie sowie die Gefahr, „dass die Geburt eines Kindes des ‚falschen' Geschlechts die familiären Beziehungen und somit auch das Wohl des Kindes selbst gefährde, das sein Leben lang nicht den elterlichen Hoffnungen entspreche."[154] Doch die ethischen Bedenken hinsichtlich dieser Anwendungsmöglichkeit überwiegen bei weitem: Social Sexing entspricht positiver Selektion und eröffnet eine Entwicklung hin zu „Designer-Babys", die zur Erfüllung der Wünsche und Ansprüche ihrer Eltern instrumentalisiert werden. „Es geht nicht darum, die Geburt eines kranken oder behinderten Kindes zu verhindern, dessen Existenz das Paar überforderte, sondern darum, den Eltern einen vermeintlich autonomen Wunsch zu erfüllen. Es findet sich daher keine ethische Rechtfertigung einer Instrumentalisierung von Embryonen eigens zu diesem Zweck."[155] Außerdem werden Geschlechtsdiskriminierung, Sexismus und demografische Folgen befürchtet.

Als Diminishment wird „die Auswahl von Embryonen mit einer üblicherweise als Behinderung angesehenen Eigenschaft"[156] bezeichnet.

> Ein bekanntes Beispiel hierfür ist der Wunsch tauber Eltern nach einem tauben Kind. Gegen seine Erfüllung spricht nicht, dass eine solche Auswahl den Embryo bzw. das Kind schädigte, da ein alternatives Leben ohne diese Krankheitsanlage für dieses Individuum nicht existierte. Vielmehr ist keine Gefährdung der mütterlichen Gesundheit durch die Geburt und das Leben mit einem hörenden Kind ersichtlich, deren Vermeidung gegenüber dem Lebensrecht der Embryonen Vorrang einzuräumen wäre. Ein Einsatz der Präimplantationsdiagnostik wäre folglich ethisch nicht akzeptabel.[157]

Eine ebenfalls sehr umstrittene mögliche PID-Indikation aus dem Bereich posi-

---

[153] Vgl. Schmider, A. (2010), S. 70.
[154] Schmider, A. (2010), S. 71.
[155] Ebd., S. 72.
[156] A.a.O.
[157] A.a.O.

tiver Selektion ist das so genannte HLA-Matching, wobei HLA „das Humane Leukozyten Antigen [bezeichnet], das in der Membran aller Zellen verankert ist und anhand dessen das Immunsystem körpereigene von körperfremden Zellen unterscheiden kann."[158] Bei bestimmten erblichen aber auch sporadisch auftretenden Erkrankungen (z.B. Leukämie) ist eine Heilung durch HLA-identische Stammzellen möglich. Mit Hilfe der PID könnten HLA-identische Geschwister als Stammzellspender und „Retter" für ein bereits geborenes erkranktes Kind gezeugt werden.

Besonders kritikwürdig ist hier die Verwerfung genetisch gesunder Embryonen aufgrund mangelnder HLA-Kompatibilität sowie die (mögliche) Instrumentalisierung des Kindes als Lieferant therapeutischer Mittel, ohne zunächst einen eigenen Nutzen zu erfahren, auch wenn natürlich „ein nach seinem HLA-Merkmal ausgewähltes Kind trotzdem gewollt und geliebt sein kann – was laut bisheriger Untersuchungen in der Regel der Fall ist [...]"[159] und Instrumentalisierungen durch die Eltern auch bei natürlich geborenen Kindern nicht auszuschließen sind. Sowohl die Befürwortung als auch die Ablehnung des HLA-Matchings als mögliche Indikation für eine PID können auch noch mit psychischen, psychosozialen oder ökonomischen Argumenten begründet werden,[160] sollen jedoch im Rahmen dieser Arbeit nicht weiter ausgeführt werden. Deutlich geworden sein sollte aber noch einmal die enorme Komplexität der mit den verschiedenen Anwendungsmöglichkeiten verbundenen Implikationen.

Nun gilt es noch weitere Aspekte der Indikationsstellung zu erörtern. Eine sehr wesentliche Festlegung beinhaltet die Entscheidung über die Form der Indikationsstellung. Möglich wäre eine allgemein gehaltene Formulierung, die im Einzelfall auf die betroffenen Paare angewendet werden müsste oder die Erstellung eines Katalogs, der die indizierten Krankheiten im Einzelnen auflistet.

Der Vorteil eines solchen Indikationskatalogs liegt in seiner Restriktivität; die schrankenlose Ausweitung und Missbrauch der Methode könnte verhindert werden, allerdings erweckt ein Katalog „den falschen Eindruck, dass die Anwendung der PID allein genetisch begründbar ist, und verhindert außerdem die Berücksichtigung individueller Unterschiede in der Krankheitsausprägung. Von ihm geht daher die Gefahr eines Automatismus aus. [...] Rechtfertigend für eine PID kann aber erst die Risikolage der Mutter und nicht allein das aufgelistete

---

[158] Schmider, A. (2010), S. 73.
[159] Ebd., S. 74.
[160] Vgl. Ebd., S. 73-75.

genetische Risiko für ihre Nachkommen sein."[161] Eine allgemeine Formulierung hingegen würde zwar eher der individuellen Lebenssituation und Konfliktlage der betroffenen Paare gerecht werden, hätte aber einer möglichen missbräuchlichen Anwendung aufgrund der subjektiven Beurteilung wenig entgegen zu setzen.

Beiden Möglichkeiten hängt angesichts der immer umfangreicheren Möglichkeiten genetischer Diagnostik die Befürchtung einer schleichenden Ausweitung der Indikationsbereiche an (Slippery-Slope-Argument). „Als Beweis für eine derartig unaufhaltsame Entwicklung gilt die Pränataldiagnostik, deren Indikation so weit aufgeweicht ist, dass sie heute als Routine-Untersuchung gelten kann."[162]

Eine weitere Frage, die sich im Hinblick auf die praktische Anwendung der PID ergibt, ist die, ob eine so genannte „Mindestwahrscheinlichkeit" genetischer Risiken von etwa 25-50% festgelegt werden soll, ab der eine PID durchgeführt werden darf. Eine derartige Begrenzung würde ebenfalls den Kreis der möglichen Nachfrager möglichst klein halten und bestimmte chromosomale Störungen sowie Aneuploidie-Screenings ausschließen, doch dürfte diese willkürliche Festlegung schwer weiter zu begründen sein als mit dem Willen nach einer restriktiven Regelung.

Auch die so genannte Penetranz, also die Quote, mit der sich ein genotypisches Merkmal phänotypisch auswirkt, wäre ein in Betracht zu ziehendes Kriterium für die Indikationsstellung. Bei geringerer Penetranz eines Merkmals können phänotypische Auswirkungen beim Träger ausbleiben, aber dennoch weiter vererbt werden und mit einer Wahrscheinlichkeit unter 50% zur Erkrankung führen.

Nach den oben genannten Ausführungen kann man zu dem Schluss kommen, dass nicht die Anwendung der PID an sich zwangsläufig ethisch unzulässig sein muss, sondern dass vielmehr die spezifischen Intentionen einer jeden Anwendungsmöglichkeit die Legitimität der PID bestimmen. Es ergibt sich die „Notwendigkeit einer rechtzeitigen präventiven Verantwortungsethik sowie einer effektiven Überwachung und Beschränkung der PID-Praxis auf die für zulässig erachteten Indikationen und Anwendungen."[163]

Zunächst sind damit diejenigen Anwendungen als unzulässig auszuschließen, die einer moralischen Begründbarkeit entbehren, wie etwa die Anwendung der

---

[161] Schmider, A. (2010), S. 64f.
[162] Ebd., S. 65.
[163] Schmider, A. (2010), S. 77.

PID mit dem Ziel der Zeugung von „Designer-Babys". Alle weiteren legitimierbaren Anwendungen sind auf ihre Restriktionsmöglichkeiten und Regulierbarkeit zu überprüfen. Weiterhin sind detaillierte und klar geregelte Indikations- und Verfahrensvorschriften nötig, um eine schleichende Ausweitung und damit zukünftig möglichen Missbrauch der präimplantativen Diagnostik zu verhindern.

Die Erfahrungen anderer Länder wie beispielsweise Frankreich zeigen, dass die effektive Kontrolle der Anwendung der PID durch entsprechende gesetzliche Regelungen erfolgreich ist:

> Es scheint so, als ob der in Frankreich eingeschlagene Weg als Beispiel für einen
> restriktiven und darüber hinaus transparenten Umgang mit den Möglichkeiten der
> PID steht, welcher ihrer befürchteten Eigendynamik unüberwindbare Barrieren
> entgegen setzen kann. Er stellt eine gangbare Alternative zu einer präventiven
> Verbotspolitik dar.[164]

So kommt auch das Büro für Technikfolgenabschätzung beim Deutschen Bundestag zu dem Schluss, dass unter entsprechenden Bedingungen die zuverlässige Regulation der Präimplantationsdiagnostik gewährleistet ist:

> Im Fall einer begrenzten Zulassung der PID bietet eine soweit möglich genaue gesetzliche Festlegung des zulässigen Indikationsspektrums gestützt durch ein System der Lizenzierung – nicht nur von PID-Zentren, sondern auch der spezifischen genetischen Tests – durch eine Zulassungsstelle mit transparenten Entscheidungsstrukturen und Beteiligung gesellschaftlicher Gruppen eine gewisse Gewähr dafür, dass Ansprüche auf eine Erweiterung des Indikationsspektrums sich nicht stillschweigend durchsetzen, sondern gesellschaftlich diskutiert werden müssen.[165]

Patientinnenautonomie

Ein weiterer wichtiger Bestandteil der Diskussion um die PID ist die Betrachtung aus einer Perspektive der unmittelbar betroffenen Frauen (und Paare) unter dem Stichwort Autonomie und Fortpflanzungsfreiheit. Man kann die Eröffnung einer Handlungsoption wie der PID für die betroffenen Frauen bzw. Paare als Erweiterung des persönlichen Entscheidungshorizontes in Fragen der Reproduktion begreifen.

> Wissenschaftliche und gesellschaftliche Entwicklungen haben besonders in den letzten 30 Jahren dazu beigetragen, daß vor allem Frauen sich von den Zwängen und Einschränkungen befreien konnten, die das natürliche Fruchtbarkeitsgeschehen ihnen auferlegte. Diese Errungenschaften und ihre Bedeutung für die weibliche Emanzipation von einem überkommenen Rollenverständnis können kaum überschätzt werden. Sie haben Frauen mehr Kontrolle über ihre Fortpflanzung und mehr Freiheit bei der Gestaltung ihrer Lebensentwürfe gegeben. Deshalb ist der Verweis auf die Autonomie der Frau im Zusammenhang mit Fortpflanzungsentscheidungen eines der stärksten Argumente, die für die Entwicklung und Nutzung neuer medizin-technischer Optionen zur Kontrolle der Fortpflanzung vorgebracht werden kann.[166]

Bedingungen der Autonomie fördernden oder auch verhindernden Aspekte der PID (die gleichermaßen für die PND gelten)[167] sollen hier erörtert

---

[164] Ebd., S. 79.
[165] www.tab-beim-bundestag.de, S. 164 Zugriff am 19.06.2012 10:35.
[166] Kollek, R. (2002), S. 126f.
[167] Vielmehr ist aufgrund mangelnder Daten zur genetischen Beratung bei PID auf die Erfahrungen bei Pränataldiagnostik zurückzugreifen.

werden, wobei vor allem dem Beratungsprozess als Grundlage für eine autonome Entscheidung der Frauen bzw. Paare besondere Bedeutung zukommt.

Verständnis des Autonomiebegriffs

Das Prinzip der Autonomie wurzelt in dem im Recht auf die freie Entfaltung der Persönlichkeit enthaltenen Recht auf Reproduktionsfreiheit. Dies beinhaltet aber gerade nicht das Recht auf ein Kind nach Wunsch, sondern ist vielmehr als „Abwehrrecht zum Schutz der Intimsphäre gegen staatliche Einmischung und Bevormundung"[168] zu verstehen.

Dieses Rechtsverständnis leitet sich aus dem historischen Kontext der Zwangssterilisierungen und Erbgesundheitsgesetze im dritten Reich ab.

> Gesetzliche Regelungen ersetzen jedoch weder moralische Verpflichtungen, noch befreien sie den Handelnden von seiner Verantwortung gegenüber sich selbst und anderen. Vielmehr ist der moralische Anspruch an Justiz und Politik, für alle geltende Rahmenbedingungen zu schaffen und auf diese Weise dauerhaft den Freiraum zu sichern, in dem der Einzelne seine moralischen Rechte wahrnehmen und autonom und eigenverantwortlich handeln kann.[169]

Im Zusammenhang mit medizinischen Anwendungen wie der PID steht die Autonomie als „Ideal einer selbstbestimmten Lebensführung (persönliche Autonomie) und Übernahme moralischer Prinzipien (moralische Autonomie)"[170] im Mittelpunkt.

> Angesichts unseres heutigen Menschenbildes, das in erster Linie die Vorstellung vom vernunftbegabten, unabhängigen Individuum prägt, hat die sogenannte Entscheidungs-Autonomie, Voraussetzung persönlicher und moralischer Autonomie, Einzug in die biomedizinische Prinzipienethik gehalten. […] Im Bereich der Medizin ist die Tradition des fürsorglichen ärztlichen Paternalismus dem Ideal des Respekts vor der Lebensvorstellung der Patienten gewichen.[171]

---

[168] Schmider, A. (2010), S. 49.
[169] Schmider, A. (2010), S. 50.
[170] A.a.O.
[171] Schmider, A. (2010), S. 50f.

Der Begriff „informed consent" ist heute Bestandteil medizinischer Praxis zur Wahrung der Patientenintegrität und beinhaltet die ärztliche Aufklärung und das Einholen der Zustimmung des Patienten vor einer Behandlung. Es müssen jedoch bestimmte Voraussetzungen erfüllt sein, damit eine Entscheidung als autonom bezeichnet werden kann.

Realisierungsbedingungen autonomer Entscheidungen

Trotz äußerst weit gefächerter unterschiedlicher Definitionen des Begriffs der Autonomie[172] besteht relative Übereinstimmung, dass zwei Bedingungen erfüllt sein müssen, nämlich „1. Freiheit (liberty) im Sinne der Unabhängigkeit von kontrollierenden Einflüssen, und 2. Handlungsfreiheit (agency), also die Fähigkeit, intentional zu handeln."[173]

Faden und Beauchamp schlagen folgende Kriterien vor:

> 1) In bezug auf die zu treffende Entscheidung muss die entscheidende Person *kompetent* sein. Sie muss in der Lage sein, Informationen zu verstehen und zu verarbeiten, um dann verschiedene Aspekte gegeneinander abzuwägen. 2) Die der Entscheidung folgende Handlung muss *intendiert* sein, und alle sich aus ihr ergebenden Konsequenzen sollten in Kauf genommen werden. 3) Die Person muss ihren Entschluss *freiwillig* und aktiv, d.h. nicht fremdbestimmt oder reaktiv fassen. 4) Dies soll sie in *Kenntnis* aller für sie relevanten Informationen tun. 5) Zuletzt ist erforderlich, dass der Entschluss unter Einbeziehung anderer Wertvorstellungen des Entscheidenden *authentisch* erscheint.[174]

Von der Kompetenz der betroffenen Personen ist grundsätzlich auszugehen, ebenso von der Intention, eine Schwangerschaft mit einem genetisch gesunden Embryo zu etablieren unter Inkaufnahme der Verwerfung genetisch kranker Embryonen.

Die Freiwilligkeit der Entscheidung kann hingegen in manchen Fällen durch äußere Einflüsse in Frage stehen. Die Einführung der PID könnte auch, statt autonomiefördernd zu wirken, im Gegenteil den autonomen Entschluss eher gefährden. „Fremdbestimmend wirken Zwänge aller Art, aber auch einige manipulierende Faktoren, die bereits aus dem Kontext der Pränataldiagnostik bekannt sind. Zu ihnen zählt ein gesellschaftlicher Druck, die Geburt kranken und behinderten Nachwuchses zu verhindern, der insbesondere durch die Erstellung von Indikationslisten, doch nach Meinung

---

[172] Vgl. Kollek, R. (2002), S. 118-122.
[173] Ebd., S. 120.
[174] Schmider, A. (2010), S. 51f.

einiger Kritiker bereits durch das bloße Angebot der PID entstünde bzw. verschärft würde. Auch Diskriminierung und Benachteiligung Kranker und Behinderter führen dazu, dass die Alternative des PID-Verzichts und der möglichen Annahme eines betroffenen Kindes abgewertet erscheint."

Dass trotz formal gewährleisteter Freiwilligkeit ein Gefühl der Verpflichtung zur genetischen Untersuchung entstehen kann, wird auf folgende Überlegungen zurückgeführt:

> Viele Paare oder Frauen haben die Vorstellung, daß ein behindertes Kind Leiden für die Familie mit sich bringt. Die Möglichkeit, dieses (zu Recht oder Unrecht) erwartete Leiden zu verhindern, ist verlockend. Zusätzlich könnten Frauen einen gesellschaftlichen Druck verspüren, ein perfektes Baby zu produzieren. Sie könnten glauben, daß die Gesellschaft – indem sie den Test zur Verfügung stellt – ein Anrecht auf Loyalität hat, die die Pflicht zur Nutzung solcher Instrumente mit einschließt, und daß sie durch die Abtreibung eines geschädigten Fötus der Gesellschaft die Verantwortung für ein behindertes Kind ersparen.[175]

Der Einfluss solcherlei gesellschaftlichen Drucks zur Verhinderung der Geburt behinderter oder schwer kranker Kinder ließe sich freilich im Einzelfall schwer nachweisen und rechtfertigt somit nicht den Ausschluss der Möglichkeit autonomer Entscheidungsfindung.

Sowohl die Freiwilligkeit als auch die Kenntnis aller relevanten Informationen steht in engem Zusammenhang mit dem Beratungsprozess im Rahmen einer PID. Im ersten Teil der Arbeit wurde bereits auf die Inhalte genetischer Beratung und damit die zur Verfügung zu stellenden Informationen als Grundlage für eine autonome Entscheidung Bezug genommen. „Zusätzlich zur Aufklärung über Vererbungsrisiko, Ätiologie und Verlauf der jeweiligen Erkrankung müssen Zweck, Ablauf, Risiken, Fehldiagnoseraten und mögliche Konsequenzen der PID sowie die zur Auswahl stehenden Alternativen thematisiert werden."[176] Von entscheidender Bedeutung ist jedoch auch die Art und Weise der Informationsvermittlung.

---

[175] Kollek, R. (2002), S. 130.
[176] Schmider, A. (2010), S. 53.

> Bei der genetischen Beratung sollen den Ratsuchenden schon vor einer genetischen Untersuchung nicht nur das Potential und die Grenzen einer solchen Untersuchung, sondern auch ihre möglichen Konsequenzen so dargelegt werden, daß sie in der Lage sind, die Implikationen der Untersuchung zu verstehen. Nur dann kann von einer informierten, autonomen Entscheidung für oder gegen eine solche Untersuchung gesprochen werden.[177]

Von einer autonomiefördernden Funktion einer verpflichtenden genetischen Beratung kann nur dann ausgegangen werden, „wenn die Berater oder Beraterinnen selber keinen direkten oder indirekten Einfluß auf die Entscheidung der Frau nehmen, und die Beratung ergebnisoffen erfolgt."[178]

Das Bemühen, dem Prinzip nicht-direktiver Beratung in der Praxis durch entsprechende Maßnahmen (etwa in Form von Vorschriften oder Schulungen des beratenden Personals) nachzukommen, verhindert aber nicht zwangsläufig, dass die natürlich vorhandenen Wertvorstellungen bei den Beratern doch Auswirkungen auf den Verlauf eines Beratungsprozesses und damit auch auf die Entscheidungsfindung der Ratsuchenden haben.

> Trotz expliziter Selbstverpflichtung zur Neutralität und Nondirektivität haben Berater offensichtlich Schwierigkeiten, komplexe Informationen über Genetik, Vererbung und pränatale Untersuchungen in einer Art und Weise zu vermitteln, die den Erfordernissen eines informierten Einverständnisses und einer autonomen Entscheidung entspricht.[179]

Sicherlich kann die bewusste oder unbewusste Einflussnahme auf einige Frauen sogar entlastend, als Befreiung von der schweren Entscheidung, wirken. Allerdings ist dann die autonomiefördernde Funktion ausgehebelt und „Entscheidungen, die die Einstellungen und Werte der Frau oder des Paares nicht widerspiegeln, [können] die Fähigkeit zur Verarbeitung der Konsequenzen dieser Entscheidung beeinträchtigen."[180]

Auch in den Beratungsfällen, in denen die persönlichen Präferenzen der Berater nicht ausschlaggebend sind, weil die Frauen bereits vorher eine gefestigte Einstellung zu PID bzw. PND und/oder Abtreibung hatten, kann nicht ausgeschlossen werden, dass „solche Erwartungen nicht in jedem Fall

---

[177] Kollek, R. (2002), S. 131.
[178] Ebd., S. 128.
[179] Ebd., S. 132.
[180] A.a.O.

spurlos an der Schwangeren [bzw. der prospektiven Mutter] vorübergehen."[181]

Nach den obigen Ausführungen wird klar, dass die Verpflichtung zur Durchführung einer genetischen Beratung vor der Inanspruchnahme präimplantationsdiagnostischer Methoden zwar ein absolut notwendiges Instrument zur Unterstützung autonomer reproduktiver Entscheidung ist, aber auch unter Annahme nondirektiver Beratung keinesfalls hinreicht. Im Gegenteil ist gerade dieses Postulat kritisch zu bewerten, denn es scheint eher die Auseinandersetzung mit persönlichen Vorstellungen und Interessen innerhalb des Beratungsprozesses zu verhindern. Dies läuft aber der angenommenen autonomiefördernden Funktion der Beratung entgegen.

Perspektive III: Folgen der Anwendung der PID

Im folgenden Abschnitt sind nun aus konsequentialistischer Perspektive die möglichen langfristigen Folgen einer Zulassung der PID in individueller, gesellschaftlicher und sozialer Hinsicht zu erörtern. Diese Sichtweise eröffnet den Blick auf weitere Konsequenzen, Risiken und Gefahren, deren Wünschbarkeit bzw. billigende Inkaufnahme aus ethischer Sicht diskutiert und denen auf politischer Ebene mit entsprechenden Restriktionen und Regelungen begegnet werden muss.

Erörtert werden im Rahmen dieser Arbeit die möglichen Auswirkungen der Einführung der PID auf das menschliche Selbstverständnis als Individuum und Teil unserer Gesellschaft, Befürchtungen im Zusammenhang mit Diskriminierung und Eugenik sowie erwartete Folgen für Medizin und Forschung.

Wandel des Menschenbildes

In einer liberalen, pluralistischen Gesellschaft wie der unseren beruht die Vorstellung vom Menschen auf historisch spezifischen Pfaden und unterliegt kulturellen Traditionen und moralischen Zuschreibungen. Auch wenn kein homogenes Menschenbild auszumachen ist, kann als Ergebnis eines gesellschaftlichen Dialoges über das Wesen des Menschen die Menschenwürde als gemeinsamer Kern ansonsten vielleicht unterschiedlicher Auffassungen gelten.

Gleichzeitig ist diesem Prozess dialogischen Konsenses eine gewisse Dynamik in Abhängigkeit historischer und kultureller Entwicklungen bereits inhärent und unser Menschenbild damit einem stetigen Wandel ausgesetzt. Die Auseinander-

---

[181] Kollek, R. (2002), S. 132.

setzung mit der Frage nach dem Status des Embryos in der Debatte um die PID impliziert den Zusammenhang von unserem Selbstverständnis mit Würde und Moral. „Da jeder Mensch einmal ein Embryo war und auch alle zukünftigen Menschen einmal Embryonen gewesen sein werden, betreffen neue reproduktionsmedizinische Möglichkeiten wie die PID und ihre Folgen unser Menschenbild und mit ihm unsere Mitmenschlichkeit."[182]

Kritiker der Präimplantationsdiagnostik, die dem Embryo den Person- und Würdestatus zuschreiben, sehen bereits in der Methode an sich die Gefahr eines gravierenden Menschenbildwandels von einer humanistischen Auffassung hin zur Reduktion auf den genetischen Code. Die PID „verletze schließlich die Menschenwürde in verschiedenerlei Hinsicht: 1) durch Missachtung der Selbstzwecklichkeit, Instrumentalisierung und Selektion von Embryonen – vorausgesetzt, diesen wird Würde und Lebensrecht zugeschrieben –, 2) durch implizite oder explizite Beurteilung des Lebenswerts der Menschen mit genetisch verursachten Erkrankungen – ausgehend davon, dass die PID *ihr* Leid verhindern soll – und 3) durch die Beschränkung der kindlichen Autonomie – sei es mittels genetischer Prädiktion oder elterlicher Erwartungen."[183]

Die Gefahr liegt in der „Entmenschlichung", im Verlust dessen, was bisher unstreitig Kern menschlichen Seins war: Die Akzeptanz eines Verfahrens zur Selektion und Optimierung und eine gesellschaftliche Haltung der Abwägbarkeit und damit Infragestellung menschlichen Lebens könnte diesen Kern menschlicher Identität, nämlich seine Würde und Integrität, berühren oder gar zerstören.

Die Befürworter der PID befürchten eine solche Entwicklung von der Würdezur Genkultur nicht, da die Anwendung am Embryo, der in diesem Fall nicht als Träger des Menschenwürdeprinzips betrachtet wird, keinerlei Eingriff in die menschliche Würde bedeute. Auch direkte zwischenmenschliche Beziehungen, unsere Selbst- und Fremdwahrnehmung könnten sich grundlegend ändern. Denn Mensch- bzw. Personsein sind auch durch die Natürlichkeit der relativen Gleichheit aller Angehörigen der menschlichen Gattung einerseits und unsere Individualität andererseits gekennzeichnet. Alle Menschen haben als Personen Eigenschaften, die uns zur Akzeptanz als Gleiche zwingen, aber auch besondere Eigenschaften, die uns als Individuum kennzeichnen, als

---

[182] Schmider, A. (2010), S. 114.
[183] Ebd., S. 122.

welches wir respektiert werden.[184]

Das Verhältnis und die Äußerung beider Aspekte unseres So-Seins war bisher ein Produkt natürlicher Vorgänge, wurde aber bereits durch die Techniken der IVF und PND aufgebrochen.

> Nicht mehr Naturgesetze, sondern Eltern und Ärzte legten die genetische Vielfalt fest. Durch die Verfügbarkeit und Planbarkeit genetischer Ausstattung verschwimme die Grenze zwischen Personen und Sachen. Das Selbstverständnis der Menschen als Freie, Gleiche und Ebenbürtige löse sich auf.[185]

Gleichzeitig tritt durch die genetische Manipulation eine Änderung im Verhältnis zwischen Eltern und Kindern ein: Die Eltern übernehmen in Ausübung ihrer Autonomie auch eine Verantwortung für die genetische Ausstattung ihrer Kinder; sie greifen gewissermaßen als „Designer" in die Autonomie des Kindes ein, wodurch eine neue Form der Asymmetrie und Abhängigkeit entstehe.[186]

Bei aller Bedrohlichkeit und zu bezweifelnder Wünschbarkeit eines solchen Wandels unseres Selbstverständnisses und der Ausgestaltung zwischenmenschlicher Beziehungen und auch im Hinblick auf die Veränderungen, die die routinemäßige Anwendung der PND bezüglich der Erwartungen an die gesundheitliche und genetische Konstitution menschlichen Lebens erbracht hat, darf nicht vergessen werden, dass die PID nur für einen äußerst beschränkten Personenkreis überhaupt in Frage kommen soll.

Weil nicht davon ausgegangen werden kann, dass die Reproduktionsentscheidungen eines so kleinen Teils der Bevölkerung gesamtgesellschaftliche Auswirkungen des beschriebenen Ausmaßes haben und weil auch die Wirksamkeit restriktiver Regelungen hinsichtlich der Indikationen anzunehmen ist, scheinen die dargestellten Befürchtungen übertrieben; dass sie sich allerdings im Falle der nicht-restriktiven Einführung der PID bewahrheiten könnten, wäre durchaus wahrscheinlich.

Es wird einmal mehr deutlich, dass die Anwendung der PID einer konsequenten Beobachtung und kritischen Reflexion der mit ihr verbundenen gesellschaftlichen Entwicklungen bedarf.

---

[184] Vgl. Siep, L./Quante, M. (Hrsg.) (2003), S. 19.
[185] Schmider, A. (2010), S. 124.
[186] Vgl. Ebd., S. 124f.

Diskriminierung

> Sowohl im internationalen als auch im nationalen Recht ist der Gleichheitsgrund-
> satz verankert. Er sichert allen Menschen Gleichheit vor dem Gesetz und in der
> Trägerschaft aller darin festgelegten Grundrechte und Freiheiten zu und impliziert
> daher ein Verbot jeglicher Form von Diskriminierung. Diskriminierung meint da-
> bei nicht Ungleichbehandlung per se, sondern die gemäß der angeführten Begrün-
> dung „ungerechtfertigte Ungleichbehandlung" menschlicher Individuen oder ein-
> zelner Gemeinschaften. [...] Die Warnungen vor einer Diskriminierung Betroffe-
> ner lassen sich hinsichtlich ihrer Begründung untergliedern in 1) ‚intrinsische' und
> 2) ‚folgenorientierte' Argumente. Erstere beziehen sich auf die in einer konkreten
> selektiven Handlung zum Ausdruck kommende, ablehnende Grundhaltung gegen-
> über Kranken und Behinderten. Letztere nehmen dagegen die langfristigen Aus-
> wirkungen der Summe selektiver Handlungen auf die Behindertenfreundlichkeit
> einer Gesellschaft in den Blick.[187]

Intrinsische Argumente wurden bereits im Abschnitt zur Statusdebatte und zum
Geltungsbereich des Menschenwürdeprinzips sowie ansatzweise in der Erörterung der möglichen Indikationen gewürdigt. An dieser Stelle sollen die folgenorientierten Argumente betrachtet werden.[188]

Ausgehend von der gesellschaftlichen Solidarität mit Kranken und Behinderten,
die wiederum auf dem Prinzip der Menschenwürde beruht, stellt sich die Frage,
inwiefern die Anwendung der PID als Verfahren zur Verhinderung behinderten
Lebens diese Solidarität erschüttern und zur Diskriminierung beitragen kann.
„Grundlage des Solidaritätsprinzips ist das Menschenwürde-Ideal, auf dem, wie
zuvor dargestellt, unser Menschenbild gründet. Die Orientierung einer Gesellschaft an den Menschenrechten fordert von ihr, Voraussetzungen für ein gelin-
gendes Leben aller zu schaffen. Spezielle Schutzansprüche und -rechte Schwächerer erklären sich also durch ihre Menschenrechts- und Würdeträgerschaft.
Unsere Bereitschaft zur Realisierung von Solidarität, d.h. unsere Bereitschaft,
Schwächeren   zu
helfen, beruht außerdem auf Kontingenzerfahrungen bezüglich der Ursachen
von Hilfsbedürftigkeit. Pränatal- und Präimplantationsdiagnostik lösen nun die
Unvorhersehbarkeit genetisch bedingter Erkrankungen und Behinderungen auf
und gefährden daher die soziale Akzeptanz von Solidarleistungen."[189]

Die Zuspitzung des Konflikts liegt jedoch in der in PND und PID enthaltenen
Option, die Existenz eines bestimmten erkrankten oder behinderten Individuums

---

[187] Schmider, A. (2010), S. 130f.
[188] Zum Begriff der Behinderung und zur Vertiefung der intrinsischen Argumentation vgl. Schmider, A. (2010),
S. 132-137.
[189] Schmider, A. (2010), S. 138.

zu verhindern. Diese grundsätzliche Möglichkeit, Belastungen von einer solidarischen Gemeinschaft abzuwenden, kann in dem antizipierten oder tatsächlichen Appell einer Gesellschaft an die individuelle Verantwortung münden, auf die Inanspruchnahme solidarischer Hilfeleistung zu verzichten.

Diese Überlegungen führen zu der Befürchtung einer zukünftig möglichen schwindenden Solidarität und Akzeptanz Kranker und Behinderter, erst recht, wenn die jeweiligen Erkrankungen zu den genetisch diagnostizierbaren zählen.[190]

> Über soziale Isolierung und nachlassende Unterstützung Behinderter würde die Anwendung der PID schließlich zum Zwang. Denkt man diese Entwicklung im Sinne des Slippery-Slope-Arguments zu Ende, zöge die Legalisierung der PID, verstanden als Legalisierung indirekt bekundeter negativer Lebenswerturteile, nach ihrer Ausweitung die direkte Bewertung des Lebens älterer oder nicht genetisch bedingt Behinderter nach sich. Als äußerstes Ausmaß des Unmoralischen folgte am Ende die Tötung Behinderter aller Altersstufen. [...] Menschenwürdeprinzip und die Menschenrechte würden mit dem Voranschreiten dieser Entwicklung immer weiter ausgehöhlt.[191]

Die Befürworter der PID weisen auf die geringe Zahl der ursächlich genetisch bedingten Behinderungen hin. Die selektive Wirkung der PID hätte einen so geringen Radius, dass sich der Anteil Behinderter an der Gesamtbevölkerung kaum verändern würde, so dass nachteilige Auswirkungen auf die Akzeptanz oder Versorgung Schwächerer nicht anzunehmen sind.[192]

Die zu erwartenden Effekte präimplantativer oder pränataler genetischer Diagnostik im Hinblick auf diskriminierende Tendenzen können und sollten auch anhand der Erfahrungen derjenigen Länder präzisiert und überprüft werden, in denen die Techniken bereits etabliert sind. Sowohl im europäischen Ausland als auch in den USA wurde festgestellt, dass die Akzeptanz Behinderter sich eher erhöht und ihre Lebensbedingungen sich verbessert hätten, was vor allem auf die Initiativen engagierter Behindertenverbände und -organisationen zurückzuführen sei. Trotz dieser positiven objektiven Entwicklung beständen bei prospektiven Eltern jedoch weiterhin die Angst vor der Geburt eines behinderten Kindes und der Wunsch nach Risikominimierung sowie seitens der von Krankheit oder Behinderung Betroffenen die Befürchtung zunehmender gesellschaftlicher Aus-

---

[190] Vgl. Ebd., S. 139.
[191] Schmider, A. (2010), S. 139f.
[192] Vgl. Ebd., S. 140.

grenzung.[193]

Den Befürchtungen der betroffenen Parteien könnte mit aufklärenden Maßnahmen zur Verhinderung diskriminierender Tendenzen begegnet werden:

> Unmittelbar auf medizinisch-organisatorischer Ebene ist an eine verbesserte Gesundheitsaufklärung über genetische Erkrankungen und die Aussagekraft genetischer Informationen sowie an eine standardisierte Beratung vor und nach jeglicher Diagnostik zur Autonomieförderung zu denken. [...] Hilfsangebote auf gesellschaftlicher Ebene ermutigen Familien, die Verantwortung für ein betroffenes Kind zu übernehmen. Durch die eventuell erforderliche Pflege dürfen ihnen dabei keine Nachteile entstehen. Hierin und in der Achtung vor den Paaren, die sich für ihr behindertes Kind entscheiden, zeigt sich die Menschlichkeit einer Gesellschaft. [...] Von Seiten der Sozialpolitik ist der bereits eingeschlagene Kurs der Gleichberechtigung mit Förderung von Integration, Partizipation und Selbstbestimmung beizubehalten.[194]

Eugenik

Aus naturwissenschaftlicher Perspektive meint Eugenik die Optimierung des genetischen Materials von Individuen oder Gruppen durch den Einsatz unterschiedlicher Methoden zur Verhinderung der Weitergabe unerwünschter Erbanlagen bzw. zur Förderung der Verbreitung erwünschter Merkmale.

> Der Begriff der Eugenik läßt sich jedoch nicht allein auf einen naturwissenschaftlichen Sachverhalt reduzieren. Historisch und gesellschaftspolitisch gesehen beschreibt er eine kurz nach der Jahrhundertwende entstandene soziale und politische Strömung, die sich der „Verbesserung" der menschlichen Rasse durch gezielte Beeinflussung der Fortpflanzung verpflichtet fühlte.[195]

Die Bestrebungen zur Befreiung der Menschheit von belastenden Existenzen gipfelten in der systematischen Vernichtung als „lebensunwert" erachteten Lebens während der NS-Zeit. Nach dem 2. Weltkrieg etablierte sich die Humangenetik unter Distanzierung von den sozialdarwinistischen und rassehygienischen Theorien.

> Die neue Erblehre sollte von rassistischen und sozialen Vorurteilen frei sein und sich auf eine wissenschaftlich seriöse Basis berufen. Der Bruch mit der alten Eugenik bestand demzufolge in der Ablehnung staatlicher Zwangsmaßnahmen, der Orientierung an der individuellen Gesundheitsvorsorge und nicht an der Erbgesundheit der Bevölkerung sowie in der Beschränkung auf die Analyse und Diagnose monogen bedingter Merkmale, bei denen der Einfluß von Umweltfaktoren

---

[193] Vgl. Ebd., S. 143.
[194] Schmider, A. (2010), S. 145.
[195] Kollek, R. (2002), S. 153.

als gering galt.[196]

Schmidt unterscheidet mehrere Varianten des klassischen Konzepts der Eugenik:[197] *Positive und negative Eugenik.* Hierunter sind Maßnahmen zur Sicherung verstärkter Fortpflanzung genetisch erwünschter Individuen zu verstehen, beispielsweise durch finanzielle oder rechtliche Vorteile bzw. die Verhinderung der Fortpflanzung genetisch unerwünschter Individuen, wobei die in der Geschichte hierzu ergriffenen Maßnahmen von genetischer Beratung bis hin zu den im Dritten Reich praktizierten Zwangssterilisierungen oder Tötungen geborener Menschen variieren.

Eugenik „von oben" bzw. „von unten". Im ersten Fall verfolgt ein autoritärer Staat das Ziel der Verbesserung der genetischen Population mit gesetzlichen Regelungen bis hin zu Zwangsmaßnahmen. Im Gegensatz dazu beruht Eugenik „von unten" auf individuellen Reproduktionsentscheidungen; PID und Schwangerschaftsabbrüche nach PND könnten als individuelle Einflussnahme betrachtet werden, wenn auch nicht immer davon ausgegangen werden kann, dass die genannten Entscheidungen mit der Absicht der Verbesserung des Genpools getroffen werden.

Doch wie groß ist das eugenische Potential gendiagnostischer Methoden wirklich? Ist im Falle der PID angesichts der anzunehmenden Intention der betroffenen Paare, persönliches Leid abzuwenden, der Begriff der Eugenik überhaupt angemessen? Wenn dem so ist, ist dann die Präimplantationsdiagnostik geeignet, eine wünschenswerte „neue Eugenik" im Sinne genetischer Selektion statt Manipulation zum Nutzen prospektiver Eltern zu

---

[196] Kollek, R. (2002), S. 153.
[197] Vgl. Schmidt, H. T. (2003), S. 138-141.

implementieren? Oder besteht vielmehr die Gefahr von Entwicklungen, die parallel zu der menschenverachtenden Situation zur Zeit des Nationalsozialismus zu verorten sind?

„Überwiegend werden Präimplantationsdiagnostik wie Pränataldiagnostik [...] nicht als eugenische Maßnahme, sondern als vorbeugende Krankheitskontrolle und Erweiterung der Wahlfreiheit des betroffenen Paares angesehen."[198] Offensichtlich liegt die wesentliche Intention bei der Entscheidung für gendiagnostische Maßnahmen in der Regel in der Verhinderung persönlichen Leids, aber nicht darin, die genetische Ausstattung einer bestimmten Population zu verbessern. Ein eugenisches Motiv kann weder völlig ausgeschlossen werden, noch ist es eindeutig nachweisbar.

Die Gefahr scheint weniger von den individuellen Motiven der an PID Interessierten auszugehen, als vielmehr von den Wechselwirkungen zwischen dem autonomen Wunsch nach gesunden Kindern und gesellschaftlichen Normensystemen.

> Unabhängig von den rechtlich garantierten Freiheiten des Individuums sind heute in liberalen Staaten Gesundheit und Normalität hohe Güter, denen menschliches Streben gilt. Die inhaltliche Füllung dieser Begriffe ist dabei abhängig vom gesellschaftlichen Kontext, in dem sie verwendet werden. Ebenso verhält sich die Bewertung genetischer und phänotypischer Merkmale eines Individuums als vorteilhaft oder wenig erstrebenswert relativ zu tradierten Wertesystemen einer Gesellschaft.[199]

Die eugenische Wirkung ergebe sich aus der Etablierung und Ausweitung des medizinischen Angebots und der darauf folgenden Kumulation sozialer Auswirkungen selektiver Diagnostik vor dem Hintergrund eines zunehmend restriktiven Gesundheits- und Normalitätsverständnisses.[200]

---

[198] Kollek, R. (2002), S. 155.
[199] Schmider, A. (2010), S. 151.
[200] Vgl. Ebd., S. 152.

Das eugenische Potential der PID

Anhand der oben dargestellten Kriterien wird nun das eugenische Potential der Präimplantationsdiagnostik erörtert. Schmidt konstatiert, die Eignung der PID zur Verfolgung eugenischer Zwecke sei nicht zu bestreiten, es müsse aber nicht jeder möglichen Anwendung eine eugenische Absicht zugrunde liegen.[201]

Einzelne Anwendungsbereiche sind ohne weiteres als eugenische Maßnahmen zu begreifen, so etwa das Aneuploidie-Screening und die Methode der PID an sich bietet die Grundlage für die weitere Erforschung und Implementierung manipulativer Eingriffe. Bei nicht regulierter Anwendung der PID wäre die Etablierung einer Eugenik sicherlich nicht auszuschließen, so dass der Blick bei der Frage nach dem eugenischen Potential auch immer auf mögliche Schranken, die die Ausweitung unerwünschter Folgen verhindern, zu richten ist.

Die Verbesserung des Genpools im Sinne positiver Eugenik scheint theoretisch zwar möglich, ist nach strengen Maßstäben jedoch faktisch erschwert, da jeder Mensch zumindest Träger mehrerer rezessiv veranlagter Krankheitsdispositionen ist und während der embryonalen Entwicklung jederzeit spontane Mutationen auftreten können.[202]

> Hinsichtlich der Frage positiver Eugenik ist zu konstatieren, dass bereits relativ einfache Merkmale wie Körperbau oder -länge polygen bzw. sogar auch multifaktoriell zustande kommen, von Merkmalen wie „Intelligenz" ganz zu schweigen. Aufgrund dieser Komplexität ist daher bis auf weiteres davon auszugehen, dass entsprechende Merkmalsplanungen bereits auf der technischen Ebene scheitern müssen.[203]

Bei dominant vererbten Krankheiten könnte die systematische Durchführung selektiver Diagnostik aber sehr wohl langfristig zum Verschwinden entsprechender Mutationen führen, negative Eugenik wäre also prinzipiell möglich.

Hinsichtlich einer Eugenik „von oben" sieht Kollek keine Gefahr staatlich durchsetzbarer eugenischer Bestrebungen in westlichen Ländern, befürchtet aber, dass Eugenik „sich über eine Vielzahl von individuellen Vorsorgeentscheidungen etabliert und so zu einer alltäglichen, gesellschaftlich legitimierten Praxis wird. Vor diesem Hintergrund verschwimmt die eindeutige Grenzlinie, die teilweise zwischen einer verwerflichen Eugenik oder einem eu-

---

[201] Vgl. Schmidt, H. T. (2003), S. 146 und ausführlicher Schmider, A. (2003), S. 154-156.
[202] Vgl. Kollek, R. (2002), 152 und Schmidt, H. T. (2003), S. 142f.
[203] Schmidt, H. T. (2003), S. 143.

genischen Missbrauch der Gendiagnostik auf der einen Seite, und einer ethisch vertretbaren Genomanalyse als Werkzeug individueller Vorsorgeentscheidungen auf der anderen Seite gezogen wird."[204]

Schmidt macht in einem Vergleich der Rolle des Staates zu Zeiten des Dritten Reichs und heute im Hinblick auf die Frage der Eugenik den Unterschied deutlich, dass das damalige Regime die Interessen des Staates gegen den Willen der Individuen durchsetzte, während er bis zur jüngsten gesetzlichen Neuregelung der PID die Embryonenauswahl nach genetischen Kriterien gegen die Interessen der Eltern verhindere.[205]

Zu den konstitutiven Elementen der Eugenik „von unten" gehören als notwendige Bedingung „die Verbindung zwischen individuellen Entscheidungen zur Inanspruchnahme der Präimplantationsdiagnostik auf der Grundlage von „Lebenswertzuschreibungen" und der Veränderung gesellschaftlicher Werte und Normen"[206] sowie als hinreichende Bedingung, „dass sich das Individuum in seiner Wahl von gesellschaftlichen Werten unter Druck setzen lässt, bzw. nicht anders kann, als sich unter Druck setzen zu lassen."[207] Entscheidend ist also, welche gesellschaftlichen Zwänge sich durch die Einführung und Anwendung der PID hinsichtlich der individuellen Inanspruchnahme ergeben. „Gesamtgesellschaftliche Interessen bestünden z.B. in der Förderung der allgemeinen Gesundheit, Steigerung menschlicher Leistungsfähigkeit und Vermehrung der Anlagen positiv bewerteter Eigenschaften im menschlichen Genom."[208]

Bei der Bewertung dieser Frage ist anzunehmen, dass solche Zwänge zur Inanspruchnahme diagnostischer Möglichkeiten entstehen können, nicht jedoch, dass ohne ihr Vorhandensein die betroffenen Paare immer von der Nutzung der neuen Techniken absehen würden. Ihnen ist durchaus eine Motivlage außerhalb eugenischer Bestrebungen sowie die Fähigkeit zu autonomer Entscheidung zur Nutzung der Möglichkeiten der PID zuzugestehen. Wie im Falle der Diskriminierungsbefürchtungen ist auch hinsichtlich der Gefahr eugenischer Tendenzen an geeignete Maßnahmen zur Verhinderung, wie etwa restriktive Zugangsregelungen, zu denken, die einen entscheidenden Beitrag zur Risikominimierung leisten können.

---

[204] Kollek, R. (2002), S. 154.
[205] Schmidt, R. (2003), S. 144.
[206] Graumann 1998 zitiert nach Schmidt, H. T. (2003), S. 147.
[207] Schmidt, H. T. (2003), S. 147.
[208] Schmider, A. (2010), S. 155.

Zusammenfassung und Fazit

Im Zuge einer abschließenden Stellungnahme möchte ich noch einmal die leitenden Fragen zu dieser Arbeit in Erinnerung rufen und eine kurze Zusammenfassung der hier erläuterten Problemstellungen geben. Ein Ziel dieser Arbeit war eine Einschätzung des Verhältnisses von geltendem Recht und ethischen Normen unter Berücksichtigung der der juristischen Entscheidungsfindung zugrunde liegenden Rechtsnormen, der in ihnen enthaltenen Wertungswidersprüche und ethischen Implikationen sowie unter Vergleich der in der rechtlichen und ethischen Debatte jeweils eingenommenen Perspektiven.

Gemeinsam ist beiden Debatten die Wahl gleicher oder ähnlicher Begriffe. So spielt der Begriff der Menschenwürde in beiden Debatten eine zentrale Rolle, wenn auch aufgrund der unterschiedlichen Rahmengebung unter jeweils anderen Vorzeichen und Fragestellungen. Während philosophische und ethische Debatten zum Thema Präimplantationsdiagnostik sich in einem weitgehend schrankenlosen gedanklichen Rahmen abspielen können, unterliegt die rechtliche und politische Debatte mit dem Ziel einer gesetzlichen Regelung dem grundgesetzlichen Maßstab und muss im Zweifelsfall auch einer verfassungsrechtlichen Überprüfung standhalten können.

> Für rechtliche Argumentationen sind andere Begründungen erforderlich als für ethische: Rechtliche Argumentationen haben vor allem auch die pragmatische Regelungsmöglichkeit eines Sachverhaltes und die Möglichkeit der Durchsetzbarkeit von Schutzansprüchen zu berücksichtigen. Sie können daher als erfolgreich angesehen werden, wenn sie eine gesellschaftlich akzeptable und tolerierte Lösung hervorbringen, selbst wenn diese einen – unter ethischen Gesichtspunkten gegebenenfalls fragwürdigen – Kompromisscharakter haben.[209]

Im Fall der PID gibt ihre verfassungsrechtliche Bewertung den Rahmen vor, in dem Spielräume für politische Entscheidungen vorhanden sind. Nur innerhalb dieses verfassungsrechtlichen Rahmens können ethische Normen auch zu juristischer Relevanz gelangen und zu geltendem Recht werden.

Umgekehrt zeigt sich am Beispiel des Begriffs der Menschenwürde, wie philosophische Begriffe zu juristischen Konfliktlagen werden und wie die weltanschauliche Neutralität eines pluralistischen, demokratischen und liberalen Staates angesichts der vielfältigen Implikationen einer medizinischen Technik plötzlich in Frage gestellt wird. Es wurde ersichtlich, dass die juristi-

---

[209] Schmidt, H.T. (2003), S. 53.

sche Debatte sich nicht von weltanschaulichen Gehalten befreien kann, was aber unter dem Vorbehalt, dass diese offen gelegt und kritisch hinterfragt werden, keine Gefahr für ihre Integrität darstellen muss. Andererseits muss die Philosophie die Fakten schaffende Kompetenz des Rechts zur Kenntnis nehmen und pragmatisch gefundene, wenn auch ethisch streitbare Regelungen akzeptieren.

Ein weiteres Ziel dieser Arbeit war eine Einschätzung der Diskussionsbeiträge zur PID unter Betrachtung der wichtigsten Positionen zur Präimplantationsdiagnostik vor allem aus ethischer Perspektive hinsichtlich ihres Beitrags zu einer praktisch orientierten Lösung der mit der PID verbundenen juristischen und ethischen Problematiken. Die wichtige Rolle des Menschenwürdebegriffes wurde bereits an mehreren Stellen deutlich. Er bildet die Grundlage für alle weiteren zu erörternden Fragen im Zusammenhang mit der PID und fungiert als Fundament und Referenz in einer Debatte, deren Ergebnis auf möglichst breiter Basis konsensfähig und akzeptabel sein soll. Dennoch wurde auch sichtbar, dass eine philosophische Perspektive allein den Implikationen einer Handlungsoption wie der PID nicht gerecht werden kann.

Es zeigt sich, dass die Beurteilung neuer Techniken nicht ohne handlungsorientierte und konsequentialistische Betrachtung auskommt. Neben der Frage, ob eine Technik mitsamt den mit der Anwendung einhergehenden Konsequenzen erlaubt werden darf, muss auch immer die Frage stehen, ob eine Technik mitsamt den aus dem Verbot folgenden Konsequenzen verboten werden darf. Denn nicht nur die Anwendung einer Handlung hat Folgen, sondern möglicherweise auch die Unterlassung. Eben dieser Wechsel von der Frage nach der Zulässigkeit einer Handlung hin zur Frage nach der Zulässigkeit der Unterlassung kann entscheidende Grundlagen für die Beurteilung der Präimplantationsdiagnostik bereitstellen.

Dass die PID ethisch zulässig ist, muss bezweifelt werden, wenn von der Grundrechtsträgerschaft des Embryos ausgegangen wird und ihm Menschenwürde zukommt. Dass das generelle Verbot der PID zum Schutz des Embryos in vitro ethisch zulässig ist, muss aber ebenfalls bezweifelt werden, wenn man den daraus entstehenden und als unhaltbar zu bewertenden Widerspruch zum Schutzkonzept ungeborenen Lebens beim Schwangerschaftsabbruch betrachtet. Weiter folge ich der Einschätzung des Deutschen Ethikrates in seinem Votum für die begrenzte Zulassung der PID[210] in der Einschätzung, dass die Regulierung und

---

[210] Vgl. Deutscher Ethikrat (2011).

Kontrolle der PID auf gesetzlicher Grundlage in der Weise möglich ist, dass die unerwünschte Ausweitung der Anwendung der Präimplantationsdiagnostik effektiv verhindert und gleichzeitig ihr Nutzen für Hochrisikopaare zu voller Entfaltung kommen kann. Die rechtliche Zulässigkeit der PID unter bestimmten Voraussetzungen wurde ja bereits durch den Bundesgerichtshof festgestellt.[211]

Neben der Beurteilung des jeweiligen Beitrages der verschiedenen Perspektiven möchte ich hier noch einige Beiträge unabhängig davon hervorheben. Sehr unangenehm aufgefallen sind mir diejenigen Beiträge zur Debatte (sowohl von rechtlicher als auch von ethischer Seite) um die PID, vor allem hinsichtlich der Frage zum Status des Embryos, deren Autoren sich scheinbar weniger um die inhaltliche Argumentation als vielmehr um eine möglichst eindrucksvolle Rhetorik bemühen. Die Verwendung eines möglichst technischen und distanzierten Vokabulars („Zellhaufen") halte ich für ebenso kritikwürdig wie die Beschwörung der sittlichen Apokalypse durch „eugenischen Fetozid". Beide Auffassungen der Möglichkeiten der Präimplantationsdiagnostik mögen begründet sein, doch der Diskussion und schließlich auch Entscheidungsfindung ist mit solcherlei Vorgehensweisen kein Gefallen getan: Sie schüren auf der einen Seite Ängste und Befürchtungen und nehmen auf der anderen Seite Leid und Nöte Betroffener nicht ernst.

Nicht mangelnde Sachlichkeit oder ein „Zuviel" an weltanschaulichem „Ballast" ist das Problem: Im Gegenteil, die durch die Verfügbarkeit der PID aufgeworfenen und in dieser Arbeit betrachteten Fragestellungen berühren nun einmal auch wichtige Fragen der menschlichen Identität, des Werdens und des Seins, die aufgrund naturwissenschaftlicher Daten und Fakten nicht befriedigend beantwortet werden können. Eine pluralistische und demokratische Gesellschaft wie die unsere muss und kann unterschiedliche Weltanschauungen ertragen und integrieren.

Voraussetzung für eine lösungs- und handlungsorientierte Debatte wie sie in Deutschland vonnöten war, weiterhin ist und in Zukunft sein wird ist aber die kritische und erkennbare Auseinandersetzung aller Beteiligten mit dem individuellen weltanschaulichen Hintergrund. Andernfalls kann den Autoren und Rednern zwar wohl nicht die Ernsthaftigkeit in der Beschäftigung mit der Frage abgesprochen werden, wohl aber die Sachdienlichkeit und das Beitragen zu einer fundierten politischen und gesellschaftlichen Willensäußerung, die schließ-

---

[211] Vgl. www.bundesgerichtshof.de Zugriff am 23.06.2012 17:58.

lich in einer rechtlichen Regelung münden kann.

Die Politik wird sich darauf einstellen müssen, häufiger und in kürzeren Abständen über die gesetzliche Regelung neuer Techniken zu entscheiden. Dies wird spätestens seit der Entwicklung eines neuen Bluttests zur Analyse embryonaler Zellen mit Hilfe maternalen Blutes (s. Stern-Magazin 25/2012) allzu deutlich. Mit Hilfe der Technik kann die genetische Information des Embryos mit Hilfe einer maternalen Blutprobe frühzeitig und risikoarm analysiert werden. Diese gravierende Vereinfachung der Erlangung genetischer Informationen erfordert eine baldige rechtliche Würdigung, die voraussichtlich auch wieder ethische Fragen berühren wird.

Quellenangaben

Barbian, Elke/ Berg, Giselind: Die Technisierung der Zeugung. Die Entwicklung der In-vitro-Fertilisation in der Bundesrepublik Deutschland. Pfaffenweiler 1997.

Deutscher Ethikrat: Präimplantationsdiagnostik. Stellungnahme. Berlin 2011.

Deutsche Forschungsgemeinschaft: Prädiktive genetische Diagnostik. Wissenschaftliche Grundlagen, praktische Umsetzung und soziale Implementierung. Weinheim 2003.

Gropp, Stephanie: Schutzkonzepte des werdenden Lebens. Frankfurt am Main 2005.

Kaminsky, Carmen: Embryonen, Ethik und Verantwortung. Tübingen 1998.

Knoepffler, Nikolaus: Menschenwürde in der Bioethik. Berlin 2004.

Lungstras, Anne Barbara: Der Umgang mit dem Embryo in vitro. Eine Analyse der Überzeugungsstrategien in der verfasusngsrechtlichen Debatte um die embryonale Stammzellenforschung und die Präimplantationsdiagnostik. Baden-Baden 2008.

Müller, Stephan E./ Schmid-Tannwald, Ingolf/ Hornstein, Otto P. (Hg): Unerfüllter Kinderwunsch. Assistierte Fortpflanzung im Blickfeld von Medizin und Ethik. Berlin 2008.

Nationaler Ethikrat: Genetische Diagnostik vor und während der Schwangerschaft. Stellungnahme. Berlin 2003.

Pinter, Iris: Einflüsse der christlichen Bioethik auf die deutsche Humangenetik-Debatte. Münster 2003.

Schmider, Anneke: Die Präimplantationsdiagnostik als Herausforderung für Medizin und Gesellschaft – Eine ethische Analyse. Freiburg 2010.

Schindele, Eva: Gläserne Gebär-Mütter. Vorgeburtliche Diagnostik – Fluch oder Segen. Frankfurt am Main 1990.

Schmidt, Harald Thomas: Präimplantationsdiagnostik: Jenseits des Rubikons? Individual- und sozialethische Aspekte der PID/ PGD. Münster 2003.

Siep, Ludwig/ Quante, Michael (Hg.): Der Umgang mit dem beginnenden menschlichen Leben. Ethische, medizintheoretische und rechtliche Probleme aus niederländischer und deutscher Perspektive. Münster 2003.

Internet

http://www.bundesaerztekammer.de/page.asp?his=0.7.45.3266#2

http://www.bundesgerichtshof.de/DE/Bibliothek/GesMat/WP17/P/PIDRegelung.html

http://www.bundestag.de/dokumente/rechtsgrundlagen/grundgesetz/gg_01.html

http://www.gesetze-im-internet.de/eschg/index.html

http://www.gesetzgebung.beck.de/node/1012733

http://www.korpora.org/Kant/aa04/428.html

http://www.korpora.org/Kant/aa04/434.html

http://www.korpora.org/Kant/aa04/435.html

http://www.korpora.org/Kant/aa04/436.html

http://www.tab-beim-bundestag.de/de/publikationen/berichte/ab094.html

http://www.tab-beim-bundestag.de/de/pdf/publikationen/berichte/TAB-Arbeitsbericht-ab094.pdf

Abbildungen

http://www.eurogentest.org/blocks/leaflets/images/german/dna_chromosomes_genes.png

http://www.rmif.de/images/content/dna-2.jpg

https://www.bio.logis.de/sites/default/files/Bild_24_0.jpg

http://www.wunschkinder.net/theorie/wp-content/uploads/2006/01/Ovar.jpg

http://www.praxisklinik-sydow.de/behandlungen/ivficsi-behandlung/befruchtung-und-kultur/

http://www.mysteria3000.de/images/magazin/04/genscheibe005.jpg

Anhang

Auszug aus dem Embryonenschutzgesetz (ESchG)

Embryonenschutzgesetz vom 13. Dezember 1990 (BGBl. I S. 2746), das zuletzt durch Artikel 1 des Gesetzes vom 21. November 2011 (BGBl. I S. 2228) geändert worden ist

§ 1 Mißbräuchliche Anwendung von Fortpflanzungstechniken

(1) Mit Freiheitsstrafe bis zu drei Jahren oder mit Geldstrafe wird bestraft, wer

1. auf eine Frau eine fremde unbefruchtete Eizelle überträgt,

2. es unternimmt, eine Eizelle zu einem anderen Zweck künstlich zu befruchten, als eine Schwangerschaft der Frau herbeizuführen, von der die Eizelle stammt,

3. es unternimmt, innerhalb eines Zyklus mehr als drei Embryonen auf eine Frau zu übertragen,

4. es unternimmt, durch intratubaren Gametentransfer innerhalb eines Zyklus mehr als drei Eizellen zu befruchten,

5. es unternimmt, mehr Eizellen einer Frau zu befruchten, als ihr innerhalb eines Zyklus übertragen werden sollen,

6. einer Frau einen Embryo vor Abschluß seiner Einnistung in der Gebärmutter entnimmt, um diesen auf eine andere Frau zu übertragen oder ihn für einen nicht seiner Erhaltung dienenden Zweck zu verwenden, oder

7. es unternimmt, bei einer Frau, welche bereit ist, ihr Kind nach der Geburt Dritten auf Dauer zu überlassen (Ersatzmutter), eine künstliche Befruchtung durchzuführen oder auf sie einen menschlichen Embryo zu übertragen.

(2) Ebenso wird bestraft, wer

1. künstlich bewirkt, daß eine menschliche Samenzelle in eine menschliche Eizelle eindringt, oder

2. eine menschliche Samenzelle in eine menschliche Eizelle künstlich verbringt, ohne eine Schwangerschaft der Frau herbeiführen zu wollen, von der die Eizelle stammt.

(3) Nicht bestraft werden

1. in den Fällen des Absatzes 1 Nr. 1, 2 und 6 die Frau, von der die Eizelle oder der Embryo stammt, sowie die Frau, auf die die Eizelle übertragen wird oder der Embryo übertragen werden soll, und

2. in den Fällen des Absatzes 1 Nr. 7 die Ersatzmutter sowie die Person, die das Kind auf Dauer bei sich aufnehmen will.

(4) In den Fällen des Absatzes 1 Nr. 6 und des Absatzes 2 ist der Versuch strafbar.

§ 2 Mißbräuchliche Verwendung menschlicher Embryonen

(1) Wer einen extrakorporal erzeugten oder einer Frau vor Abschluß seiner Einnistung in der Gebärmutter entnommenen menschlichen Embryo veräußert oder zu einem nicht seiner Erhaltung dienenden Zweck abgibt, erwirbt oder verwendet, wird mit Freiheitsstrafe bis zu drei Jahren oder mit Geldstrafe bestraft.

(2) Ebenso wird bestraft, wer zu einem anderen Zweck als der Herbeiführung einer Schwangerschaft bewirkt, dass sich ein menschlicher Embryo extrakorporal weiterentwickelt.

(3) Der Versuch ist strafbar.

§ 3 Verbotene Geschlechtswahl

Wer es unternimmt, eine menschliche Eizelle mit einer Samenzelle künstlich zu befruchten, die nach dem in ihr enthaltenen Geschlechtschromosom ausgewählt worden ist, wird mit Freiheitsstrafe bis zu einem Jahr oder mit Geldstrafe bestraft. Dies gilt nicht, wenn die Auswahl der Samenzelle durch einen Arzt dazu dient, das Kind vor der Erkrankung an einer Muskeldystrophie vom Typ Duchenne oder einer ähnlich schwerwiegenden geschlechtsgebundenen Erbkrankheit zu bewahren, und die dem Kind drohende Erkrankung von der nach Landesrecht zuständigen Stelle als entsprechend schwerwiegend anerkannt worden ist.

§ 3a Präimplantationsdiagnostik; Verordnungsermächtigung

(1) Wer Zellen eines Embryos in vitro vor seinem intrauterinen Transfer genetisch untersucht (Präimplantationsdiagnostik), wird mit Freiheitsstrafe bis zu einem Jahr oder mit Geldstrafe bestraft.

(2) Besteht auf Grund der genetischen Disposition der Frau, von der die Eizelle stammt, oder des Mannes, von dem die Samenzelle stammt, oder von beiden für deren Nachkommen das hohe Risiko einer schwerwiegenden Erbkrankheit, handelt nicht rechtswidrig, wer zur Herbeiführung einer Schwangerschaft mit schriftlicher Einwilligung der Frau, von der die Eizelle stammt, nach dem allgemein anerkannten Stand der medizinischen Wissenschaft und Technik Zellen des Embryos in vitro vor dem intrauterinen Transfer auf die Gefahr dieser Krankheit genetisch untersucht. Nicht rechtswidrig handelt auch, wer eine Präimplantationsdiagnostik mit schriftlicher Einwilligung der Frau, von der die Eizelle stammt, zur Feststellung einer schwerwiegenden Schädigung des Embryos vornimmt, die mit hoher Wahrscheinlichkeit zu einer Tot- oder Fehlgeburt führen wird.

(3) Eine Präimplantationsdiagnostik nach Absatz 2 darf nur

1. nach Aufklärung und Beratung zu den medizinischen, psychischen und sozialen Folgen der von der Frau gewünschten genetischen Untersuchung von Zellen der Embryonen, wobei die Aufklärung vor der Einholung der Einwilligung zu erfolgen hat,

2. nachdem eine interdisziplinär zusammengesetzte Ethikkommission an den zugelassenen Zentren für Präimplantationsdiagnostik die Einhaltung der Voraussetzungen des Absatzes 2 geprüft und eine zustimmende Bewertung abgegeben hat und

3. durch einen hierfür qualifizierten Arzt in für die Präimplantationsdiagnostik zugelassenen Zentren, die über die für die Durchführung der Maßnahmen der Präimplantationsdiagnostik notwendigen diagnostischen, medizinischen und technischen Möglichkeiten verfügen, vorgenommen werden. Die im Rahmen der Präimplantationsdiagnostik durchgeführten Maßnahmen, einschließlich der von den Ethikkommissionen abgelehnten Fälle, werden von den zugelassenen Zentren an eine Zentralstelle in anonymisierter Form gemeldet und dort dokumentiert. Die Bundesregierung bestimmt durch Rechtsverordnung mit Zustimmung des Bundesrates das Nähere

1. zu der Anzahl und den Voraussetzungen für die Zulassung von Zentren, in denen die Präimplantationsdiagnostik durchgeführt werden darf, einschließlich der Qualifikation der dort tätigen Ärzte und der Dauer der Zulassung,

2. zur Einrichtung, Zusammensetzung, Verfahrensweise und Finanzierung der Ethikkommissionen für Präimplantationsdiagnostik,

3. zur Einrichtung und Ausgestaltung der Zentralstelle, der die Dokumentation von im Rahmen der Präimplantationsdiagnostik durchgeführten Maßnahmen obliegt,

4. zu den Anforderungen an die Meldung von im Rahmen der Präimplantationsdiagnostik durchgeführten Maßnahmen an die Zentralstelle und den Anforderungen an die Dokumentation.

(4) Ordnungswidrig handelt, wer entgegen Absatz 3 Satz 1 eine Präimplantationsdiagnostik vornimmt. Die Ordnungswidrigkeit kann mit einer Geldbuße bis zu fünfzigtausend Euro geahndet werden.

Ein Service des Bundesministeriums der Justiz in Zusammenarbeit mit der juris GmbH – www.juris.de – Seite 3 von 5 -

(5) Kein Arzt ist verpflichtet, eine Maßnahme nach Absatz 2 durchzuführen oder an ihr mitzuwirken. Aus der Nichtmitwirkung darf kein Nachteil für den Betreffenden erwachsen.

(6) Die Bundesregierung erstellt alle vier Jahre einen Bericht über die Erfahrungen mit der Präimplantationsdiagnostik. Der Bericht enthält auf der Grundlage der zentralen Dokumentation und anonymisierter Daten die Zahl der jährlich durchgeführten Maßnahmen sowie eine wissenschaftliche Auswertung.

§ 8 Begriffsbestimmung

(1) Als Embryo im Sinne dieses Gesetzes gilt bereits die befruchtete, entwicklungsfähige menschliche Eizelle vom Zeitpunkt der Kernverschmelzung an, ferner jede einem Embryo entnommene totipotente Zelle, die sich bei Vorliegen der dafür erforderlichen weiteren Voraussetzungen zu teilen und zu einem Individuum zu entwickeln vermag.

(2) In den ersten vierundzwanzig Stunden nach der Kernverschmelzung gilt die befruchtete menschliche Eizelle als entwicklungsfähig, es sei denn, daß schon vor Ablauf dieses Zeitraums festgestellt wird, daß sich diese nicht über das Einzellstadium hinaus zu entwickeln vermag.

(3) Keimbahnzellen im Sinne dieses Gesetzes sind alle Zellen, die in einer Zell-Linie von der befruchteten Eizelle bis zu den Ei- und Samenzellen des aus ihr hervorgegangenen Menschen führen, ferner die Eizelle vom Einbringen oder Eindringen der Samenzelle an bis zu der mit der Kernverschmelzung abgeschlossenen Befruchtung.

§§ 218ff Strafgesetzbuch (StGB)

§ 218 Schwangerschaftsabbruch

(1) Wer eine Schwangerschaft abbricht, wird mit Freiheitsstrafe bis zu drei Jahren oder mit Geldstrafe bestraft. Handlungen, deren Wirkung vor Abschluß der Einnistung des befruchteten Eies in der Gebärmutter eintritt, gelten nicht als Schwangerschaftsabbruch im Sinne dieses Gesetzes.

(2) In besonders schweren Fällen ist die Strafe Freiheitsstrafe von sechs Monaten bis zu fünf Jahren. Ein besonders schwerer Fall liegt in der Regel vor, wenn der Täter

1. gegen den Willen der Schwangeren handelt oder

2. leichtfertig die Gefahr des Todes oder einer schweren Gesundheitsschädigung der Schwangeren verursacht.

(3) Begeht die Schwangere die Tat, so ist die Strafe Freiheitsstrafe bis zu einem Jahr oder Geldstrafe.

(4) Der Versuch ist strafbar. Die Schwangere wird nicht wegen Versuchs bestraft.

§ 218a Straflosigkeit des Schwangerschaftsabbruchs

(1) Der Tatbestand des § 218 ist nicht verwirklicht, wenn

1. die Schwangere den Schwangerschaftsabbruch verlangt und dem Arzt durch eine Bescheinigung nach § 219 Abs. 2 Satz 2 nachgewiesen hat, daß sie sich mindestens drei Tage vor dem Eingriff hat beraten lassen,

2. der Schwangerschaftsabbruch von einem Arzt vorgenommen wird und

3. seit der Empfängnis nicht mehr als zwölf Wochen vergangen sind.

(2) Der mit Einwilligung der Schwangeren von einem Arzt vorgenommene Schwangerschaftsabbruch ist nicht rechtswidrig, wenn der Abbruch der Schwangerschaft unter Berücksichtigung der gegenwärtigen und zukünftigen Lebensverhältnisse der Schwangeren nach ärztlicher Erkenntnis angezeigt ist, um eine Gefahr für das Leben oder die Gefahr einer schwerwiegenden Beeinträchtigung des körperlichen oder seelischen Gesundheitszustandes der Schwangeren abzuwenden, und die Gefahr nicht auf eine andere für sie zumutbare Weise abgewendet werden kann.

(3) Die Voraussetzungen des Absatzes 2 gelten bei einem Schwangerschaftsabbruch, der mit Einwilligung der Schwangeren von einem Arzt vorgenommen wird, auch als erfüllt, wenn nach ärztlicher Erkenntnis an der Schwangeren eine rechtswidrige Tat nach den §§ 176 bis 179 des Strafgesetzbuches begangen worden ist, dringende Gründe für die Annahme sprechen, daß die Schwangerschaft auf der Tat beruht, und seit der Empfängnis nicht mehr als zwölf Wochen vergangen sind.

(4) Die Schwangere ist nicht nach § 218 strafbar, wenn der Schwangerschaftsabbruch nach Beratung (§ 219) von einem Arzt vorgenommen worden ist und seit der Empfängnis nicht mehr als zweiundzwanzig Wochen verstrichen sind. Das Gericht kann von Strafe nach § 218 absehen, wenn die Schwangere sich zur Zeit des Eingriffs in besonderer Bedrängnis befunden hat.

§ 219 Beratung der Schwangeren in einer Not- und Konfliktlage

(1) Die Beratung dient dem Schutz des ungeborenen Lebens. Sie hat sich von dem Bemühen leiten zu lassen, die Frau zur Fortsetzung der Schwangerschaft zu ermutigen und ihr Perspektiven für ein Leben mit dem Kind zu eröffnen; sie soll ihr helfen, eine verantwortliche und gewissenhafte Entscheidung zu treffen. Dabei muß der Frau bewußt sein, daß das Ungeborene in jedem Stadium der Schwangerschaft auch ihr gegenüber ein eigenes Recht auf Leben hat und daß deshalb nach der Rechtsordnung ein Schwangerschaftsabbruch nur in Ausnahmesituationen in Betracht kommen kann, wenn der Frau durch das Austragen des Kindes eine Belastung erwächst, die so schwer und außergewöhnlich ist, daß sie die zumutbare Opfergrenze übersteigt. Die Beratung soll durch Rat und Hilfe dazu beitragen, die in Zusammenhang mit der Schwangerschaft bestehende Konfliktlage zu bewältigen und einer Notlage abzuhelfen. Das Nähere regelt das Schwangerschaftskonfliktgesetz.

(2) Die Beratung hat nach dem Schwangerschaftskonfliktgesetz durch eine anerkannte Schwangerschaftskonfliktberatungsstelle zu erfolgen. Die Beratungsstelle hat der Schwangeren nach Abschluß der Beratung hierüber eine mit dem Datum

des letzten Beratungsgesprächs und dem Namen der Schwangeren versehene Bescheinigung nach Maßgabe des Schwangerschaftskonfliktgesetzes auszustellen. Der Arzt, der den Abbruch der Schwangerschaft vornimmt, ist als Berater ausgeschlossen.

Monique Wicklein, Elisa Peter, Marie-Therese Kubik (2011):
Schwangerschaftserleben und Pränataldiagnostik. Einflüsse
der Pränatalen Diagnostik auf das Schwangerschaftserleben
aus Sicht junger Mütter und deren Konsequenzen für die
psychosoziale Beratung

Abkürzungsverzeichnis

BZgA: Bundeszentrale für gesundheitliche Aufklärung

DGGG: Deutsche Gesellschaft für Gynäkologie und Geburtshilfe

GenDG: Gendiagnostikgesetz

HCG: Choriongonadotropin

IQZ: Interprofessionelle Qualitätszirkel in der Pränataldiagnostik

PAPP-A: Pregnancy associated Plasma Protein A

PND: Pränatale Diagnostik

SchKG: Schwangerschaftskonfliktgesetz

SSW: Schwangerschaftswoche

StGB: Strafgesetzbuch

Einleitung

> Die Zeiten, in denen man einfach „guter Hoffnung" war, scheinen endgültig der
> Vergangenheit anzugehören – abgelöst von Zeiten, in denen sich die Qualität der
> Hoffnung lediglich pränataldiagnostisch bestimmen lässt (Fuchs, 2011, 78).

Immer mehr entwickelte sich die Pränatale Diagnostik[212] (PND) in den letzten
Jahrzehnten zu einem routinemäßigen Standard in der Schwangerenvorsorge.
Die Konsequenzen auf das Schwangerschaftserleben, welche sich durch diese
Untersuchungen und Verfahren allerdings ergeben, werden zunehmend unterschätzt. Somit soll in folgender Arbeit die Frage analysiert werden, ob und inwieweit die PND das Schwangerschaftserleben beeinflusst und welche Konsequenzen sich dadurch für werdende Mütter ergeben.

Auch für uns, als Autorinnen der vorliegenden Arbeit, stellt das zu bearbeitende
Thema einen Komplex dar, mit welchem wir uns konfrontiert sehen. Nicht nur,
dass sich in unserem Bekanntenkreis viele junge Mütter finden, die die Möglichkeit hatten, spezielle Verfahren der PND in Anspruch zu nehmen und daraus
folgend ihre Schwangerschaft unterschiedlich erlebt haben, wie sie uns z.T.
ebenso vor dem Verfassen der Arbeit berichteten. Auch für uns selbst ist das
Thema, wenn auch nicht in näherer Zukunft, von Bedeutung, v.a. unter dem Aspekt, dass auch wir selbst irgendwann einmal Kinder haben möchten. Somit
stellt die vorliegende Arbeit zum einen eine wissenschaftliche Forschung dar,
aus der sich zum anderen aber auch für uns persönlich eine Bereicherung ergibt.

Zum optimalen Verständnis der dargestellten Forschungsergebnisse soll zunächst ein kurzer theoretischer Hintergrund geliefert werden. Nach einem Abriss
zur vorgeburtlichen Entwicklung liegt das Hauptaugenmerk dieses Teils auf der
Darstellung der Verfahren der PND. Auf Grundlage der vorliegenden Literatur
werden im folgenden Teil die Hypothesen aufgezeigt und kurz erläutert. Diese
wiederum sollen mit eigens durchgeführten Interviews analysiert werden, welche im vierten Teil der Arbeit umrissen werden sollen. Es werden neben den In-
terviewpartnern und den jeweiligen Situationen ebenso der Interviewleitfaden
vorgestellt.

Im folgenden Haupt- und eigentlichen Forschungsteil der Arbeit soll anhand der
einzelnen Hypothesen eine Antwort auf oben aufgezeigte Fragestellung gegeben
werden, die letztlich im Fazit nochmals verkürzt dargestellt sowie eine eigene

---

[212] Pränatale Diagnostik bezeichnet vorgeburtliche Untersuchungen, die zusätzlich zu den im Mutterpass vorgesehen Ultraschalluntersuchungen zur Früherkennung von Beeinträchtigungen des Kindes durchgeführt werden.

Stellung bezogen werden soll.

Anzumerken ist dabei, dass auch in der Auswertung der Hypothesen nochmals auf Fachliteratur eingegangen wird, um für ein besseres Textverständnis zu sorgen. Dabei wird zunächst die Sicht auf Entscheidungsfragen zur PND gelenkt, d.h. inwieweit sich welche Personen aus welchen Gründen für bzw. gegen pränataldiagnostische Verfahren entschieden haben. Im Anschluss daran soll auf das Schwangerschaftserleben während der Zeit des Wartens auf Ergebnisse eingegangen werden. Wie sich werdende Mütter auch von ihrem sozialen Umfeld beeinflussen lassen, soll ein dritter Punkt klären. Im Folgenden wird die emotionale Bindung zum Kind analysiert. Aufbauend auf diesen Erkenntnissen soll das Thema Beratung umfangreich betrachtet und Risiken der PND vorgestellt werden. Die beiden letzten Teile beschäftigen sich schließlich mit der Situation nach einem auffälligen Befund, woraus sich die Frage ergibt, ob die Pränataldiagnostik eine Selektionsfunktion einnimmt, d.h. also, ob die PND als Mittel dazu dient, unerwünschte, beeinträchtigte Kinder schon vor der Geburt „auszusortieren". Somit werden alle für uns relevanten Felder abgedeckt und umfangreich analysiert. Um die Arbeit nicht mit dahingestellten Fakten und Forschungsergebnissen abzuschließen, werden im sechsten Teil mögliche Lösungen und Strategien vorgestellt. Im Anhang finden sich alle Interviews noch einmal vollständig transkribiert sowie ein Verzeichnis aller in der Arbeit verwendeten Abkürzungen.

Ziel der vorliegenden Arbeit ist es demnach, entgegen vieler Veröffentlichungen zum Thema Pränataldiagnostik, auf das Erleben der PND aus Sicht der schwangeren Frau einzugehen und, ohne den Status des Kindes vollends außer Augen zu lassen, einen anderen, bisher nur selten betrachteten Blickwinkel auf das Thema zu eröffnen.

An dieser Stelle soll weiterhin ein spezieller Dank an die Bundeszentrale für politische Bildung gehen, die uns Zugang zum Online-Portal „Pränataldiagnostik. Ein Angebot für Fachkräfte aus Medizin und Beratung" ermöglichte und damit mit vielerlei aktuellen Informationen, Studien und anderem Material unterstützte.

Nötiges Vorwissen

Vorgeburtliche Entwicklung

Die folgende Darstellung der vorgeburtlichen Entwicklung bezieht sich auf Angaben der Bundeszentrale für gesundheitliche Aufklärung in der Broschüre „Rundum Schwangerschaft und Geburt" (Khaschei, 2010) sowie den Veröffentlichungen in „Bioethische Urteilsbildung im Religionsunterricht" (Fuchs, 2010). Die Entwicklung des Kindes im Mutterleib soll aufgrund späterer Diskussion um den Status des Embryo (s. Kapitel „H7: Nach auffälligem Befund") hier verkürzt aufgezeigt werden.

Nachdem nach circa 24 Stunden die Befruchtung und Zellverschmelzung abgeschlossen ist, wird das befruchtete Ei mit Hilfe der Flimmerhärchen[213] der Eileiterwände zur Gebärmutter transportiert. Dort nistet sich das „Zellkügelchen" (Khaschei, 2010, 8) in die Gebärmutterschleimhaut ein und verbindet sich so mit dem mütterlichen Kreislauf. Nach etwa 21 Tagen sind schließlich erste Lebenszeichen, wie z.B. Herzschläge, erkennbar.

Nach circa fünf bis sechs Wochen sind beim Embryo erste Nervenreflexe möglich, woraufhin ab dem dritten Monat eine rasante Entwicklung des Gehirns folgt. In dieser Zeit entwickelt sich ebenso die Möglichkeit zum Schlucken, Verdauen und Urinieren. Der Embryo versucht sich an ersten Atemübungen; die Organentwicklung wird weitestgehend abgeschlossen. Nach dieser Zeit spricht man nicht mehr vom Embryo, sondern vom Fötus. Bis zu diesem Zeitpunkt (12. Schwangerschaftswoche) darf in den meisten Ländern, so auch in Deutschland, straffrei abgetrieben werden. Zu beachten ist aber, dass alle Verfahren der Pränataldiagnostik – bis auf die erste Ultraschalluntersuchung, die für die neunte bis zwölfte Schwangerschaftswoche vorgesehen ist – nach der zwölften Schwangerschaftswoche stattfinden.

Im vierten Monat beginnt sich das zentrale Nervensystem sowie die Gleichgewichtssteuerung zu entwickeln. Die Mutter kann erste Bewegungen spüren. Bis zur 17. Schwangerschaftswoche ist auch der Kreislauf voll funktionsfähig. Erste Geräusche kann der Fötus ab dem fünften Monat wahrnehmen. Zu dieser Zeit entwickeln sich auch der Geschmackssinn und die Geschlechtsorgane, sodass bei günstiger Lage des Fötus das Geschlecht via Ultraschall be-

---

[213] Flimmerhärchen, auch Zilien genannt, kleiden die Innenwände des Eileiters aus und dienen im weiblichen Organismus dem Transport des Eis im Eileiter.

stimmt werden kann. Ab dem sechsten Monat beginnt der Fötus seine Umwelt zu erspüren und zu „begreifen". So kann er beispielsweise die Herz- und Atemtöne der Mutter erkennen.

Eine Verhärtung und Stabilisierung des Skeletts sowie eine Festigung der Zehen- und Fingernägel findet ab dem siebten Monat statt. Es ist ebenso die Zeit, in der sich das Gesicht des Fötus voll ausbildet.

In der 26. Schwangerschaftswoche öffnen sich weiterhin die Augenlider, die die Augen des Fötus seit nunmehr zwei Monaten geschützt haben.

Im achten Monat haben sich alle Organe beinahe vollständig entwickelt. Eine Ausnahme stellt dabei die Lunge dar, die erst in der 35. Woche voll ausgereift ist.

Rechtliche Grundlagen zur Pränatalen Diagnostik

Die aktuellste Fassung der rechtlichen Grundlagen zur Pränatalen Diagnostik liefern das Online-Portal der BZgA: „Pränataldiagnostik. Ein Angebot für Fachkräfte aus Medizin und Beratung" (2010) sowie die Veröffentlichung in: „Spätabbruch: Schwangerschaftsabbruch nach der Pränataldiagnostik" (Peters, 2011), die sich vorwiegend auf das Grundgesetz für die Bundesrepublik Deutschland beziehen. Diese sollen hierbei zusammenfassend dargestellt werden.

„Jeder hat das Recht auf Leben und körperliche Unversehrtheit", so steht es in Artikel 2 des Grundgesetzes für die Bundesrepublik Deutschland geschrieben. Grundsätzlich wird nicht zwischen geborenem und ungeborenem Leben unterschieden. Dennoch ermöglicht die derzeitige Fassung des § 218a Strafgesetzbuch (StGB), welche 1995 in Kraft trat, einen Schwangerschaftsabbruch bis zum Ende der 12. Schwangerschaftswoche, wobei der Schwangeren eine Bedenkzeit von drei Tagen gewährleistet sein muss. Ebenso besteht eine Straffreiheit bei einem Schwangerschaftsabbruch nach kriminologischer und medizinischer Indikation (vgl. Peters, 2011). In Absatz 2 § 218a wird dazu folgendes formuliert:

> Ein mit Einwilligung der Schwangeren von einem Arzt vorgenommener Schwangerschaftsabbruch ist nicht rechtswidrig, wenn er unter Berücksichtigung der gegenwärtigen und zukünftigen Lebensverhältnisse der Schwangeren angezeigt ist, um von ihr eine Gefahr für das Leben oder eine Gefahr einer schwerwiegenden Beeinträchtigung des körperlichen oder seelischen Gesundheitszustandes abzuwenden und die Gefahr nicht auf eine andere, für sie zumutbare Weise abgewendet werden kann (Peters, 2011, 48).

Eine festgestellte Behinderung oder Erkrankung wird als Beeinträchtigung des

Wohls der Schwangeren interpretiert und ein Schwangerschaftsabbruch ermöglicht. Somit kann ein straffreier Abbruch ohne zeitliche Fristsetzung beim Vorliegen der Gefahr einer Beeinträchtigung des gegenwärtigen bzw. zukünftigen physischen oder psychischen Wohls der Schwangeren durchgeführt werden. Damit wird ein Abbruch theoretisch bis zur Geburt des ungeborenen Kindes möglich. Innerhalb der BRD gibt es eine freiwillige Selbstbeschränkung von Medizinern, den Abbruch bis zur 24. SSW durchzuführen (vgl. Peters, 2011).

Weiterhin stellt die BZgA gesetzliche Regelungen vor, welche im Zusammenhang mit der PND von besonderer Wichtigkeit sind. Zum einen handelt es sich um das Schwangerschaftskonfliktgesetz (SchKG), zum anderen um das Gendiagnostikgesetz (GenDG). Beide Gesetze sollen im Weiteren näher beleuchtet werden.

Mit der seit dem 01. Januar 2010 geltenden Fassung regelt der Gesetzgeber mit dem SchKG, für den Fall eines auffälligen Befundes in der PND, Punkte für eine umfassende fachübergreifende ärztliche Beratung. Außerdem muss der Gesetzgeber, laut § 2a SchKG, sicherstellen, dass die Schwangere Kenntnis von ihrem Anspruch auf eine vertiefende psychosoziale Beratung sowie einen vereinfachten Zugang zu einer Beratungsstelle erlangt (vgl. BZgA, 2010).

Gemäß § 2a SchKG neuer Fassung muss der die Diagnose mitteilende Arzt oder die Ärztin unter Hinzuziehung von Ärztinnen und Ärzten, die mit der im Raume stehenden Gesundheitsschädigung bei geborenen Kindern Erfahrung haben, über die medizinischen, psychischen und sozialen Aspekte des Befunds und Unterstützungsmöglichkeiten bei physischen und psychischen Belastungen beraten. Diese Beratung muss allgemein verständlich und ergebnisoffen erfolgen (BZgA, 2010).

Die Schwangere hat somit einen Anspruch auf eine Beratungsstelle, in der eine vertiefende psychosoziale Beratung erfolgt und muss über diese informiert werden. Ist die werdende Mutter mit dem Kontakt zu einer Beratungsstelle, Selbsthilfegruppe oder einem Behindertenverband einverstanden, muss ihr auch bei der Vermittlung geholfen werden. Kommt es zu einer schriftlichen Feststellung einer medizinischen Indikation, muss die betroffene Frau im Voraus über medizinische und psychische Aspekte eines Schwangerschaftsabbruches informiert sein. Allerdings ist keine Beratung verpflichtend, sodass die Schwangere auf Teile der Aufklärung verzichten kann, indem sie dies dem zuständigen Arzt schriftlich bestätigt. Ärzte sind allerdings zu einer umfangreichen Aufklärung und Beratung sowie einer eventuellen Vermittlung zu einer psychosozialen Beratungsstelle verpflichtet. Weiterhin sind Ärzte verpflichtet, eine Bedenkzeit von drei Tagen zwischen der Mitteilung der Diagnose und der schriftlichen Feststellung der Voraussetzungen einer medizinischen Indikation zu gewährleisten. Bei einem Verstoß gegen diese Vorschrift des SchKG droht laut § 14 SchKG ein Bußgeld bis zu 5000 Euro (vgl. Peters, 2011). Diese Bedenkzeit tritt erst außer Kraft, wenn das Leben der Schwangeren in Gefahr ist oder eine gegenwärtige Gefahr für das Leib besteht, wie vorher in Absatz 2 § 218a beschrieben.

Mehr Rechtssicherheit bezüglich genetischer Untersuchungen bringt das Gendiagnostikgesetz. Es beinhaltet das Recht, den eigenen genetischen Befund zu kennen sowie das Recht auf Nichtwissen, kurz gesagt: das Recht auf informationelle Selbstbestimmung. Mittels dieses Gesetzes werden genetische Untersuchungen erfasst. Es handelt sich um genetische Eigenschaften, die vererbt, während der Befruchtung oder der Geburt erworben worden sind. Die genetischen Untersuchungen dienen damit der Feststellung menschlicher genetischer Eigenschaften oder vorgeburtlicher Risikoabklärung:

Zulässig ist eine vorgeburtliche genetische Untersuchung eines Embryos oder Fötus während der Schwangerschaft nur dann, wenn die Untersuchung darauf gerichtet ist, genetische Eigenschaften festzustellen, die die Gesundheit des Embryos oder Fötus vor oder nach der Geburt beeinträchtigen. Eine genetische Untersuchung ist auch zulässig, wenn vor einer medikamentösen Behandlung des Embryos oder Fötus festgestellt werden soll, ob die Wirkung eines Arzneimittels durch genetische Eigenschaften beeinflusst wird, also zur Ermöglichung einer optimalen medikamentösen Therapie (BZgA, 2010).

Weiterhin muss festgehalten werden, dass vorgeburtliche genetische Untersuchungen auf im Erwachsenenalter auftretende Krankheiten verboten sind.

> Durch den Arztvorbehalt wird sichergestellt, dass genetische Untersuchungen nur durch dazu qualifizierte Personen vorgenommen werden, und dass die Untersuchung einschließlich der Aufklärung und genetische Beratung sowie der Befundmitteilung angemessen und kompetent durchgeführt wird (BZgA, 2010).

Eine freie Entscheidung für die Schwangere soll mit der Trias „Beratung-Diagnostik-Beratung" für oder gegen eine genetische Untersuchung ermöglicht werden. Im Robert-Koch-Institut Berlin wurde für die Umsetzung des Gesetzes eine interdisziplinär zusammengesetzte, unabhängige Gendiagnostik-Kommission eingerichtet. Diese Kommission erstellt verpflichtende Richtlinien und veröffentlicht diese (BZgA, 2010).

Verfahren der PND

Die folgende Auseinandersetzung mit den Methoden und Verfahren der Pränataldiagnostik beziehen sich auf Angaben der BZgA: Schwangerschaftserleben und Pränataldiagnostik (2006) sowie Peters (2011).

Ziel der PND ist es, mittels geeigneter Untersuchungsverfahren, Entwicklungsstörungen beim Ungeborenen zu erkennen. Die PND informiert also über die Entwicklung des Embryos, gewährleistet und garantiert aber keine Behandlung bzw. Therapie des ungeborenen Kindes sowie der Schwangeren. In der öffentlichen Diskussion sieht man die PND als eine Methode, schwere Beeinträchtigungen und Fehlbildungen noch vor der Geburt zu erkennen. Es handelt sich bei pränataldiagnostischen Maßnahmen um freiwillige medizinische Untersuchungen mit folgenden möglichen Indikationen: z.B. Verdachtsdiagnosen beim Gynäkologen, vorausgegangene gynäkologische Eingriffe, Mehrlingsgravidität,[214] Einnahme von Medikamenten, die die Schwangerschaft beeinträchtigen können, familiäre Vorbelastung, das mütterliche Alter ab 35 Jahre sowie Erkrankungen der Schwangeren selbst. Es basiert auch eine Vielzahl der Indikationen auf Norm- und Werthaltungen, religiösen Einstellungen, sozio-kultureller Schichtzugehörigkeit und der beruflichen Situation, was später nochmals in der Auswertung der Forschungsergebnisse deutlich werden wird.

Um einen vertiefenden Einblick in das Thema Pränataldiagnostik zu bekommen,

---

[214] Mehrlingsschwangerschaft.

sollen im Folgenden die Verfahren der PND näher beleuchtet und erklärt werden. Zunächst wird dabei in nicht-invasive und invasive Verfahren unterschieden.

Nicht-invasive Verfahren

Nicht-invasive Verfahren sind Untersuchungen, die nicht oder in geringem Maße in den Körper der Schwangeren eingreifen.

Die wichtigste Methode dabei ist die Ultraschalldiagnostik, bei der über einen Schallkopf ausgesendete vom fötalen Gewebe zurückgeworfene Schallwellen auf einem Monitor in ein Bild umgesetzt werden. Diese Methode erfolgt über die Bauchdecke, wobei der Schallkopf auf diese gesetzt wird. Es gibt zudem den vaginalen Ultraschall, bei dem ein stabförmiger Schallkopf in die Scheide eingeführt wird. Diese Methode bereitet den Frauen oft Unannehmlichkeiten und Schmerzen. Der Ultraschall wird zur Feststellung einer Schwangerschaft sowie der Bestimmung des Schwangerschaftsstadiums durchgeführt. Außerdem dient er dem Ausschluss einer Bauchhöhlen- oder Eileiterschwangerschaft, dem Erkennen von Mehrlingen, der Wachstumskontrolle, der Kontrolle der Herztätigkeit und der Lage des Ungeborenen, der Entwicklung von Mutterkuchen und Ungeborenem sowie der Messung der Blutversorgung. Der Ultraschall wird ebenso bei der Feststellung von Fehlbildungen und möglicher Vorbereitung von Fruchtwasserpunktionen und Chorionzottenbiopsie angewendet, worauf im nächsten Punkt noch genauer eingegangen wird. Die Ultraschalluntersuchungen sind während der gesamten Schwangerschaft möglich, wohingegen der vaginale Ultraschall überwiegend nur im ersten Schwangerschaftsdrittel angewandt wird. Laut Mutterpass sind drei Ultraschalluntersuchungen vorgesehen: in der 9.-12. SSW, der 19.-22. SSW und der 29.-32. SSW (vgl. Khaschei, 2010). Die Schwangere erfährt mit den Ultraschalluntersuchungen, neben den schon aufgezeigten Faktoren, wie lange die Schwangerschaft bereits besteht, wie das Wachstum des Ungeborenen verläuft, die Lage des Kindes, Aussagen über die Entwicklung und Funktion der Organe sowie Aussagen über die Körperform.[215] Außerdem kann die Schwangere die Nackenfaltendicke des Ungeborenen als möglichen Hinweis z.B. auf ein Down-Syndrom messen lassen.

Mit dem Ultraschall können weiterhin Auffälligkeiten beim Ungeborenen erkannt werden, die oft weitere Untersuchungen nach sich ziehen, aus denen sich

---

[215] So kann z.B. ein offener Rücken gesehen werden.

allerdings bestimmte psychische Belastungen für die Schwangere ergeben können, wie sich im Kapitel „H2: Schwangerschaftserleben" noch zeigen wird. Für das Ungeborene stellt der Ultraschall ebenfalls eine, wenn auch gering einzuschätzende, Belastung dar, da der Geräuschpegel sehr hoch ist und sich Wärme entwickelt. Dennoch wird dieses Verfahren als Routine wahrgenommen und erscheint den Patientinnen aufgrund des Bildes auf dem Monitor als erster „richtiger" Zugang zum Kind.

Für die Messung der Durchblutung in der Nabelschnur und wichtiger Blutgefäße des Ungeborenen gibt es weiterhin einen Spezialultraschall. Dieser wird ebenfalls über die Bauchdecke durchgeführt. Die Schwangere erfährt, ob das Kind ausreichend mit Nährstoffen und Sauerstoff versorgt wird. In der Regel ist der Spezialultraschall nach der 20. Schwangerschaftswoche (SSW) möglich, da bei diesem eine 10-fach höhere Energie als normal eingesetzt wird und somit nicht in der Frühschwangerschaft angewendet werden sollte.

Zu den nicht-invasiven Verfahren gehören weiterhin Verfahren zur Risikoeinschätzung wie der Nackentransparenz-Test, der Erst-Trimester-Test und der Triple-Test. Mittels Ultraschall (Nackentransparenz-Test) wird die Nackenfalte beim Ungeborenen gemessen. Bei einem auffälligen Wert wird die Schwangere an einen Spezialisten überwiesen, welcher ein statistisches Risiko für eine mögliche Beeinträchtigung des Kindes errechnet. Dieser Test kann zwischen der 12. und 14. SSW erfolgen und gibt Auskunft über ein mögliches Down-Syndrom, andere Chromosomenabweichungen oder einen Herzfehler.

Beim Erst-Trimester-Test wird der Frau Blut entnommen, wobei die Hormon- und Eiweißwerte Humanes Choriongonadotropin[216] (HCG) und Pregnancy associated Plasma Protein A[217] (PAPP-A) bestimmt werden. Der Test kann in der Regel zwischen der 11. und 13. SSW erfolgen. Zur Erstellung des statistischen Risikowertes werden die Nackenfaltenmessung sowie das Alter der Frau hinzugezogen.

Ein weiteres nicht-invasives Verfahren ist der s.g. Triple-Test. Bei diesem wird der Schwangeren ebenfalls Blut entnommen und die Hormone HCG und Östriol[218] sowie das Alphafetoprotein[219] (AFP) bestimmt. Mit diesen Werten, dem

---

[216] Humanes Chroiongonadotropin – verantwortlich für die Erhaltung der Schwangerschaft.
[217] Protein, welches Hinweise auf Abweichungen und Fehlbildungen beim Ungeborenen geben kann.
[218] Wichtiges weibliches Geschlechtshormon, welches in den Eierstöcken produziert wird.
[219] Transportprotein.

Alter und dem Gewicht der Frau sowie der genauen Schwangerschaftsdauer erfolgt die Risikoeinschätzung zwischen der 16. und 18. SSW. Mit diesem Test erfährt man das Risiko eines möglichen Down-Syndroms, einer anderen Chromosomenabweichung sowie Neuralrohrdefekten wie z.B. ein offener Rücken. Im Vergleich zum Erst-Trimester-Test bringt der Triple-Test ungenauere Ergebnisse. Die Zuverlässigkeit bei Neuralrohrdefekt liegt zwischen 60-90%, bei Trisomie 21 zwischen 50-65%. Hervorzuheben ist, dass Risikoeinschätzungen nur Berechnungen von Wahrscheinlichkeiten sind und keine tatsächlichen Sachverhalte. Auffällige

Werte führen zu Verunsicherungen bei der Frau und möglicherweise zu weiteren Untersuchungen, die die Schwangere belasten können (siehe Kapitel „H 2: Schwangerschaftserleben" und „H 6: Risiken").

Alle Tests werden als Grundlage für weitere Untersuchungen, wie Fruchtwasserpunktion oder Chorionzottenbiopsie, durchgeführt. Die Befunde sind abhängig vom behandelnden Arzt, der Durchführung sowie von Computerprogrammen, der die Werte errechnet. Somit könnte eine falsche ungenaue Anwendung und Auswertung zu einem auffälligen Befund führen, welcher jedoch keine realen Tatsachen darstellt. Verfahren zur Risikoeinschätzung müssen selbst bezahlt werden und werden als individuelle Gesundheitsleistung angeboten. Die Krankenkassen zahlen nur die medizinisch notwendigen Leistungen.

Invasive Verfahren

Bei den invasiven Verfahren handelt es sich um Chorionzottenbiopsie, Fruchtwasseruntersuchung (Amniozentese) und Nabelschnurpunktion (Cordonzentese). Aufgrund fötaler Zellen liegen bei diesen Verfahren zuverlässigere Ergebnisse als bei nicht invasiven Untersuchungen vor, jedoch sind sie grundsätzlich mit dem Risiko für das Auftreten einer Fehlgeburt sowie einer Öffnung der Fruchtblase vor dem Geburtstermin (vorzeitiger Blasensprung) verbunden.

Erklärt wird zunächst das Verfahren der Chorionzottenbiopsie. Durch die Bauchdecke der Frau wird mittels einer Hohlnadel in den sich bildenden Mutterkuchen eingestochen. Ein Teil des Chorionzottengewebes, aus dem sich später der Mutterkuchen bilden soll, wird entnommen und die gewonnen Zellen auf ihren Chromosomensatz direkt danach und nach der Kultivierung der Zellen untersucht. Dieses Verfahren ist zwischen der 10. und 12. SSW möglich und wird zur Feststellung von Chromosomenabweichungen beim Ungeborenen, bei einem Verdacht auf eine Stoffwechselerkrankung, nach einem auffälligen Ultraschallergebnis sowie zur Suche nach einer vererbbaren Krankheit oder Behinderung eingesetzt. Zu beachten sind mögliche Schmerzen und Blutungen nach dem Eingriff sowie die Gefahr der Blutgruppenunverträglichkeit der Schwangeren mit einem negativen Rhesusfaktor.[220] Es kann zu ungenauen Befunden kommen, wenn mütterliche statt kindliche Zellen entnommen worden sind: dann muss die

---

[220] Daher wird bei jeder Erstuntersuchung zunächst die Blutgruppe der werdenden Mutter bestimmt. Ist diese rhesus-positiv, so birgt dies für das Ungeborene keine Gefahr, wobei bei rhesus-negativ nur dann keine Probleme auftreten, wenn das Kind auch negativ ist. Hat es allerdings einen positiven Rhesusfaktor, können Unverträglichkeiten auftreten, da der Organismus der Frau Antikörper gegen die Blutkörper des Ungeborenen bildet, was u.a. zu Blutarmut führen kann.

Untersuchung wiederholt werden. Das Fehlgeburtenrisiko wird je nach Literaturquelle unterschiedlich beziffert und kann zwischen 0,5% bis über 3,5% liegen.

Das bekannteste Verfahren, welches ursprünglich bei Frauen über 35 Jahren eingesetzt wurde, ist die Fruchtwasseruntersuchung, die heute auch von jüngeren Frauen in Anspruch genommen wird.

Bei dieser Untersuchung wird mit einer Hohlnadel durch die Bauchdecke der Schwangeren in die Fruchtblase gestochen. Dabei werden etwa 15-20 ml Fruchtwasser mit abgelösten Zellen des Ungeborenen entnommen und die Chromosomen auf Anzahl und Struktur untersucht. Angewendet wird das Verfahren zur Suche nach Chromosomenabweichungen, bei einem auffälligen Befund beim Ultraschall, bei Neuralrohrdefekten, bei vorherigen Fehlgeburten mit Verdacht auf Chromosomenabweichung, zur Suche nach diagnostizierten Erbkrankheiten sowie bei hohen Antikörperwerten bei einer Frau mit negativem Rhesusfaktor. Die Untersuchung kann zwischen der 14. und 20. SSW erfolgen. Bei einem so genannten FISH-Test (Schnelltest) kann die Anzahl der Chromosomen 13, 18 und 21 sowie die Geschlechtschromosomen überprüft werden. Diese Ergebnisse liegen bereits nach einem Tag mit einer Genauigkeit von 95% bis 98% vor. Je früher eine Fruchtwasseruntersuchung vorgenommen wird, desto höher ist das Risiko einer Fehlgeburt, im Normalfall beläuft sich dieses auf 1:200. Nach dem Eingriff können Wehen und Blutungen auftreten. Weiterhin kann es zu wiederholten Untersuchungen kommen und somit weitere psychische Belastungen für die Schwangere auslösen, u.a. durch das Warten auf weitere

Befunde. Auch bei diesem Verfahren sind Fehldiagnosen möglich und es bestehen nur bedingte Aussagen über Schweregrad und Ausprägung der erhobenen Befunde.

Die Cordonzentese (Nabelschnurpunktion) erfolgt mit einem Einstich durch die Bauchdecke der Frau. Mit einer Kanüle wird kindliches Blut (1-2ml) aus der Nabelschnur entnommen und untersucht. Dieses Verfahren, welches ab der 16. SSW genutzt werden kann, ist technisch sehr anspruchsvoll und aufwendig. Angewandt wird es bei einem Verdacht auf eine Infektion des Ungeborenen, bei einer Rhesus-Unverträglichkeit, zur Suche nach diagnostizierbarer Erbkrankheit und um ungenaue Befunde nach einer Amniozentese zu überprüfen. Es lassen sich Veränderungen von Chromosomen und Neuralrohrdefekte erkennen. Die Cordozentese stellt derzeitig die einzige Möglichkeit in der PND dar, die neben einer pränatalen Diagnostik auch eine pränatale Therapie ermöglich: leidet das Ungeborene z.B. an Blutarmut, ist eine Bluttransfusion möglich, bei möglichen Infektionen des Kindes wird über die Frau eine „Medikamenten-Therapie" durchgeführt. Aber auch bei diesem Verfahren liegt das Fehlgeburtenrisiko zwischen 1% und 7%. Mit zunehmendem Schwangerschaftsalter sinkt die Rate der Komplikationen, was bedeutet, dass dieses Risiko in der 19. SSW beispielsweise höher ist als in der 24. SSW.

Abschließend ist anzuführen, dass alle invasiven Verfahren ohne örtliche Betäubung durchgeführt werden, da die mit dem Eingriff verbundenen Schmerzen so gering sind. Ebenfalls gibt es für alle invasiven Methoden und deren möglichen auffälligen Befunde bis auf wenige Ausnahmen keine Therapie, was bei auffälligem Befund in der Vielzahl der Fälle die Frage nach einem Schwangerschaftsabbruch aufwirft (s. Kapitel „H7: Nach auffälligem Befund").

Hypothesen

Im Folgenden werden die benötigten Hypothesen für die Auswertung der Arbeit und der Interviews vorgestellt. Diese sollen genauer erklärt werden, um ein besseres Verständnis zu erzielen. Inwieweit sich die aufgestellten Hypothesen widerlegen oder bestätigen lassen, wird im Kapitel „Auswertung der Forschungsergebnisse" dargestellt.

H1: Die Entscheidung für bzw. gegen bestimmte Verfahren der PND stehen in Abhängigkeit zum Alter der schwangeren Frau.

In der Fachliteratur wird immer wieder darauf hingewiesen, dass das Alter der schwangeren Frau eine wesentliche Rolle bei der Entscheidung für oder gegen pränataldiagnostische Untersuchungen spielt. So wird u.a. angegeben, dass ab dem Alter von 35 Jahren ein erhöhtes Risiko für eine Beeinträchtigung des Ungeborenen vorliegt. Frauen, die demnach 35 Jahre oder älter sind, werden wesentlich mehr (invasive) Untersuchungen vornehmen lassen, als Frauen, die jünger sind.

H2: Die PND hat negative Konsequenzen auf das Schwangerschaftserleben der Frau aufgrund der psychischen Belastung während der Zeit des Wartens auf Ergebnisse.

Die Zeit des Wartens ist immer mit Sorgen verbunden, aufgrund der Angst vor möglichen auffälligen Befunden. So empfinden die Schwangeren große Anspannung, Angstzustände und Verunsicherung, weswegen sie die Zeit der Schwangerschaft nicht ausgiebig als positiv und unbeschwert empfinden können.

H3: Die Entscheidungen der schwangeren Frau zum weiteren pränataldiagnostischen Vorgehen sind nicht selbstbestimmt und werden von ihrem sozialen Umfeld beeinflusst.

Neben dem Partner spielt der Arzt bei der Entscheidung, ob und welche Untersuchungen stattfinden sollen, die zweitwichtigste Rolle, die prozentual aber nur geringfügig von der des Partners abweicht. Die Frau verlässt sich demnach auf Aussagen anderer, lässt sich beeinflussen und kann nicht selbstbestimmt entscheiden.

H4: Die PND behindert den Aufbau einer emotionalen Bindung zum Kind, bevor sichergestellt ist, dass das Kind gesund ist.

Durch die Angst vor auffälligen Ergebnissen können sich schwangere Frauen nicht vollkommen auf das Kind einlassen. So ist eine ausgeprägte Bindung, wie bei Frauen, die ihre Schwangerschaft ohne die Verfahren der PND erleben, möglich.

H5: Die Beratung zur PND weist gravierende Lücken auf. Psychosoziale Beratung findet kaum Beachtung.

Gynäkologen informieren die schwangeren Frauen überwiegend auf medizinischer Ebene. Es gibt kaum Hinweise auf weitere psychosoziale Beratung. Somit sind die Konsequenzen der pränataldiagnostischen Verfahren, welche sich für die Frau ergeben, für diese nicht klar ersichtlich.

H6: Die Risiken, die sich bei pränataldiagnostischen Verfahren ergeben, werden zunehmend unterschätzt.

Ergebend aus der mangelhaften Beratung und der nicht eindeutig ersichtlichen Konsequenzen der PND ist keine gut durchdachte Entscheidung möglich. Risiken, die sich ergeben können, werden demnach falsch eingeschätzt.

H7: Nach einem auffälligen Befund in der PND erfolgt in den meisten Fällen ein Abbruch der Schwangerschaft.

Der überwiegende Teil der Schwangeren zieht bei auffälligem Befund, d.h. bei einer Beeinträchtigung des Ungeborenen, die sofortige Beendigung der Schwangerschaft in Betracht. Der Abbruch stellt demnach für viele eine mögliche Alternative zu einem Leben mit einem behinderten Kind dar.

H8: Der medizinische Fortschritt führt zu einer Auslese unerwünschter, beeinträchtigter Kinder.

Die Idealvorstellung des Menschen, welche durch die Gesellschaft vermittelt wird, setzt werdende Eltern unter Druck, ein gesundes Kind bekommen zu müssen. Die PND und damit die Möglichkeit zur Spätabtreibung stellt somit für diese Menschen ein geeignetes Mittel dar, um den gesellschaftlichen Ansprüchen zu genügen.

Empirischer Teil und Methodik

Halboffenes Interview

Für die Forschung wurde sich für ein halboffenes, d.h. teilstandardisiertes Interview entschieden. Dazu wurde zunächst ein Leitfaden erstellt, der als Grundlage für die Interviews dienen sollte, aber keineswegs so abgearbeitet wurde. Es sollte Raum gelassen werden für weiterführende Informationen bzw. für unerwartete Beobachtung, d.h. Dinge, die im Voraus nicht geplant waren, aber dennoch wichtig für die Forschung sind. Somit konnten durch diese Interviewform nicht nur Fragen abgeändert, weggelassen oder hinzugefügt, sondern ebenso die Formulierung und Reihenfolge der Fragen variiert werden.

Interviewpartner und -situation

Für die Forschungsarbeit wurden insgesamt acht persönliche Interviews mit jungen Müttern durchgeführt. Alle Interviewpartnerinnen wurden gezielt ausgewählt, sodass das Kriterium, dass alle während ihrer Schwangerschaft die Möglichkeit hatten, Verfahren der PND zu nutzen, übereinstimmte. Die Frauen stammen, vor allem aufgrund unserer Heimatorte, aus drei verschiedenen Bundesländern: Thüringen, Sachsen und Brandenburg. Sechs der befragten Frauen sind unter 30 Jahre alt, zwei der Befragten über 30 Jahre.

Der Ort sowie die Zeit der Interviews wurden vorher mit den Befragten abgesprochen. Sie fanden vorwiegend in Privatwohnungen zu sehr unterschiedlichen Zeitpunkten statt. Die Dauer der durchgeführten Interviews wurde von vornherein nicht festgelegt, ergab sich aus den Interviews und betrug in etwa eine halbe bis dreiviertel Stunde pro Gespräch. Alle Interviews wurden von jeweils einem Forschenden und einer zu befragenden Frau durchgeführt. Bei einigen Gesprächen war zunächst der Partner der Befragten anwesend, der aber zu Gesprächsanfang den Raum verließ. Nach Gesprächsende wurden die Interviews, welche währenddessen mit einem Diktiergerät aufgezeichnet wurden, sofort transkribiert. Im Anhang finden sich diese Aufzeichnungen in geglätteter Form, d.h. alle „äh" etc. wurden heraus gestrichen, Pausen wurden durch „…" gekennzeichnet, dialektal geprägte Formeln o.ä. angepasst.

Alle Gesprächspartner wurden, aufgrund persönlicher Verbindung und Kenntnis, mit „Du" angesprochen.

Anmerkungen zum Leitfaden

Zunächst war es uns wichtig, Transparenz zu schaffen und Sicherheit bei der jeweiligen Befragten zu erzeugen. Dazu holten wir uns vor jedem Gespräch die Erlaubnis zum Fragenstellen ein und erzeugten eine gleichwertige Situation dadurch, dass wir auch der Interviewpartnerin die Möglichkeit zum Fragenstellen gaben. Wir boten an, dass die Möglichkeit zum Zurückziehen einer Frage besteht, sodass brisante Fragen nicht zwingend beantwortet werden müssen. Dies betonten wir am Anfang des Interviews ebenso wie vor der uns brisant erscheinenden Frage nochmals.

Zum Teil wurden in die Interviews Protagonisten eingeschoben, z.B. „Wie würde dein Mann darüber denken?" oder ähnliches. Dies ist hierbei kein Problem, da die Interviews Ansichten widerspiegeln sollen und keine Realitäten darstellen. Es wurden kaum ja/nein-Fragen gestellt, um einen flüssigen Gesprächsverlauf beizubehalten. Weiterhin war es uns wichtig, Sensibilität zu bewahren, sodass Fragen je nach Interviewpartnerin umformuliert wurden. Nach Abschluss jedes Interviews wurde gefragt, ob die Befragte selbst noch etwas hinzufügen möchte, was wir eventuell vergessen haben, zu fragen.

Fragestellungen

Frage 1: Ich würde dir gern ein paar Fragen zum Thema „Pränatale Diagnostik" stellen. Dies ist das Thema unserer BA-Arbeit, die wir als Gruppe von drei Personen derzeit schreiben. Wir möchten in der Arbeit herausfinden, inwieweit die Pränatale Diagnostik das Schwangerschaftserleben beeinflusst. Alle Daten, die wir durch die Interviews erheben, werden streng vertraulich behandelt, d.h. es wird anonymisiert. Während des Interviews hast du auch die Möglichkeit, Fragen nicht zu beantworten, wenn diese dir unangenehm sind oder du sie nicht beantworten möchtest. Hast du bisher noch Fragen dazu? Möchtest du noch irgendetwas wissen?

Frage 2: Wie hat sich dein Leben mit der Geburt deines Kindes verändert?

Frage 3: Gab es spezielle Indikatoren, die für Verfahren der PND gesprochen haben? Bist du Raucher? Inwieweit gab es gewisse Risiken, wie z.B. vorangegangene Krankheiten o.ä. in der Familie?

Frage 4: Inwieweit wurdest du während der Schwangerschaft über die PND informiert und von wem? Warst du dir im Klaren darüber, was mit den Untersuchungen diagnostiziert werden kann und was dies für dich und den weiteren Schwangerschaftsverlauf bedeuten kann?

Frage 5: Kennst du alle möglichen Verfahren der PND? Welche Verfahren wurden dir empfohlen? Welche lehntest du von vornherein ab und welche kamen für dich in Frage? Warum?

Frage 6: Aus welchen Gründen hast du dich für bzw. gegen die PND entschieden? Gab es dazu schon Erfahrungen in deinem Bekanntenkreis? Wer oder was hat dich bei der Entscheidungsfindung beeinflusst? Welchen Einfluss hatte die öffentliche Diskussion über die PND auf deine Entscheidung? Wie lang hast du über deine Entscheidung nachgedacht?

Je nachdem, wie sich die Frauen entschieden haben, spaltet sich der Leitfaden nun in zwei Kategorien:

Kategorie 1: Fragen an Frauen, die sich für die PND entschieden haben

Frage 7: In welchem Stadium der Schwangerschaft hast du dich für die PND entschieden und warum genau zu diesem Zeitpunkt? Inwieweit fühltest du dich dem Kind zu diesem Zeitpunkt schon emotional verbunden?

Frage 8: Ist dir das Risiko einer Fehlgeburt durch die Eingriffe während der invasiven Verfahren der PND bekannt? Inwieweit beeinflusste dies deine Entscheidung?

Frage 9: Hattest du trotz unauffälligem Befund Zweifel an diesem?

Wenn ja: Wie bist du weiter verfahren? Inwieweit hattest du Zweifel bzw. Angst vor weiteren Untersuchungen bzw. deren Befunden? Inwieweit hast du die Entscheidung dazu allein gefällt? Oder hast du mit deinem Partner zusammen entschieden? Inwieweit haben die Untersuchungen zu deiner Sicherheit beigetragen oder haben sie eher zu Beunruhigung geführt?

Wenn nein: Was gab dir die Sicherheit dafür, dass der Befund richtig ist? Inwieweit hast du die Entscheidung dazu allein gefällt? Oder hast du mit deinem Partner zusammen entschieden? Kannst du dir vorstellen, wie du auf eine Fehldiagnose reagiert hättest?

Frage 10: Wie hast du die Zeit des Wartens auf das Ergebnis einer Untersuchung erlebt? Wie hat dies dein Umfeld erlebt? Was hast du gegen Befürchtungen getan, z.B. um dich abzulenken?

Frage 11: Kannst du dir vorstellen, wie du reagiert hättest, wenn es zu einem auffälligen Befund gekommen wäre?

Kategorie 2: Fragen an Frauen, die sich gegen die PND entschieden haben

Frage 7: Menschen, die sich für die PND entscheiden, argumentieren u.a. damit, dass man sich auf den gesundheitlichen Zustand des Kindes einstellen kann. Was hat dich dennoch dazu bewogen, dich gegen diese Verfahren zu entscheiden?

Frage 8: Wie hast du die Schwangerschaft, auch ohne die Gewissheit, dass das Kind gesund ist, erlebt?

Frage 9: Kannst du dir vorstellen, wie du auf ein beeinträchtigtes Kind reagiert hättest? Hättest du deine Entscheidung bereut?

Abschluss: Möchtest du mir noch etwas erzählen, was wir zu diesem Thema vielleicht vergessen haben?

Ich bedanke mich herzlich für deine Offenheit und deine Zeit.

Auswertung der Forschungsergebnisse

Anhand der aufgezeichneten und transkribierten Gespräche mit den Befragten sollen nun die Hypothesen ausgewertet werden. Dabei werden ebenso Zitate aus schon vorhandenen Interviews in der Fachliteratur berücksichtigt und weitere Literatur zu Rate gezogen. Es ist schon jetzt festzustellen, dass sich zu jeder Hypothese zahlreiche Zitate finden lassen, die aber nicht immer im vollen Umfang dargestellt werden sollen. Somit wurde bei der folgenden Auswertung Unwichtiges herausgestrichen, was sich allerdings im Anhang, in dem alle Interviews vollständig transkribiert aufgezeigt werden, wiederfindet. Die Zahlen in Klammern hinter den Interviewzitaten verweisen auf die entsprechende Seite im Anhang, auf der sich das Zitat im vollständigen Kontext wiederfinden lässt.

Hypothese 1: Entscheidungsfragen zur PND

Die Entscheidung für bzw. gegen bestimmte Verfahren der PND steht in Abhängigkeit zum Alter der werdenden Mutter.

Man kann sagen, dass alle Schwangeren mit dem Thema der PND konfrontiert werden. Das haben wir auch über unsere Interviews herausfinden können. Mit einer Ausnahme, Frau E., haben alle befragten Mütter die nicht-invasiven Verfahren der PND in unterschiedlichem Ausmaß genutzt. Entscheidungen werden häufig „aus dem Bauch heraus" entschieden, dennoch sollte genügend Zeit für die innere Auseinandersetzung gegeben sein:

> Wer vor die Wahl gestellt wird, die PND in Anspruch zu nehmen oder abzulehnen, sieht sich also der Forderung ausgesetzt, eine vertretbare, bewusste Entscheidung zu treffen (Friedrich, Henze und Steman- Acheampong, 1998, 26).

Das Durchschnittsalter der Interviewpartnerinnen liegt bei etwa 30 Jahren, woraufhin sie sich nach eigenen Aussagen nicht in der Zielgruppe der Frauen, denen empfohlen wird, invasive Verfahren zu nutzen, befinden. Da keine der Befragten, außer Frau E., bei der Geburt ihres ersten oder zweiten Kindes über 30 Jahre alt war, wurde der Altersfaktor nicht beachtet und die

Frauen wurden bezüglich ihres Alters nicht als „Risikopatienten" von ihrem behandelnden Arzt eingestuft.

> Ich war halt auch noch in einer Altersgruppe, wo es keine Bedenken geben sollte. Deswegen habe ich auch weitere spezielle Verfahren nicht gemacht (Frau S.).

> Dadurch, dass ich eben keine Risikopatientin war, also aufgrund des Alters oder der Vorerkrankungen aus der Familie (Frau A.).

> Außerdem wurde ich von meinem Frauenarzt informiert. Blutabnahmen und Fruchtwasserpunktion. Aber es war aufgrund meines Alters und der Familienanamnese nicht nötig, weitere Untersuchungen durchführen zu lassen (Frau K.).

Frau F. geht davon aus, dass eine Fruchtwasserpunktur zur Schwangerenvorsorge ab einem Alter von 35 sowieso dazu gehört:

> Ja, genau. Ja, die Fruchtwasserpunktur, die wurde bei mir nicht gemacht. [...] Und deshalb wurde die bei mir nicht gemacht. Speziell jetzt bei älteren Frauen, so ab 35 oder was, wird das sowieso gemacht (Frau F.).

Frau E., die während ihrer Schwangerschaft 35 Jahre alt war, wurde aufgrund ihres Alters von ihrem Frauenarzt als einzige Risikopatientin eingestuft:

> Eben deshalb, weil ich da ja schon 35 war. Er meinte dann halt, dass das ein Risikofaktor ist und dass es noch weitere Untersuchungen gibt, die ich in Anspruch nehmen kann, die ich aber selber bezahlen muss. [...] Er hat mir aber halt auch gesagt, dass ich mir das gut überlegen soll, weil manche Untersuchungen auch dem Kind schaden könnten (Frau E.).

Jede Interviewpartnerin nutzte, meist aus dem Grund, dass es zur allgemeinen Schwangerenvorsorge dazu gehört, nicht-invasive Verfahren. So antwortet zum Beispiel Frau H. auf die Frage, ob sie sich bewusst für den Triple-Test entschieden hat:

> Doch schon, aber es gehörte mit zum Rund-Um-Paket und er[221] hat mir empfohlen, es zu machen (Frau H.).

---

[221] Gynäkologe.

Der Glaube daran, dass die meisten Verfahren der PND zur allgemeinen Schwangerenvorsorge gehören, wurde ebenso von über einem Drittel der befragten Frauen (36,8%) der Studie „Schwangerschaftserleben und Pränataldiagnostik" (BZgA, 2006) als Grund für die Inanspruchnahme bestimmter pränataldiagnostischer Verfahren angegeben. V.a. die nicht-invasiven Verfahren neben den regulär vorgesehenen Ultraschalluntersuchungen scheinen zur Normalität geworden zu sein. Anders verhält es sich bei der Befürwortung invasiver Verfahren, wie sich im Folgenden zeigen wird.

Lediglich Frau E. nutzte, aufgrund ihres Alters, ein invasives Verfahren. Aufgrund dessen, dass alle anderen Interviewpartner nicht mit der Indikation Alter konfrontiert waren, erscheint dieser Faktor nicht mehr genügend relevant für die Entscheidungsfrage für bzw. gegen die PND bei jungen Müttern. Bleibt nun die Frage zu klären, warum bestimmte pränatale Verfahren genutzt werden und welche Gründe es für die Ablehnung invasiver Verfahren gibt. Es muss genauer herausgefunden werden, was sich bei der Entscheidung für oder gegen PND abspielt. Wodurch werden die Entscheidungsträger in ihrem Entscheidungsprozess bestimmt? (vgl. Friedrich et al., 1998)

Frau K., die Älteste der befragten Frauen, argumentiert u.a. damit, dass es zu ihrer Zeit (vor 23 Jahren) nicht üblich war, invasive Verfahren durchzuführen:

> Ich habe mich nicht direkt entschieden, es bestand kein Anlass und war damals nicht üblich. Auch mein Frauenarzt hat mir dazu nichts angeboten oder geraten (Frau K.).

Es zeigt sich, dass das Thema der Pränatalen Diagnostik im Verlauf der Zeit immer populärer geworden ist. Die Methoden und Möglichkeiten der Medizin haben sich immer weiter entwickelt, was ebenso einen Grund für die Inanspruchnahme gewisser Untersuchungen darstellt:

> Ansonsten … wenn die Untersuchen nötig sind, sollen sie sie bitte schön auch machen, weil schließlich haben wir ja nun dafür die technischen Mittel. Also, wenn eine Gefahr abzusehen ist, hätte ich auch nichts gegen noch eine Untersuchung, aber es muss halt die Notwendigkeit da sein (Frau F.).

Auch Frau M. argumentiert mit den immer fortschreitenden Möglichkeiten der Medizin und Technik:

> Und mir persönlich war das zu altmodisch, weil warum sollte man nicht die Technik nutzen, die man heutzutage hat, und dann halt wieder so einen Rückschritt zu machen, in Sachen Schwangerschaft, weil ich es einfach besser finde (Frau M.).

In der Argumentation von Frau F. spielt allerdings ein weiterer Punkt eine wichtige Rolle: die Notwendigkeit für bestimmte Untersuchungen. Hierzu zählt nicht nur der Risikofaktor Alter, sondern ebenso das Vorhandensein von Auffälligkeiten in der Familiengeschichte oder bestimmte Auffälligkeiten in Ultraschalluntersuchungen o.ä. Ob es allerdings wirklich notwendig erscheint, bestimmte Beeinträchtigungen erkennen zu müssen, soll später in den Kapiteln „H7: Nach auffälligem Befund" und „H8: PND als Selektion" noch genauer analysiert werden. Notwendigkeit kann in dem Fall aber auch bedeuten, dass eine Untersuchung hinsichtlich der Entscheidung, ob das Kind ausgetragen werden soll oder nicht, als wesentlich erscheint:

> Das ist völlig klar, dass ich eine Untersuchung machen lasse. Das muss man auch ganz genau wissen, sonst braucht man hier gar nicht zu sitzen ... Ich kann mir nicht vorstellen, ein behindertes Kind zu haben. ... Ich möchte weiter arbeiten, und deswegen muss das Kind gesund sein (Hebamme, 40 Jahre, Indikation: Alter. In: Fuchs, 2011, 68).

Die Entscheidungsfähigkeit zur Austragung des Kindes nach einem auffälligen Befund löst auch bei 44% der befragten Frauen in der BZgA-Studie (2006) das entscheidende Motiv aus, pränataldiagnostische Verfahren in Anspruch zu nehmen und stellt damit einen zentralen Grund für diese Entscheidung dar, was allerdings im Kapitel „H7: Nach auffälligem Befund" noch ausführlich diskutiert werden soll.

In unseren Interviews fanden wir zunehmend weitere Motive für bzw. gegen die Inanspruchnahme der PND:

> Ja. Also, wir hatten damals dann auch diese Feindiagnostik mitgemacht in der 20. Schwangerschaftswoche, aber nicht, weil jetzt irgendein Risiko da war, sondern einfach so, weil wir halt gucken wollten, ob alles okay ist (Frau A.).

Bei Frau A. gab es keine spezifischen Indikationen, die für weitere Verfahren der PND gesprochen hätten. Gäbe es allerdings Gründe für eine Fruchtwasseruntersuchung, hätte sich Frau A. möglicherweise auf weitere Untersuchungen eingelassen. In ihrer Antwort war sie sich aber nicht ganz sicher und konnte sich schwer in die mögliche Situation hinein versetzen.

Anders bei Frau S.:

> Nee, nee, gar nichts davon. Also, wir haben über das eine Verfahren nachgedacht, diesen Erst-Trimester-Test, also ob eine Wahrscheinlichkeit für eine Behinderung besteht. Aber das ist ja auch nicht sicher. Und da ich wahrscheinlich eh nicht abgetrieben hätte, habe ich das auch nicht gemacht. Aber als ich hier in Erfurt noch mal bei einem Arzt war, haben die noch mal so eine Feindiagnostik gemacht (Frau S.).

Von den Frauen wird zunehmend kritisiert, dass Ergebnisse teilweise nicht sicher genug sind bzw. dass nur eine Wahrscheinlichkeit, ob eine Beeinträchtigung vorliegt oder nicht, angegeben werden kann. Weiterhin spielt natürlich auch immer eine Rolle, was bei einem auffälligen Befund in Erwägung gezogen wird. Somit bestätigt Frau S., dass sie bei einer möglichen Beeinträchtigung des Kindes nicht abgetrieben hätte und somit weitere Verfahren für sie selbst nicht relevant waren.

Auch Frau F. hat die Feindiagnostik genutzt; ihr wurde aus ärztlicher Sicht geraten, eine weitere feindiagnostische Untersuchung durchführen zu lassen. Aufgrund der Informationen und Ratschläge des Gynäkologen kann man meinen, Frau F. wurde die Entscheidung abgenommen. Auf die Frage hin, welche Verfahren sie allerdings von vornherein ablehnen würde, antwortete sie:

> Alles was so irgendwie nicht von mir aus … Also, wenn sie jetzt meine Blutuntersuchungen, die hätte ich gemacht oder meinen Urin testen, oder bei mir Ultraschall, aber alles was jetzt irgendwie, wo sie jetzt quasi, ich sage jetzt mal, das Kind mit angefasst oder die Nahrungsquelle des Kindes, wie zum Beispiel die Nabelschnur angepiekt oder Fruchtwasser, hätte ich alles, denke ich, wenn es keinen expliziten Verdacht gegeben hätte, einfach nur so um zu gucken, so ohne Verdacht, nee! (Frau F.).

Frau F. schließt damit auch die invasiven Verfahren aus, aus Angst, dem Ungeborenen Schäden zuzufügen.

Die 29-jährige Frau M. schüttelte den Kopf, als sie nach der Fruchtwasseruntersuchung gefragt wurde:

> Der Gynäkologe hat mir dann gesagt, was ich machen könnte, aber man muss es nicht machen. Und warum sollte man das unbedingt machen? Weil, es reicht ja im Endeffekt, wenn man immer zu den Vorsorgeuntersuchungen geht. Das, was man machen sollte, habe ich gemacht, aber umso mehr du machst, umso ängstlicher wirst du ja dann auch (Frau M.).

Zusammenfassend wird festgestellt, dass nur eine der befragten Mütter das Risiko einer Fehlgeburt aufgrund invasiver Verfahren eingegangen ist. Bei allen anderen gab es keine Indikationen nach den durchgeführten nicht-invasiven Verfahren. Bei einigen unserer Interviewpartner zeigte sich jedoch bei genauerem Nachfragen, wie ihre Entscheidung bei einem auffälligen Befund gewesen wäre, dass die eine oder andere mit ihren Antworten ins Schwanken geraten ist. Die Mütter konnten sich nicht fest dafür oder dagegen entscheiden, ob sie möglicherweise weitere invasive Verfahren genutzt hätten. Der Altersfaktor für die vorgenommen nicht-invasiven Verfahren war nicht ausschlaggebend. Die Ausnahme war lediglich Frau E. (35 Jahre), die sich auf Rat ihres Gynäkologen und einem vorangegangen auffälligen Befund, für eine Fruchtwasserpunktion entschieden hatte.

Es ist demnach festzuhalten, dass das Alter natürlich, vor allem auf Rat des Gynäkologen hin, eine Rolle bei der Entscheidung für oder gegen invasive Verfahren der PND, spielt. Die Hypothese gilt damit als belegt. Allerdings ist dennoch festzuhalten, dass nicht nur das Alter, sondern ebenso zahlreiche andere Faktoren auf die Entscheidung einwirken, die so umfangreich und individuell sind, dass selbst in der Fachliteratur nicht auf jeden Faktor eingegangen werden kann. Somit stellt die vorangegangene Darstellung auch keineswegs Vollständigkeit dar, sondern lediglich einen Auszug der Gründe, aufbauend auf unseren Forschungsergebnissen.

Hypothese 2: Schwangerschaftserleben

Die PND hat negative Konsequenzen auf das Schwangerschaftserleben der Frau aufgrund der psychischen Belastung während der Zeit des Wartens auf Ergebnisse.

Schon vor Beginn und natürlich während der Interviews haben wir uns ausführlich mit dem Thema Schwangerschaftserleben beschäftigt. Zu Beginn ist noch einmal festzuhalten, dass, bis auf Frau E., alle Befragten nur nicht-invasive Verfahren genutzt haben und die Ergebnisse dabei sofort oder innerhalb von 24 Stunden vorgelegen haben. Dies ist im Folgenden von Bedeutung, da die Wartezeit bis zum Ergebnis des Befundes einen wesentlichen Einfluss auf das Schwangerschaftserleben haben kann. Deutlich wurde dies v.a. bei der 37 jährigen Mutter, Frau E., die nach der Fruchtwasserpunktion, die sich aufgrund von Auffälligkeiten durchführen ließ, zwei Wochen auf ihren Befund warten musste. Ihre Gefühle innerhalb der Wartezeit beschreibt sie wie folgt:

> Schlimm. Wirklich ganz ganz schlimm. Ich war unruhig, war aufgeregt, habe mir Sorgen gemacht. Mein Mann hat versucht, mich zu beruhigen, aber das hat er auch nicht geschafft. Im Gegenteil, ich habe ihn mit meinen Sorgen auch noch angesteckt. Wir haben uns beide so fertig gemacht. Wir haben die letzten Tage kaum noch das Haus verlassen, da ja der Arzt anrufen könnte und uns sagen könnte, was raus gekommen ist. Es war schrecklich. Auch, weil wir dann halt noch mal nachgelesen haben und auch noch mal andere gefragt haben. Ich hoffte so sehr, dass es dem Kind gut geht. ... Dieses Warten. ... Es war schlimm. [...] Wenn ich noch mal schwanger werde, werden wir das auf keinen Fall wieder machen. Zwar ist dann das Alter noch bedeutender, aber nee ... So etwas tue ich mir nicht mehr an. Auf keinen Fall! (Frau E.).

Das Beispiel von Frau E. zeigt, wie belastend die Wartezeit, das Bangen und Hoffen auf einen unauffälligen Befund sein kann. Aber auch das Warten zwischen den nächsten Untersuchungsterminen darf nicht außer Acht gelassen werden.

In der heutigen Zeit wird die Familienplanung viel intensiver durchdacht, als es noch vor einigen Jahren der Fall war:

Frau E. führt fort:

So kommt auch dem Erleben der Schwangerschaft eine viel größere Bedeutung zu. Man meine, in den werdenden Müttern bestehe ein innerer vielleicht auch gesellschaftlicher Druck, ein gesundes Kind bekommen zu müssen. Damit nutzen sie alle Möglichkeiten, die die PND hergibt.

1988, als Frau K. ihr erstes Kind bekam, war es nicht selbstverständlich, sämtliche Verfahren der PND zu nutzen, auch waren diese Methoden in der Öffentlichkeit noch lange nicht so verbreitet als heute:

Von Situationen der Überforderung, Ungewissheit, Angst, Stress und Belastung haben auch die weiteren Interviewteilnehmerinnen berichtet. Frau K. fühlte sich vor der Inanspruchnahme des Spezialultraschalls belastet, danach wieder entlasteter. So erging es anderen befragten Müttern ebenfalls. Nach Belastung folgt Entlastung. Es scheint, als dient die PND als modernes Mittel zur Beruhigung der Mütter bzw. der Paare, indem sie auf eine Bestätigung der Gesundheit des Kindes hoffen lässt.

Frau M. hat ihre Schwangerschaft durchaus als positiv empfunden, allerdings herrschte auch bei ihr eine gewisse Unruhe und Unsicherheit:

---

[222] Schnittentbindung, „Kaiserschnitt".

> Ein Traum! Also es war gar nichts, nur zum Schluss hatte ich Wasser. Ja sonst war
> alles schick! […] Man lebt zwar ein paar Monate dann damit, dass was sein könn-
> te, macht sich natürlich dann auch Gedanken, aber so lange, wie in der Familie
> vorher nichts passiert ist […] (Frau M.).

Frau M. scheint zunächst die üblichen Bedenken zu äußern, die wahrscheinlich
jede Schwangere in der Anfangszeit hat. Die Frauen fühlen sich fremd in ihrer
Haut, somit kann es in der Anfangszeit zu Verunsicherungsphasen kommen. Die
PND wird demnach genutzt, um diese Verunsicherungen zu beseitigen. So nutzte Frau M. z.B. die Feindiagnostik:

> Weil ich selber nicht wüsste, ob ich hätte damit umgehen können, wenn L.[223] zum
> Beispiel behindert wäre. Da wüsste ich nicht, ob ich das zum Beispiel geschafft
> hätte (Frau M.).

Viel mehr Interesse scheint sie aber daran gehabt zu haben, ihr Kind endlich auf
einem Monitor sehen zu können. Ein ganz ähnliches Phänomen erlebten auch
viele andere Interviewpartnerinnen:

> Ich habe dann aber trotzdem gesagt, dass ich diesen 3D-Ultraschall noch machen
> lassen will, weil man das Kind da ja auch mal richtig halt … Naja, halt so richtig
> sehen kann. Weißt du? Und das wollt ich halt (Frau L.).

> Was heißt hilfreich. Hilfreich für den Arzt und seine Untersuchungen sicherlich,
> aber für mich war es nicht hilfreich, sondern eher schön. Weil man ja ein Bild hat
> und man sieht sein Kind und kann es zeigen und sich freuen und sagen: „Oh guck
> mal da“ (Frau F.).

> Und die Feindiagnostik macht, glaube ich, jede Mutter, um ihr Kind zu sehen.
> Nicht nur um zu wissen, dass es gesund ist, sondern um auch die Bilder zu haben,
> oder wie ich jetzt auch auf DVD, um zu sehen, wie es gewinkt hat. Um dein Kind
> mal richtig in 4D zu sehen und zu sehen, wie es sich da drin bewegt. Ich glaube,
> das ist, glaube ich, das Schönste gewesen. Mein Mann war dabei, meine Mutter
> war dabei, mein Vater war dabei. War 'ne richtige Stuhlreihe, war wie im Kino
> (lacht). Mit J. in der Hauptrolle (Frau H.).

> Ja, dass du halt weißt, jetzt sieht das Kind in dem Moment so aus. Klar und man
> ist stolz und kann es rumzeigen (Frau M.).

Man kann meinen, dass durch diese Untersuchungen die emotionale Bindung
der Eltern zum Kind verstärkt wird, was in der nächsten These nochmals genauer analysiert werden soll.

> Man wusste zwar, man ist schwanger, aber man konnte sich jetzt nicht vorstellen,
> weil man es ja nie sieht und so lange man es ja nicht visuell vor den Augen hat …
> Du weißt es, aber kannst es dir halt noch nicht so richtig vorstellen (Frau M., 92).

---

[223] Kind von Frau M.

Frau M.. empfand auch die Wartezeiten zwischen den Untersuchungen während der Schwangerschaft nicht als negativ, sondern hat diese neuen Erlebnisse genossen:

> Ganz im Gegenteil, ich fand es schön. Zum Schluss war es ein bisschen lästig, weil es dann gegen die Rippen geboxt hat oder mal so in die Seite oder gegen die Blase geboxt hat. Aber sonst, im Gegenteil, ich fand es sehr schön (Frau M.).

Als Frau M. die PND einschätzen sollte, ob sie es als hilfreich oder eher als eine psychische Belastung empfand, antwortete sie:

> Beides. [...] Zum einen ist der positive Nebeneffekt, dass man das Kind vorher sieht, dass man es visuell schon einmal alles erfassen kann. Negativ ist zum Beispiel schon, dass man vielleicht Sachen sieht, die man gar nicht sehen möchte. Dass es das gibt ist schön. Dass es diese Möglichkeit gibt, dass man vorher z.B. gucken kann, was es wird. Und der Nachteil ist natürlich, dass die Kinder heutzutage mit extrem viel Technik zur Welt kommen (Frau M.).

Auch hier spricht Frau M. wieder von dem Vorteil, ihr Kind sehen zu können und lässt diesem Fakt eine besondere Bedeutung zukommen.

Die Wartezeit auf ein Ergebnis oder das Warten auf eine weitere Untersuchung erleben Schwangere also sehr unterschiedlich. Die bewusste Verdrängung von Sorgen und Ängsten, selbst bei einem unauffälligen Befund, ist einer der Wege, die bewusst gewählt werden.

Bei anderen bricht Unruhe aus und sie fühlen sich angespannt. Es ist die Natur des Menschen, die uns dazu verleitet, sich in „Ausnahmesituationen" immer das Schlimmste auszumalen (vgl. BZgA, 2010). Das kann natürlich die Beziehung zum Ungeborenen beeinträchtigen, wenn nicht sogar unterbrechen. Die Literatur spricht von einer „Schwangerschaft auf Probe", bei der möglicherweise wichtige psychologische Bindungsvorgänge verhindert werden können (siehe dazu auch das Kapitel „H4: Emotionale Bindung zum Kind"). Auf die Frage, wie Frau F. die Zeit des Wartens vom ersten Besuch der Feindiagnostik und dem nächsten Termin wahrgenommen hat, berichtet sie:

> Anstrengend. Also das war das, wo ich sage: „Das war zu viel." Man wurde so verrückt gemacht. Immer wieder hieß es, umso näher der Termin gerückt ist, umso aufgeregter war man. Dann überlegt man da und da, bei jedem Schritt, wo man sich überanstrengt haben könnte. Oder wenn es mal anstrengender war, da war es gleich wieder so: „Oh Gott, oh Gott mein Kind" und so, „tut es jetzt was, weil man eben so verrückt gemacht wurde?" Und im Nachhinein ist man wieder zu einem anderen Arzt, der dann gesagt hat: „Ach mein Gott, so ein bisschen und ist alles gut." So mit dem Spruch: „Früher haben die Frauen ihre Kinder auf dem Feld geboren." Also, man wurde da so ein bisschen in zwei Spalten gedrängt und die

einen waren eher übervorsichtig mit Aufpassen und so, ganz akkurat alles und so.
Die anderen waren dann so: „Mein Gott, 'n bisschen mehr hat uns früher auch
nicht geschadet" (Frau F.).

Innerhalb der Medizin gibt es verschiedene Auffassungen, wie eine optimale
Schwangerschaft mit der bestmöglichen Versorgung für die Schwangere auszu-
sehen hat. Bei einer Verdachtsdiagnose, die mit möglichen weiteren Tests verbunden ist, bietet sich eine psychosoziale Beratung während der Wartezeit an.
Denn der nicht vermeidbare Zeitdruck belastet und beunruhigt die Betroffenen
zunehmend. Bereits jetzt können wir festhalten, dass die PND negative Konsequenzen auf das Schwangerschaftserleben der Frau hat aufgrund der psychischen Belastung während der Zeit des Wartens auf Ergebnisse.

Auch Frau A. berichtet von einem negativen Schwangerschaftserlebnis und wie sie unter psychischen Druck stand:

> Also, ich muss ja sagen, bei jeder Untersuchung, also, du machst dich eigentlich verrückt. [...] Und bei mir war's dann halt auch so: Die Kleine lag ja auch relativ zeitig eben falsch rum, weißt du ja. Und ich hab dann also wirklich, also ab der 20. Woche lag die dann halt mit dem Po nach unten und ... ja, es war wirklich ein enormer psychischer Druck [...] Irgendwann hab ich dann gesagt – das war so in der 35. oder 36. Woche: „Okay, wir finden uns jetzt damit ab. Die Kleine dreht sich nicht mehr." Und ab dem Zeitpunkt muss ich sagen, war ich wieder entspannter. M.[224] war entspannter und ... ja (Frau A.).

An dieser Aussage lässt sich gut erkennen, dass sich werdende Mütter auch ohne einen auffälligen Befund viele Sorgen machen. Es müssen nicht immer die Befunde Sorgen und Ängste bereiten, auch eine gut verlaufende Schwangerschaft kann Frauen unter einen starken Druck setzen:

> [...] Das Gefühl, wenn du früh wach geworden bist und es bewegte sich dann da drin, hat einem so viel Glück und Freude gebracht. [...] Dieser Tag, wo sie sich bis Mittag gar nicht bewegt hat, war für mich ganz schlimm. Ich bin dann auch zum Arzt gefahren, aber sie hat einfach geschlafen (Frau H.).

Die Bewegungen des Ungeborenen gaben Frau H. ein sicheres Gefühl. Das Nachdenken über möglichen Ursachen, warum sich das Kind z.B. heute nicht oder nur wenig bewegt hat, führt zu einer großen Verunsicherung. So zeigt sich, dass auch ohne spezielle medizinische Indikationen große Sorge ausgelöst werden kann. Die Frauen sehen am Ende keinen anderen Ausweg, als einen Arzt aufzusuchen, der ihnen die erneute Bestätigung für die Gesundheit des Kindes geben soll. Nur durch die scheinbare Gewissheit, die ein Spezialist vermittelt, fühlen sie sich beruhigt. Greifen Frauen heutzutage nicht mehr auf ihr Gefühl zurück und benötigen die Sicherheit durch moderne Technik der PND?

---

[224] Vater des Kindes und Lebensgefährte von Frau A.

Auf die Frage hin, ob PND für Frauen eine Bereicherung oder eine psychische Belastung darstellt, antwortete Frau H.:

> Ich glaube, man macht sich genauso viele Gedanken, als wenn man es nicht machen würde. Wenn ich diese Untersuchungen mache und ein Ergebnis kriege, hab ich kurzzeitig 'ne Aufregung, weil die Tests sind ja relativ kurz, also in 2 bis 3 Tagen hast du dein Ergebnis, und dann weißt du, so und so ist es (Frau H.).

Allerdings ist festzuhalten, dass die PND keine hundertprozentige Sicherheit bieten kann, was sich Frau H. letztlich auch selbst eingesteht:

> Das beruhigt unheimlich, dass das Ergebnis negativ war, aber irgendwie 100% kann nie irgendjemand sagen, da ist alles okay (Frau H.).

Letztlich ist davon auszugehen, dass eine sich gegen die PND entscheidende Frau wohl mehr Vertrauen in sich selbst, als in die Technik setzt. Sie setzt sich und das Ungeborene keinem zusätzlichen Stress aus und macht sich weniger Gedanken als eine Frau, die mehrere Tage auf einen Befund warten muss, der vielleicht nicht das gewünschte Ergebnis mit sich bringt:

> Ich habe mich mit einer Freundin unterhalten, die das gemacht hat. Und die meinte, das würde sie auch nicht wieder machen. Also bis man dann erfährt, was ist. Und bei einem Test kam dann auch was raus und dann musste sie noch einen weiteren Test machen und das hat sie halt in der ganzen Zwischenzeit total verrückt gemacht (Frau S.).

Festzuhalten bleibt also die Erkenntnis, dass jede Schwangerschaft von gemischten Gefühlen geprägt ist, dass auch das Empfinden in dieser Zeit von Frau zu Frau verschieden ist. Eine grundsätzliche Sorge um das Ungeborene ist immer vorhanden und kann nicht als problematisch angesehen werden. Eine größere Angst entsteht durch Unwissenheit, schlechte Information und unzureichende Beratung. Schwammige, unprofessionelle Aussagen sowie Erfahrungsberichte anderer Frauen (z.B. aus dem Internet) führen zu einem größeren Angstzustand und vermeidbaren Stresssituationen. Jede Schwangere sollte eine geeignete individuelle psychische Beratung erhalten. Die Zeit der Schwangerschaft soll nicht von Angst und Unruhe beherrscht sein. Vielmehr sollten die positiven Gefühle, die Freude auf etwas Neues und der Start in ein „neues" Leben im Mittelpunkt stehen.

Somit gilt die Hypothese in Bezug auf negative Auswirkungen des Wartens als belegt. Abzugrenzen davon sind allerdings die Gefühle bei nicht-invasiven Untersuchungen der PND, wie z.B. dem so oft genutzten Spezialultralschall, welche von den Interviewpartnerinnen als überwiegend positiv bewertet wurden.

Dabei ist allerdings ebenso anzufügen, dass größere Ängste natürlich bei invasiven Verfahren (und eben nicht bei nicht-invasiven Untersuchungen) vorherrschen, da invasive Verfahren zumeist schon aufgrund einer Auffälligkeit bei z.B. Ultraschall veranlasst werden.

Hypothese 3: Einflüsse von außen

Die Entscheidungen der schwangeren Frau zum weiteren pränataldiagnostischen Vorgehen sind nicht selbstbestimmt und werden von ihrem sozialen Umfeld beeinflusst.

In den schon genannten Forschungen der BZgA zum Thema „Schwangerschaftserleben und Pränataldiagnostik" (2006) wurde festgestellt, dass etwa ein Viertel der werdenden Väter in Deutschland an der Entscheidungsfindung für bzw. gegen bestimmte Verfahren der Pränatalen Diagnostik nicht aktiv beteiligt sind. Zwar treffen ein Drittel aller Paare die Entscheidungen in Abstimmung miteinander, jedoch ist es für Männer erleichternder, diese letztlich der Frau zu überlassen (vgl. Weigert, 2001). Dass die Entscheidung vor allem Sache der Frau ist, zeigte sich u.a. daran, dass sich im Interview anwesende Väter schon vor Beginn des Gesprächs zurückzogen und nicht daran teilnehmen wollten.

So antwortete beispielsweise Frau F. auf die Frage, ob Ihr Partner an der Entscheidung, welche Verfahren durchgeführt werden oder nicht, beteiligt war:

> Ja, der war da nicht irgendwie, dass er gesagt hat: „Nee, machen wir nicht." Sondern der war da auch, der hat immer gesagt: „Mach. Wenn du möchtest, mach!" [...] Es sei denn, ich hätte ihn jetzt explizit danach gefragt, dann hätte er schon sicherlich seine Meinung geäußert, aber letzten Endes hätte er die Entscheidung schon eher mir überlassen (Frau F.).

Frau M. hingegen berichtet von einer „Wir-Entscheidung":

> Nein. Wir haben gesagt: „Das machen wir nicht, wir gehen einfach davon aus, dass es gesund ist." Wenn was gewesen wäre, hätten wir das spätestens bei der Feindiagnostik erfahren (Frau M.).

Die werdenden Väter überlassen eine eingehende Auseinandersetzung mit der Frage, ob PND oder nicht, eher ihrer Partnerin, so sehr sie ihre Anteilnahme auch bezeugen und von Vorsorgeuntersuchungen bis hin zum Kreißsaal den werdenden Müttern zur Seite stehen.

Ebenso wurde deutlich, dass u.a. auch der Beruf der werdenden Mutter auf die Entscheidung einen großen Einfluss hat.

So berichtet beispielsweise Frau H., gelernte Arzthelferin, von ihren ganz persönlichen Gründen der Entscheidung:

> Bei mir war es eigentlich eher aus meinem Beruf her, dass ich schon viele Punktionen gesehen habe, die schief gegangen sind und ich immer Angst davor hatte. Und wirklich nur gesagt habe, wenn bei der Messung oder bei den Blutwerten was nicht stimmt, dass ich denn sage: „Okay, wir machen das", aber einfach so aus blauem Dunst hätte ich es nicht. Und mein Partner sah das auch so (Frau H.).

Einen großen Einfluss auf die Entscheidungen der Pränataldiagnostik hat ebenfalls die Familie (vgl. BZgA, 2006), was auch in den Interviews angesprochen wurde. So führt Frau H. fort:

> Mit meinen Eltern habe ich auch drüber gesprochen, die waren von vorn herein dagegen, egal was ist, wenn ein Wert nicht gestimmt hätte, sie wären dagegen gewesen (Frau H.).

Alles in allem lässt sich feststellen, dass fast alle Mütter davon berichteten, dass es, sofern ein Partner vorhanden war, eine gemeinschaftliche Entscheidung war, auch wenn sie letztlich von der Frau getroffen wurde. Der Partner steht an erster Stelle der Personen, welche Einfluss auf die werdende Mutter haben. Gleich im Anschluss jedoch, prozentual kaum zu unterscheiden, folgt der behandelnde Arzt, worauf später im Kapitel „H5: Beratung" noch näher eingegangen werden soll.

Hypothese 4: Emotionale Bindung zum Kind

Die PND behindert den Aufbau einer emotionalen Bindung zum Kind, bevor sichergestellt ist, dass das Kind gesund ist.

In der Zeit der Schwangerschaft müssen sich werdende Eltern viele Fragen stellen. Ethische Fragen über „lebenswertes Leben" sowie grundsätzliche Fragen, wie die der möglichen Entscheidung eines Schwangerschaftsabbruchs und wenn ja, in welchem Fall. Die werdenden Mütter stehen stets unter Druck, ihr ungeborenes Kind zum einen einer genetischen Analyse unterziehen zu wollen, haben andererseits aber Angst, durch einen Eingriff das Baby zu schädigen oder gar zu verlieren (vgl. Weigert, 2001).

Weigert (2001) stellt ebenso heraus, dass während der Zeit des Wartens auf Ergebnisse der Tests die Bewegungen des Kindes oft nicht wie sonst mit Freude registriert werden, sondern in diesem Zeitraum versucht wird, solche nicht wahrzunehmen. Sie begründet diese Aussage damit, dass viele der werdenden Eltern sich noch nicht emotional verwickeln, sondern abwarten, ob man sich nicht vielleicht doch noch dazu entscheiden wird, die Schwangerschaft abzubrechen und so diese Bewegungen eher als „seelische Konflikte" (Weigert, 2001, 87) wahrnimmt. Dies belegt auch eine Studie von Nippert (1998), bei der folgende Aussagen gemacht wurden:

> Bevor ich das Untersuchungsergebnis hatte, hatte ich das Gefühl, einen bestimmten Abstand zu meiner Schwangerschaft wahren zu müssen, falls es durch das Untersuchungsergebnis Probleme geben würde (o.V. in: Fuchs, 2011, 73).

> Ich hatte eine ausgesprochene Abneigung dagegen, Umstandskleider zu kaufen, bevor ich das Ergebnis der vorgeburtlichen Untersuchung hatte (o.V. in: Fuchs, 2011, 73).

> Ich hatte keinem von der Schwangerschaft erzählt, bevor ich das Untersuchungsergebnis hatte (o.V. in: Fuchs, 2011, 73).

Ebenso in anderer Fachliteratur findet sich ein Zitat einer unbekannten Frau, die Ähnliches berichtet: „Mir ist in der Wartezeit erst so klar geworden, worum es geht – um einen eventuellen Abbruch –, dass ich deutlich meine Beziehung zum Kind auf Eis gelegt habe, ich wollte mich erst mal auf das Kind nicht mehr freuen, sondern erst den Befund abwarten" (o.V. in: Weigert, 2011, 87).

In der Fachliteratur wird dieses Phänomen als „Schwangerschaft auf Probe" bezeichnet (Fuchs, 2011, 72). Keine unserer befragten Mütter jedoch konnte ein solches Empfinden bestätigen. Im Gegenteil, alle berichten ausschließlich von positiven Gefühlen bei der Wahrnehmung von den Kindsbewegungen:

> Weil, grade am Anfang, wenn du die Kindsbewegungen noch nicht merkst, dann hast du ja kein Zeichen dafür, dass das Kind lebt. Und wenn du dann die Bewegungen immer gemerkt hast, dann wurdest du halt immer sicherer und hast dich auch immer mehr getraut und … ja (Frau A.).

Auch Frau H. beschreibt ihre positiven Empfindungen bei jeder Kindsbewegung:

> Nein, das war für mich eigentlich das Schönste. Es war das Schönste, was ich bisher im Leben hatte, diese Schwangerschaft. Das Gefühl, wenn du früh wach geworden bist und es bewegte sich dann da drin, hat einem so viel Glück und Freude gebracht. [...] Diese Bewegungen haben mir jeden Tag gezeigt: Sie ist da und ist wohlauf. Ich hab das dann eher damit verbunden: Ihr geht es gut (Frau H.).

Was wir jedoch beobachten konnten, war, dass viele Mütter davon berichten, dass die Ultraschalluntersuchungen die emotionale Bindung zum Kind stärken. So berichtet Frau F.:

> Ja, speziell wegen dem Monitor. Und als ich dann schon die Bewegungen gespürt habe und die gleichzeitig gesehen habe, das schärft die Bindung zwischen Mutter und Kind, bin ich der Meinung (Frau F.).

Auch Frau H. sieht das ähnlich und antwortete auf die Frage, ob sie der Meinung ist, dass die Ultraschalluntersuchung die Bindung zwischen Mutter und Kind noch verstärkt, folgendermaßen:

> Ja, auf jeden Fall. Du spürst es zwar jeden Tag, aber du kommst ihm näher. Oft hab ich mir zum Beispiel Gedanken gemacht: „Mensch, wie sieht es denn überhaupt aus? Wie groß ist es denn? Hat es denn schon ein gutes Gewicht?" Ja, das ist schön gewesen, zu sehen auf dem Foto. Und es sieht ja nun wirklich aus, als ob sie dir den Bauch aufklappen und ein Foto von dem Kind schießen (Frau H.).

Aber auch Vorteile für den Vater des Kindes oder weitere Personen wurden explizit in den Vordergrund gerückt, auf die Frage hin, inwiefern die Ultraschalluntersuchung denn hilfreich für die Mütter erschien:

> Ich denke auch für den Vater. Also, wenn ich erzähle. Oder man hat es ja nicht immer gesehen, gerade zum Anfang, da siehst du die Bewegungen am Bauch ja noch gar nicht. Und gerade, wenn der Vater dann auf dem Bildschirm sieht, dass das Kind sich bewegt und macht, das ist für den Vater auch hilfreich (Frau F.).

So auch Frau H.:

> Feindiagnostik war das Schönste eigentlich, weil es dann auch der Papa mal richtig lange sehen konnte. Du als Mutter baust ja in den ersten Wochen schon deine Bindung auf (Frau H.).

Zusammenfassend kann festgehalten werden, dass die Hypothese demnach entgegen der Literatur widerlegt werden muss. Jedoch bezieht sich dies nur auf die nicht-invasiven Verfahren, da in den Interviews keine relevanten Daten zur emotionalen Bindung zum Kind bei Inanspruchnahme invasiver Verfahren erhoben werden konnten. Aber auch hierbei ist natürlich zu beachten, dass die Grundeinstellung der Mutter ebenso von Bedeutung ist. Schließt diese die Geburt eines beeinträchtigten Kindes von vornherein aus, ist der Aufbau einer emotionalen Bindung zum Kind (bei Auffälligkeiten oder Abweichungen) wesentlich geringer, als bei Müttern, die sich trotz Beeinträchtigungen für das Kind entscheiden würden.

Hypothese 5: Beratung

Die Beratung zur PND weist gravierende Lücken auf. Psychosoziale Beratung findet kaum Beachtung.

Das Thema der Beratung steht bei unseren Untersuchungen weiterhin im Vordergrund, da wir hier die größten Probleme innerhalb der Pränatalen Diagnostik sehen, wie sich im Folgenden zeigen wird.

Um die Entscheidungskompetenz der werdenden Eltern zu fördern, sollten sie über die medizinischen Grundlagen sowie die geltende Rechtslage der Pränataldiagnostik informiert sein; allerdings auch über den Ablauf und die Risiken eines möglichen Spätabbruchs, wie die Faktoren, die die von ihnen zu treffende Entscheidung beeinflussen. Die werdenden Eltern sollten sich ebenso mit den ethisch-moralischen Grundlagen auseinandersetzen und sich somit den eigenen Zukunftsperspektiven klar zuwenden. Diese schwerwiegende Entscheidung verlangt den Eltern eine hohe Entscheidungskompetenz ab, welche umso mehr Information und Aufklärung durch Experten unabdingbar macht.

Oftmals sind die Informationen, die Schwangere bei ihrem Arzt erhalten, viel zu allgemein. Wenn jedoch wichtige und nötige Informationen fehlen, kann keine wohlüberlegte Entscheidung gefällt werden. Nur wenn diese fundiert und frei ist, können die Eltern auch mit den Folgen leben. Fakt ist jedoch, dass der beratende Arzt die wichtigste Informationsquelle in Schwangerschaftsfragen für die werdenden Eltern darstellt, die Informationsbasis für werdende Mütter demnach immer unzureichender erscheint.

Das Kirchenamt der Evangelischen Kirche in Deutschland (1997) beschreibt in ihrer Veröffentlichung: „Wieviel Wissen tut uns gut? Chancen und Risiken der voraussagenden Medizin" die Aufgabe der ärztlichen Beratung vor Beginn einer PND.

Danach muss eine Beratung die Risiken für ein krankes Kind verständlich machen, die Sicherheit der Diagnostik und die Bedeutung der Befunde erläutern und im Fall der Bestätigung einer Diagnose auf den Konflikt vorbereiten. Weiterhin setzen sie einer jeden PND eine ausführliche humangenetische und medizinische Beratung voraus, die den Ratsuchenden die Tragweite und das Risiko des Eingriffs bewusst machen, begleitend davon, dass das Ergebnis nach der PND mit den Ratsuchenden zu erörtern sei.

Das deutsche Ärzteblatt (1998) hält fest, dass eine gesicherte Diagnose eine qualifizierte pränatalmedizinische Untersuchung voraussetzt. Als gesichert kann demnach eine Diagnose dann angesehen werden, wenn sie von einem für die jeweilige Diagnostik qualifizierten Arzt erbracht und gegebenenfalls durch einen zweiten Mediziner bestätigt wurde. Da sie meinen, dass die Schwangere nur dann eine Entscheidung in verantwortungsvoller Weise darüber treffen kann, ob sie einen Schwangerschaftsabbruch in Erwägung zieht, wenn sie umfassend aufgeklärt und beraten worden ist. Demnach müssen die Beratungen ergebnisoffen und nicht-direktiv erfolgen und auch eine Teilnahme des Vaters an der Beratung wird hier als wünschenswert gesehen.

Die Deutsche Gesellschaft für Gynäkologie und Geburtshilfe (DGGG) sieht hier dabei vor, dass jede Schwangere in Fragen der Schwangerschaft einen Anspruch auf kostenlose psychosoziale Beratung (nach § 2 SchKG) hat.

In der Realität jedoch stellt sich heraus, dass dieser wichtige Aspekt der Beratung viel zu kurz kommt. Oftmals werden die werdenden Eltern, meist aufgrund von Zeitmangel, mit Broschüren, welche die medizinische Beratung demnach ersetzen sollen, abgefertigt. Von einer psychosozialen Beratung berichtete in den durchgeführten Interviews keine einzige der befragten Mütter. Oftmals wird dies auf eine knapp bemessene Zeit der Sprechstunde, ungenügende Abrechnungsmöglichkeiten aber auch die unzureichende Qualifikation der Mediziner zurückgeführt, welche letztlich nicht die gleiche Qualität der psychosozialen Beratung erreichen kann, wie eigens dafür geschultes Fachpersonal. Wie subjektiv die Beratungen der Ärzte sind, lässt sich an folgendem Beispiel zeigen:

> Also, da wurde ich jetzt speziell vom Arzt nicht drauf hingewiesen. Es wurde nur gesagt, es gibt die Möglichkeit, das Fruchtwasser zu untersuchen und so weiter, aber da in meinem Fall keine Risiken bestehen, macht er es nicht. Also hätte ich gesagt: „Ich möchte das", hätte ich schon den Arzt wechseln müssen. Aber so direkt deutlich drüber aufgeklärt wurde ich vom Arzt jetzt nicht (Frau F.).

So stellte man in der Studie der BZgA (2006) unter anderem auch fest, dass etwa ein Viertel der werdenden Mütter die Untersuchungen der Pränataldiagnostik vor allem deshalb in Anspruch nahmen, da es der Wunsch des Arztes war, diese zu vollziehen.

Wie sehr die werdenden Mütter Wert auf die Einschätzung des Arztes legen und demnach auch ihre Zukunft ein Stück weit in seine Hände, verdeutlicht Frau F.:

> Naja, ich konnte … So viel Entscheidungsgewalt hatte ich ja da nicht, weil halt vom Gynäkologen ja vorher immer schon festgelegt oder angeraten wurde, die und die Untersuchungen machen zu lassen und da gab es dann auch nicht so die Überlegung: „Mensch, lass ich die Untersuchung jetzt machen oder nicht." Da war es dann halt klar, dass man die Untersuchungen machen lässt und dann gut (Frau F., 72).

Auf die Frage hin, inwieweit der Gynäkologe Frau H. beraten hat, antwortet sie wie folgt:

> Ja, ich habe sämtliche Broschüren gekriegt. Die hast du dann ab dem Tag, wo du sagst, du behältst das Kind. Und mit dem ersten Ultraschall habe ich den Mutterpass gekriegt. Ab da dann regelmäßig Broschüren bekommen, wo dann auch beschrieben war … das mit dem mongoloid. Also, so zum Beispiel, was sein kann, wenn du die Fruchtwasseruntersuchung machen würdest, was für Nebenwirkungen, die das Kind schädigen könnten. Und sie haben mich eigentlich darauf vorbereitet, was passieren kann, wenn das Kind zu früh kommt und haben mich darauf vorbereitet, wenn dann bei der Feindiagnostik festgestellt wird, dass irgendeine Fehlbildung da ist. Also, die haben mich schon ganz genau … Jedes Detail eigentlich … Und deine Fragen, die du hattest, eigentlich super beantwortet (Frau H.).

Doch sollte dies nicht Aufgabe des Arztes selbst sein? Durch das erneuerte Schwangerschaftskonfliktgesetz wird dies auch legitim, da es besagt, dass Schwangeren, insbesondere bei einem auffälligen Befund, im Rahmen ihrer in § 2a Absatz 1 des SchKG geregelten Beratung Informationsmaterial zum Leben mit einem geistig oder körperlich behinderten Kind und zum Leben von Menschen mit einer geistigen oder körperlichen Behinderung aushändigt werden soll, wobei das Informationsmaterial den Hinweis auf den Rechtsanspruch auf psychosoziale Beratung nach § 2 SchKG umfasst und ebenfalls auf Kontaktadressen von Selbsthilfegruppen, Beratungsstellen sowie Behindertenverbänden und Verbänden von Eltern behinderter Kinder hinweist (vgl. BZgA, 2010).

Dadurch, dass die befragten Mütter diesbezüglich nicht hinreichend aufgeklärt wurden, kam es zu gravierenden Wissenslücken. So hatte eine der Befragten beispielsweise bis zum Zeitpunkt des Interviews noch nie von einem Triple-Test gehört. Auf die Nachfrage, aus welchen Beweggründen die besagte Frau keine Nackenfaltenmessung durchführen lassen hatte, kam so auch eine Antwort, welche auf eine solche unzureichende Beratung hinweist:

Und diese Nackenfaltenuntersuchung machst du ja in der 13. Woche. Und daher,
dass ich es nicht unbedingt für nötig empfunden habe, meinem Kind dahinten
durch eine Spritze hinten in den Nacken des Fötus … Also, da wird dann halt
Wasser entnommen, oder irgendwie so was. Da wird dann halt nachgeguckt, ob
das Kind irgendwelche Schäden hat. Und davon halte ich halt nicht viel (Frau M.).

Auf weiteres Nachfragen, ob Frau M. die Untersuchung vielleicht mit einer
Fruchtwasserpunktion verwechsle, war sie sich sicher:

Nein, nein, nein. Da wird in den Fötus selber reingegangen und dann wird halt 'ne
Probe entnommen. Da wird dann geguckt, ob es irgendwelche Genschäden hat.
Und falls es diese hat, dass du dann noch rechtzeitig den Schwangerschaftsab-
bruch machen kannst (Frau M.).

Dies war u.a. der deutlichste Beweis dafür, welche fatalen Folgen falsche oder
unzureichende Beratung hat. Hätte Frau M. gewusst, dass es sich bei der Nackenfaltenmessung um ein nicht-invasives Verfahren handelt, so hätte sie vielleicht anders entschieden und die Untersuchung durchführen lassen, da sie diese
nur ablehnte, weil sie davon ausging, dass man hier direkt an den Fötus heran-
geht. So kann man feststellen, dass sie für sich keine richtige Entscheidung treffen konnte.

Viel auffälliger allerdings scheint die unzureichende psychosoziale Beratung.
Keine der befragten Mütter berichtete davon, bei der Entscheidung für oder gegen die PND Hilfe in Anspruch genommen zu haben. Allerdings soll diese freiwillige und kostenlose Beratung von geschulten Fachkräften Klarheit bei den
Fragen bringen, die sich Schwangere und ihre Partner stellen. Die psychosoziale
Beratung kann helfen, in einem geschützten Rahmen und an einem neutralen Ort
widersprüchliche Gefühle, Ängste, Trauer, Wut und Zweifel wahrzunehmen und
anzusprechen. In einem weiteren Schritt kann die Beratung dabei helfen, Informationen über das Leben mit einem behinderten oder kranken Kind aufzuneh-
men und Antworten auf drängende Fragen zu finden, wie beispielsweise: Welche Unterstützung und Fördermöglichkeiten sind notwendig, und woher können
sie kommen? (vgl. BZgA, 2010)

Ziel der psychosozialen Beratung ist v.a., die Kompetenz der werdenden Mutter, bzw. Eltern, hinsichtlich der Entscheidungsfähigkeit bezüglich der Inanspruchnahme der Pränataldiagnostik zu stärken, wobei das soziale Umfeld ebenfalls Gegenstand der Beratung sein soll, da der gesellschaftliche Kontext und die sich daraus ergebenden beeinflussbaren Werte und Normen aufgezeigt und besprochen werden müssen. Des Weiteren soll der Mutter oder dem Paar Ruhe vermittelt werden, im Gegensatz zu dem sonst vermittelten Zeitdruck. Die psychosoziale Beratung kann unter Umständen aber auch bzgl. ethischer Fragestellungen neue Perspektiven eröffnen und dem Paar die geschlechtsspezifischen Unterschiede des Erlebens der Schwangerschaft und damit verbunden die unterschiedlichen Einstellungen und Bewertungen aufzeigen (vgl. Peters, 2011).

Aber auch werdenden Vätern steht nach dem Schwangerschaftskonfliktgesetz, ebenso wie Frauen, das Recht auf kostenlose Beratung in der Schwangerschaft zu. Ein auffälliger Befund belastet auch sie in hohem Maße. Oftmals stehen die schwangeren Frauen im Zentrum, die werdenden Väter werden weniger beachtet. Doch auch sie haben viele Fragen, Unsicherheiten und den Wunsch nach Unterstützung. Eine psychosoziale Beratung kann die werdenden Väter ebenfalls entlasten und helfen, gemeinsam mit der Partnerin Wege aus der Krisensituation zu suchen und möglicherweise Perspektiven zum Leben mit einem körperlich oder geistig behinderten Kind aufzeigen (vgl. BZgA, 2010).

Doch scheinbar ist es in der Realität noch nicht möglich, für werdende Eltern neutrale Informationsmöglichkeiten bzw. psychologische oder psychosoziale Beratungsgespräche als Regelangebot von Praxen und Kliniken wahrzunehmen. Im Gegenteil: Solche Beratungsangebote sind Ausnahmen, welche bei unseren Befragten nicht zum Vorschein kamen.

Darauf hat der Gesetzgeber nun mit der Neufassung des Schwangerenkonfliktgesetztes reagiert und neben einer Verbesserung der ärztlichen Beratung auch auf eine bessere Kooperation zwischen den beteiligten Berufsgruppen bestanden. Somit sind Ärzte verpflichtet, Schwangere bei Verdachtsdiagnosen nicht nur selbst medizinisch und psychosozial zu beraten, sondern über die Angebote der vertiefenden psychosozialen Beratung zu informieren und im Einvernehmen mit der Schwangeren an eine Beratungsstelle zu vermitteln (vgl. Gesetz zur Änderung des Schwangerschaftskonfliktgesetzes in: http://www.buzer.de/gesetz/9020/index.htm).

Die Hypothese kann damit als belegt betrachtet werden. Wie man schon in der

Befragung sehen konnte, wird Pränatale Diagnostik heute teilweise auch ohne direkte Einwilligung der Schwangeren durchgeführt. Sie „ergibt sich" z.B. im Rahmen von Vorsorgeuntersuchungen durch Ultraschall. Jedoch selbst bei einem auffälligen Ergebnis ist weiterführende pränatale Diagnostik keine Pflicht, sondern muss in jedem Fall von der betroffenen Frau nach Beratung erst befürwortet werden. Diese Entscheidungsfreiheit gegen Pränataldiagnostik sollte allen werdenden Eltern deutlich vor Augen geführt werden. Es gibt keine moralischen Argumente, die Eltern zur PND verpflichten, auch wenn dies mitunter oft vermittelt wird (vgl. BZgA, 2010).

Hypothese 6: Risiken

Die Risiken, die sich bei pränataldiagnostischen Verfahren ergeben, werden zunehmend unterschätzt.

> Im Endeffekt bist du die Schutzhülle für das Baby, was in dir wächst (Frau H.).

Frau H. spricht hier indirekt das eigentliche Hauptproblem von PND-Verfahren, v.a. von invasiven Untersuchungen an. Die Mutter ist, ihrer Ansicht nach, verantwortlich für das Leben des Kindes und sollte sich den Risiken, die durch pränataldiagnostische Untersuchungen entstehen können, bewusst sein. Zunehmend werden diese allerdings unterschätzt. Es werden teilweise blauäugig Untersuchungen in Anspruch genommen:

> 85% der Frauen, die in der 20. bis 40. SSW schwanger waren und die Frauen, die ihre Kind nach der 13. SSW verloren haben, ließen bereits mindestens eine definitiv pränataldiagnostische Maßnahme durchführen (BZgA, 2006, 32).

Immer wieder sprechen auch unsere Interviewteilnehmerinnen das Risiko einer Fehlgeburt durch z.B. Amniozentese an.

So stellt Frau F. die Risiken solcher Verfahren in den Vordergrund, woraufhin sie invasive Untersuchungen, ohne spezifischen Verdacht, als nicht notwendig empfindet:

> Das Risiko wäre mir zu groß gewesen, weil diese Prozentzahl niedrig genug war, dass ich jetzt nicht das Risiko in Kauf nehmen wollte, meinem Kind irgendwie zu schaden. Durch diese Fruchtwasseruntersuchung wäre jetzt diese Prozentzahl höher gewesen ... (Frau F.).

Auch Frau H. geht auf Risiken der Fruchtwasserpunktion ein, indem sie von berufsbedingten Erlebnissen berichtet. Sie selbst sah, wie einige der Untersuchungen schief gingen:

Na, dass halt die Plazenta verletzt wurde oder auch die Nabelschnur, die das Kind versorgt. Ja, und wenn nicht mehr die Versorgungsleitung nach außen funktioniert, dann stirbt das Kind. Oder, dass das Kind an sich verletzt wurde, was, wenn es nur ein kleiner Einstich ist, nicht so schlimm gewesen wäre, aber es können auch durch die Nadeln Erreger in das Fruchtwasser kommen, wenn es nicht vernünftig gemacht wurde. Ja, und es können natürlich lebenswichtige Organe verletzt werden. Oder was ist, wenn sie dem Kind in das Auge pieksen? Wenn es natürlich der Arm oder das Bein gewesen wäre, weiß ich nicht, was es für Auswirkungen gegeben hätte, aber ich hab halt gesehen, wie die Nabelschnur verletzt wurde und der Mutterkuchen, was ja wichtig ist für das Leben des Kindes (Frau H.).

Frau E. hat sich nach dem auffälligen Befund für eine Fruchtwasserpunktion entschieden:

> Das war aber irgendwie komisch, weil mir auch nicht so richtig gesagt wurde, was das bedeutet. Aber ich hatte ja noch das Infomaterial und da stand dann drin, dass es bei der Fruchtwasserpunktion auch Risiken für das Kind gibt, also es halt ein erhöhtes Risiko für eine Fehlgeburt gibt und dass das Kind halt verletzt werden kann und so (Frau E., 99).

Den Interviewteilnehmern ist das Risiko einer Fehlgeburt durchaus bewusst, woraufhin viele die invasiven Verfahren ablehnen, was sich jedoch ändert bei der Frage nach dem weiteren Vorgehen bei einem auffälligen Befund.

> Ich hab's ja auch immer auf dem Ultraschall gesehen. Und wenn dort was auffällig gewesen wäre, gut, ja, dann hätte ich auch noch irgendwelche anderen Untersuchungen machen lassen. Weil ich ja auch gesagt habe, dass ich kein behindertes Kind haben will (Frau L.).

> Wie gesagt, diese Fruchtwasseruntersuchung, die wollt ich nicht, von Anfang an, aus großer Angst. Hätte der Arzt zu mir gesagt, er würde mir raten, es zu machen, weil bestimmte Punkte oder Kriterien erfüllt wären, hätte ich gesagt, ja (Frau H.).

Es scheint, als finde man keine genaue Antwort darauf, dass die Risiken bei PND zunehmend unterschätzt werden. Jeder der Teilnehmer weiß über das Fehlgeburtenrisiko Bescheid, einige würden sich bei einem auffälligen Befund möglicherweise dennoch dafür entscheiden, wie es der Fall von Frau E. gezeigt hat. Möglicherweise unterschätzt sie die Risiken weiterer invasiver Verfahren aufgrund des auffälligen Befundes und möchte mit weiteren Maßnahmen für Sicherheit sorgen. Ist diese angebliche Sicherheit für ein gesundes Kind einmal gegeben, werden die Risiken möglicher folgender Untersuchungen zunehmend deutlicher wahrgenommen. Die Hypothese (auf Grundlage unserer Interviews) kann demnach nur für weitere Verfahren nach auffälligem Befund belegt werden.

Nach einem auffälligen Befund in der PND erfolgt in den meisten Fällen ein Abbruch der Schwangerschaft.

Die Pränatale Diagnostik dient in einer Vielzahl der Fälle dazu, über einen eventuellen Abbruch der Schwangerschaft im Falle einer Beeinträchtigung des Kindes zu entscheiden. Auch die Studie „Schwangerschaftserleben und Pränataldiagnostik" (BZgA, 2006) erfasste, dass 44% der befragten Frauen die PND als Entscheidungshilfe für einen Schwangerschaftsabbruch bei Behinderung nutzen und stellt damit den zweitwichtigsten Grund zur Inanspruchnahme der Pränatalen Diagnostik dar.

Auch in den von uns durchgeführten Interviews sollte dies untersucht werden. Bevor die Ergebnisse hier dargestellt werden, soll kurz auf eine Auffälligkeit eingegangen werden: Sieben von acht befragten Frauen wussten, dass Spätabtreibungen unter bestimmten Voraussetzungen möglich sind, eine Frau kannte diese Möglichkeit jedoch nicht:

<blockquote>Also, ich sage mal, wenn, dann kannst du das ja eh erst nach dem dritten Monat feststellen und von daher hättest du es ja eh nicht wegmachen können (Frau A.).</blockquote>

Schon dies zeigt, dass es im Bereich der Pränatalen Diagnostik und deren Folgen für die schwangere Frau erheblich an Aufklärung und Beratung mangelt, was in vorangegangenen Teilen der Arbeit schon mehrfach angesprochen wurde. In den Interviews wurde nun zunächst auf die Frage eingegangen, ob die befragten Frauen bei einem auffälligen Befund einen Abbruch der Schwangerschaft in Betracht gezogen hätten. Von acht befragten Frauen lehnte lediglich eine den Schwangerschaftsabbruch definitiv ab. Drei der Befragten würden sich klar für einen Abbruch entscheiden, vier der Frauen können die Frage nicht sicher beantworten. Allerdings wurde ebenso gesagt, dass es natürlich im Nachhinein immer schwierig ist, dies zu entscheiden, gerade angesichts der Tatsache, dass alle Frauen ein gesundes Kind zur Welt gebracht haben und sich mit einer anderen Situation nicht unmittelbar auseinandersetzen müssen.

In einem Interview wurde dies nochmals genauer hinterfragt, wobei sich ergab, dass ein Spätabbruch wie eine Abtreibung innerhalb der ersten zwölf Schwangerschaftswochen angesehen wird und Unwissenheit gegenüber der Prozedur eines Spätabbruches herrscht:

<blockquote>Wie jetzt? Also krieg ich mein Kind dann tot? (Frau L.).</blockquote>

Auch in anderen Interviews und Zitaten fällt auf, dass sich Frauen meist nicht im Klaren darüber sind, was ein Spätabbruch bedeuten kann und dass diese Form der Abtreibung eine künstlich eingeleitete Totgeburt darstellt. Die Frauen entscheiden sich für einen Abbruch der Schwangerschaft, wissen aber letztlich gar nicht, was ihnen bevorsteht.

Wichtig ist hierbei auch, auf die Entwicklung des Ungeborenen zu verweisen. Laut Art. 2, Abs. 2 GG hat jeder „das Recht auf Leben und körperliche Unversehrtheit" (Grundgesetz der Bundesrepublik Deutschland, Art. 2 in: http://dejure.org/gesetze/GG/2.html). Somit besitzt auch das Ungeborene ein Lebensrecht, gerade auch angesichts der Tatsache, dass es zum Zeitpunkt einer Spätabtreibung schon so weit entwickelt ist, dass z.B. das Nervensystem o.ä. voll ausgebildet ist und funktioniert. Es stellt sich demnach die Frage: Wann ist ein Mensch ein Mensch? Und wann hat ein Ungeborenes ein Recht auf Leben? Die Meinungen dazu gehen weit auseinander. So stellen vor allem Kirchenvertreter heraus, „zu jedem Kind vorbehaltlos Ja zu sagen" (Kirchenamt der Evangelischen Kirchen in Deutschland, 1997, 6). Auch in der Studie der BZgA (2006) geben Frauen an, dass pränatale Diagnostik nicht nötig ist, da jedes Kind ein Recht auf Leben hat. Allerdings sagen dies nur 37%, eine erschreckend kleine Zahl. So entscheiden sich, laut Statistischem Bundesamt, im Jahre 2010 mehr als 2.500 Schwangere für einen Abbruch der Schwangerschaft nach der zwölften Woche; die Zahl der Spätabbrüche nach der 22. Schwangerschaftswoche wird mit fast 500 angegeben (Statistisches Bundesamt, 2011 in: http://www.destatis.de). Die Gründe dafür sind vielseitig und gehen meist aus einem auffälligen Befund nach Pränataldiagnostik hervor. Die wichtigsten Einflussfaktoren auf die Entscheidung für bzw. gegen einen Abbruch der Schwangerschaft sollen hier anhand der durchgeführten Interviews sowie, unterstützend dazu, weiterer Interviews aus der Fachliteratur erläutert werden.

Eine Entscheidung für bzw. gegen einen späten Schwangerschaftsabbruch wird immer erst dann zwingend notwendig, wenn ein auffälliger Befund vorliegt und dieser der schwangeren Frau übermittelt wird. In einigen Fällen stellt dies auch die erste Konfrontation mit dem Thema dar.

> Das ist eigentlich kein Mensch, eher etwas wie ein Vogel (o.V. in: Beutel, 1996, 102. In: Peters, 2011, 21).

Die Diagnoseeröffnung hat bei auffälligem Befund zumeist schockierenden Charakter. Es ist dabei seitens des Arztes besonders wichtig, das Ergebnis behutsam und einfühlsam mitzuteilen. O.g. Zitat eines Gynäkologen ist damit der absolut falsche Weg und führt dazu, dass die schwangere Frau das Kind nicht mehr als Kind sieht, sondern als Fremdkörper im eigenen Körper. Ein Fremdkörper, der so schnell wie möglich entfernt werden muss. Durch solche Formulierungen wird das Kind als eine Art Bedrohung dargestellt. Psychischer Druck wird aufgebaut, welcher die Frau zu einer schnellen Entscheidung drängt. Es bleibt wenig Zeit zu einer intensiven Beratung, welche allerdings (nicht nur bei auffälligem Befund) zwingend erforderlich ist.

> Sie müssen sich entscheiden. Die sofortige Beendigung der Schwangerschaft ist in einem solchen Fall der übliche Weg (Gynäkologe von K. Baumgarten. In: Mein kleines Kind. Ein Dokumentarfilm, 2007).

> Es hat einen mißgebildeten Kopf und ist sowieso nicht lebensfähig. Sie können zur Abtreibung gleich hier bleiben (o.V. in: Schindele, 1995, 304. In: Peters, 2011, 21).

Ein weiterer problematischer Punkt ist ebenso der, dass nach auffälligem Befund von Seiten des zuständigen Arztes meist zu einem Abbruch der Schwangerschaft geraten wird. Hintergrund dafür stellt auch die rechtliche Lage dar, sodass sich Ärzte absichern möchten, um beispielsweise Schadensersatzklagen zu vermeiden. So könnte ein fehlerhaftes Ergebnis nach PND zu einem von der Frau unerwünschten beeinträchtigten Kind führen, woraufhin die Mutter den Arzt auf Schadensersatz verklagt. Es ist demnach kaum neutraler Rat nach auffälligem Befund möglich – eine Beratung spiegelt damit auch immer die Ängste und Einstellungen des Arztes wieder.

Den wohl wichtigsten Grund für den Abbruch nach auffälligem Befund in der PND stellt die Vorstellung dar, ein Leben lang für ein Kind zu sorgen, welches auf ständige Unterstützung der Eltern angewiesen ist. Es werden zumeist Belastungen gesehen, die zeitlicher, partnerschaftlicher und finanzieller Natur sind. Behinderung wird allgemein in Verbindung gebracht mit Aufwand, Pflege und Belastungen physischer und psychischer Art.

> Was will ich denn mit einem behinderten Kind? Sorry, aber ist doch so. Was hat denn das Kind vom Leben? Und viel wichtiger: Was wird denn dann aus meinem Leben? (Frau L.).

Trotz allgemeiner Akzeptanz und Toleranz von Behinderung kann dies in einer persönlichen Situation schnell umschlagen. Dieser Aspekt soll jedoch in „H 8: PND als Selektion" noch genauer betrachtet werden.

Ein nicht zu unterschätzender Faktor für die Entscheidung für oder gegen einen Abbruch der Schwangerschaft stellt gleichsam das nähere Umfeld der Schwangeren, v.a. aber Partner und Familie dar:

> Er[225] sieht das halt auch so. Er hat auch gesagt, dass wir das Kind da nicht bekommen wollen. Auch meine Eltern haben das gesagt. Sie würden sich so was nicht aufhalsen. Es ist ja auch immer: Was wird denn dann aus deinem Leben? Du

---

[225] Vater des Kindes und Lebensgefährte von Frau L.

kümmerst dich nur noch um dein Kind und hast selber nichts mehr davon (Frau L.).

Selbst wenn die Schwangere gegenteiliger Meinung als ihr Partner ist, kann diese von dessen Einstellung übertroffen werden. So könnte z.B. der Partner aussagen, die Schwangere nicht zu unterstützen, wenn sie das Kind austrägt, was wiederum dazu führen kann, dass sie Angst davor hat, allein dazustehen und den Belastungen, die ein behindertes Kind mit sich bringt, allein ausgesetzt zu sein. Somit ist ebenso die Angst vor mangelnder Unterstützung ein Grund für den Abbruch der Schwangerschaft:

> Das Beschämende dabei ist, dass es gar nicht meine eigenen Kategorien sind, sondern die, die ich im vorauseilenden Gehorsam gegenüber anderen antizipiere. Das rührt daher, dass ich den Druck, ein gesundes Kind zur Welt zu bringen, als sehr stark empfinde. Ich als werdende Mutter bin allein und ausschließlich für die Gesundheit des Kindes zuständig (Kaufmännische Angestellte, 35 Jahre, Indikation: Alter. In: Fuchs, 2011, 68).

Weiterhin wird nicht nur Druck aus dem näheren Umfeld, sondern ebenso gesellschaftlicher Druck verspürt. Es wird erwartet, ein gesundes Kind zur Welt zu bringen. Durch diese Erwartung wird ebenso eine Art Pflichtgefühl ausgelöst, welches durch die Geburt eines gesunden Kindes als erfüllt scheint. Die Frau diente der Gesellschaft damit, dass diese sich nicht mit krankem oder beeinträchtigtem Leben auseinandersetzen muss. Wird diese Pflicht aber nicht erfüllt, so wird dies kaum toleriert:

> Das ist in der heutigen Zeit ein vermeidbares Risiko. Behinderte sind nicht zu selbstständigem Leben fähig. [...] Es gibt eine geringe Akzeptanz in der Gesellschaft (Partner einer 35-jährigen Industriekauffrau, Indikation: Alter. In: Fuchs, 2011, 68).

Der Einfluss auf die Entscheidung für oder gegen einen Abbruch der Schwangerschaft erfolgt demnach bewusst und unbewusst. Das soziale Umfeld spielt eine wesentliche Rolle, vor allem hinsichtlich der Gedanken darüber, was andere davon halten würden. Die gesellschaftlichen Erwartungen sind bei vielen Frauen immer noch im Hinterkopf und werden kaum hinterfragt.

> Und wie reagieren auch andere darauf? Also ich mein, wenn jetzt du und dein Kind auf die Straße geht. Ist ja auch nicht schön, wenn es dann immer so gemeine Blicke zugeworfen bekommt (Frau L.).

Einen weiteren Faktor, der die Entscheidung zum Abbruch der Schwangerschaft beeinflusst, findet sich in folgendem Zitat, welches in ähnlicher Form auch in anderer Literatur immer wieder auftritt:

> Ein Abbruch ist ja sowieso ein Albtraum … Aber ich habe drei gesunde Kinder, die versorgt werden müssen. Wenn ich dann noch ein schwerstbehindertes Kind hätte und versorgen müsste, das wäre nicht zu machen (Lehrerin, 37 Jahre, Indikation: Alter. In: Fuchs, 2011, 67).

Auch hier wird die Beeinträchtigung des Kindes als erhebliche Belastung für die familiäre Situation gesehen. Die Frau, welche hier befragt wurde, scheint an sich schon recht überfordert und schließt es direkt aus, zu einer Versorgung eines behinderten Kindes fähig zu sein. Vor allem aber spielt der Punkt der Versorgung der schon vorhandenen Kinder eine Rolle. So wird angenommen, dass diese durch die Beeinträchtigung des folgenden Kindes erheblich benachteiligt werden. Auch die Studie der BZgA (2006) stellt dar, dass fast die Hälfte aller befragten Frauen (43%) um das Wohl und die Lebensqualität der anderen Kinder bangen.

Natürlich gibt es aber auch Argumente, die gegen einen Abbruch der Schwangerschaft bei auffälligem Befund in der PND sprechen; im Gegensatz zu Argumenten, die dafür sprechen, allerdings auffallend wenige.

> Nee, das hätte ich, denke ich, nicht gemacht. Da denk ich auch von M.[226] seiner Seite her. Irgendwo hätte man das hinbekommen. Sicher, dein eigenes Leben ist dann … eingeschränkt, um es mal so vorsichtig zu sagen. Also, ich glaube nicht, dass ich das könnte. Und ich denk auch für den Vater ist es immer auch noch was anderes. Aber du als Mutter oder halt werdende Mutter, ich mein … Das Kind ist in dir herangewachsen, also, du hast dann auch schon eine Bindung. Nee, also, nee. Ich glaub nicht, dass ich das fertig gebracht hätte (Frau A.).

Hierbei wird die Bindung zum Kind in den Mittelpunkt gestellt, die die befragte Mutter schon zu Anfang der Schwangerschaft aufgebaut und während der Zeit immer mehr intensiviert hat.

Ein relevanter Punkt scheint ebenso die emotionale und psychische Stärke der Mutter sowie die Unterstützung aus dem unmittelbaren Umfeld der Schwangeren zu sein:

> Ja, das ist halt immer 'ne schwierige Frage, wenn es zu Behinderungen kommen kann, ob es dann besser ist, wenn das Kind nicht auf der Welt ist. Also, ich glaube, ich könnte es nicht abtreiben, aber im Gegensatz dazu: Das Kind hat dann auch nicht so ein schönes Leben. Es kommt auch auf die Behinderung drauf an. Das weiß man nicht. Es kommt vielleicht auch auf die Mutter drauf an und auf die Familie, inwieweit die mit so einer Behinderung umgehen können. Wir sind selber emotional so stark und gefestigt in unserer Persönlichkeit, dass wir gut damit umgehen könnten, aber es gibt auch andere Menschen, die damit nicht so gut klar

---

[226] Lebensgefährte von Frau A.

kämen (Frau S.).

Nur wenn eine Unterstützung von vornherein auch gegeben ist und die werdende Mutter weiß, dass sie nicht allein ist, stellt dies scheinbar eine feste Ausgangsbasis zum Leben mit einem beeinträchtigten Kind dar. Immer schwieriger wird es allerdings, je weniger Unterstützung sie erhält bzw. vor der Geburt zugesichert bekommt.

Es lässt sich demnach festhalten, dass es zahlreiche Faktoren gibt, die auf die Entscheidung für bzw. gegen einen Abbruch der Schwangerschaft einwirken. Zunächst aber ist es wichtig, auf die Beratung, die vom Arzt ausgehen muss, zu setzen und diese fortlaufend zu verbessern. Es darf nicht nur mehr auf die medizinischen Aspekte eines Abbruchs eingegangen werden. Es müssen ebenso Alternativen vorgestellt werden: Wie verändert sich mein Leben durch die Geburt eines beeinträchtigten Kindes? Welche Unterstützungsmöglichkeiten habe ich? Die psychosoziale Beratung muss zwingend verbessert werden. Dies stellt auch die BZgA mit ihrer Studie aus dem Jahre 2006 dar, in der über 50% der befragten Frauen die Beratung hinsichtlich der Folgen für sich und die Familie mit „schlecht" einschätzten, 71% der Befragten die Beratung zu einem Leben mit einem behinderten Kind bemängelten und über 70% angaben, dass die Beratung zu weiteren Hilfsmöglichkeiten und Kontakten unzureichend ist. Aufgrund der Tatsache, dass der überwiegende Teil der Schwangeren nach einem auffälligen Befund einen Abbruch der Schwangerschaft vollziehen lässt und sich ebenso in unseren Interviews lediglich eine einzige Frau klar gegen einen Spätabbruch ausgesprochen hat, gilt die Hypothese als belegt.

Wie oben schon beschrieben, gilt die psychosoziale Beratung als Ausgangspunkt für eine Entscheidung und muss daher grundlegend abgeändert und verbessert werden. Hierbei ist es zum einen wichtig, dass eine solche Beratung schon vor der eigentlichen Diagnose stattfindet:

> Ja, ist halt schwierig ne, es ist ja immer: Was macht man mit dem Ergebnis? Das muss halt jeder vorher wissen, bevor er so was macht. Also, das haben wir[227] uns auch überlegt, was würden wir machen, wenn es jetzt behindert wäre oder so. Das muss man sich halt genau überlegen (Frau S.).

Durch eine psychosoziale Beratung vor der PND kann somit ebenso ein Teil des Zeitdrucks nach einem auffälligen Befund genommen werden. Es darf nicht sein, dass Frauen, die die PND in Anspruch nehmen, gar nicht wissen, worauf

---

[227] Frau S. und ihr Lebensgefährte.

sie sich einlassen bzw. nicht wissen, welche Konsequenzen ein auffälliges Ergebnis für sie haben kann:

> Naja, was machen wir denn dann? Wenn es dann so ist? Und da kam von ihm auch nur: „Weiß ich nicht, kann ich jetzt noch nicht sagen," genau wie bei mir. Und man hat dann auch nicht weiter versucht, sich damit zu befassen (Frau F.).

Es darf nicht weggeschaut und nach auffälligem Befund kurzfristige Entschlüsse gefasst werden. Eine intensive Beratung ist notwendig, damit Frauen wissen, welche Möglichkeiten es zur Unterstützung gibt.

> Naja, ich beschäftige mich ja schon länger mit dem Thema und weiß halt auch,
> worauf es ankommt, welche Probleme mich erwarten. Aber ich weiß eben auch,
> dass es ein ganz wunderbares Zusammenleben sein kann, wie bei normalen Fami-
> lien auch. Es kommt halt immer darauf an, wie man damit umgeht. Und wie man
> halt auch von außen Unterstützung bekommt und vom Vater eben auch. […] Es
> gibt immer Hilfen, halt auch so Einrichtungen und Vereine und so, wo man sich
> hinwenden kann. Da gibt's immer irgendwas. Und ich find's auch nicht gut, dass
> eine Frau, die vielleicht gar keine Ahnung hat, von vornherein sagt, dass sie ein
> behindertes Kind ablehnt (Frau E.).

Ebenso müssen die Konsequenzen, die ein Spätabbruch für die Frau hat, in der
Beratung verdeutlicht werden. So würden über 40% der Frauen den Abbruch
rückgängig machen, etwa 17% leiden regelmäßig an Alpträumen (Struck, 1992,
127f.).

Es ist immer auch zu betrachten, dass Abtreibungen im Allgemeinen eine Ab-
schaffung von etwas nicht Erwünschtem suggerieren. Ob die PND damit zu einem Mittel der Ausgrenzung nicht erwünschter, beeinträchtigter Kinder führt,
soll mit der folgenden Hypothese analysiert werden.

Hypothese 8: PND als Selektion

*Der medizinische Fortschritt führt zu einer Auslese unerwünschter, beeinträch-
tigter Kinder.*

> Also wir haben eben gleich gesagt, dass wir alles tun werden, damit das Kind ge-
> sund zur Welt kommt. Ich denke, das ist ja auch ganz logisch, jeder will doch im-
> mer nur das Beste für sein Kind. Von daher finde ich das eben total unverantwort-
> lich zu sagen: „Ich schränke mich da nicht ein" oder „Ich ändere nichts an meinem
> Verhalten" oder so etwas. Solche Leute dürften, meiner Meinung nach, keine
> Kinder bekommen (Frau E.).

Immer wieder wird, auch in anderen Interviews, betont, dass sich werdende
Mütter nichts sehnlicher wünschen, als ein gesundes Kind zur Welt zu bringen.
Dies ist allerdings nicht gleichzusetzen mit Perfektionismus, sondern als ge-
rechtfertigter und natürlicher Wunsch der Eltern zu betrachten. Problematisch
wird es allerdings, wenn mit dem Wunsch auch eine Voraussetzung für das Leben des Kindes verbunden wird:

Das ist ein natürlicher Wunsch aller Eltern. Aber man kann die Elternbereitschaft und Verantwortung nicht abhängig machen von Bedingungen. Wenn Eltern sich ein Kind wünschen, sollten sie es ohne Vorbedingungen tun und das Kind so annehmen, wie es ist (Schockenhoff, o.J. In: http://www.katholisch.de/44829.html).

Nach Schockenhoff, stellvertretendem Vorsitzenden im deutschen Ethikrat, stellt die Gesundheit des Kindes zwar einen natürlichen Wunsch der Eltern dar, allerdings darf dieser nicht Überhand gewinnen über Entscheidungen für bzw. gegen die Geburt des Kindes. Ähnlich sehen dies andere Kirchenvertreter, vor allem in Bezug auf ihr christliches Weltbild. Allerdings wird immer zentral hervorgehoben, dass Eltern ein Recht haben, den Wunsch, ein gesundes Kind zu bekommen, zu äußern. Es wird keineswegs abgestritten, dass dies je gegenteilig gewesen sei. Anders sieht dies u.a. die Juristin T. Degener:

Der Wunsch nach einem „gesunden" Kind jedenfalls ist kein menschlicher „Urwunsch". Er ist die zur gesellschaftlichen Norm gewordene Wunschvorstellung Nichtbehinderter, sich selbst zu reproduzieren. Die gesellschaftliche Diskriminierung behinderter Menschen sorgt dafür, daß diese Norm unhinterfragt bleibt (Degener in: Ehrlich, 1993).

T. Degener selbst hat keine Arme und findet sich schön so. Sie geht sogar so weit, zu sagen, dass sie armlose Kinder schöner findet als Kinder mit Armen. Auch andere Menschen mit Beeinträchtigung bestätigen diese Auffassung (vgl. Ehrlich, 1993). Vor allem aber spricht sie davon, dass die Gesellschaft ein für viele verbindliches Bild vom perfekten Kind darlegt, dass genau dem entspricht, was sie für richtig hält: ein gesundes Kind, dass den Idealen und Normen entspricht.

In der öffentlichen Diskussion begegnet man der Auffassung, dass die Gesellschaft ein legitimes Interesse daran hat, die Zeugung schwerstbehinderter Kinder zu verhindern. Es müssten Kosten der Betreuung aufgebracht werden und zum anderen verschlechtert sich langfristig der Genpool der Bevölkerung (Pfammater in: Kirchenamt der Evangelischen Kirchen in Deutschland, 1997, 62).

Die Pränataldiagnostik kann damit schnell als Mittel angesehen werden, um ein nicht der Norm entsprechendes Kind schon vor der Geburt abzuwenden und wird von vielen als Garant für ein gesundes Kind gesehen: 65% der von der BZgA im Jahre 2006 befragten Frauen stimmen der Aussage zu, dass die PND dazu beiträgt, dass die Frau ein gesundes Kind zur Welt bringt. Allerdings wird der Pränatalen Diagnostik dabei eine Eigenschaft zugeschrieben, die so nicht funktionieren kann. Die PND klärt letztlich nur, ob eine Störung oder Fehlentwicklung beim Ungeborenen vorliegt oder nicht. Aufgrund dieser Diagnose wird in den meisten Fällen entschieden: Wird die Schwangerschaft fortgesetzt oder abgebrochen. Selbst wenn die Schwangerschaft nach unauffälligem Befund natürlich fortgesetzt wird, stellt die PND kein messbares Kriterium zur Sicherstellung der Gesundheit des Kindes dar, da schlicht und ergreifend, wie oben schon erläutert, nie eine einhundertprozentige Angabe zur Gesundheit des Kindes gegeben werden kann. Dennoch geben weiterhin 61,1% der befragten Frauen als Hauptgrund für die Inanspruchnahme pränataldiagnostischer Untersuchungen an, dass die Gesundheit des Kindes sichergestellt werden soll. Schwangere versprechen sich damit die Bestätigung, ein gesundes Kind zu bekommen – eine Bestätigung, die die PND nicht leisten kann.

> In der Sehnsucht nach einem gesunden Kind folgen mittlerweile die meisten schwangeren Frauen den Verheißungen der Medizin. Auch wenn die Freiwilligkeit der Untersuchungen betont wird, ist die Inanspruchnahme vorgeburtlicher Diagnostik fast schon zu einem gesellschaftlichen Muß geworden (Schindele, 1995. In: Peters, 2011, 31).

Die Gesellschaft spielt also, wie oben schon angesprochen, eine wesentliche Rolle bei der Entscheidung für bzw. gegen die PND:

> Und wie reagieren auch andere darauf? (Frau L.).

Frauen geben u.a. an, Angst vor Stigmatisierung und Diskriminierung zu haben und nutzen die PND als Rechtfertigung, alles getan zu haben, um ein gesundes Kind zu bekommen. Die Frau verfällt in eine „Doppelrolle als Opfer und Verantwortliche dieser gesellschaftlichen Normen" (Ortmanns, 1997. In: Peters, 2011, 32).

Doch inwieweit wird Behinderung, unabhängig von gesellschaftlichen Einflüssen, überhaupt als Grund für einen Abbruch der Schwangerschaft angesehen?

Behinderung wird immer noch von vielen Frauen als eine Bedrohung des Lebensglücks angesehen:

> Ich könnte mir niemals vorstellen, ein Leben lang auf ein Kind aufzupassen. Oder halt immer die Betreuung zu … naja, zu haben, halt. Also nee, das kann ich mir beim besten Willen nicht vorstellen (Frau L.).

Aber nicht nur die Bedrohung des eigenen Lebensglücks wird in Frage gestellt, sondern ebenso die Lebensqualität des beeinträchtigten Kindes wird von vielen Frauen als eingeschränkt angesehen. So sagt zum Beispiel Frau F.:

> Nein, es kommt aber sicherlich auf die Behinderung an. Ich bin jetzt einfach mal so egoistisch und sage: wenn ich wüsste, dass es geistig behindert wäre und so, dass, ich sag jetzt mal, es gar nichts mitbekommt, also vor sich hin vegetiert, bin ich der Meinung, dass ich gesagt hätte, dann bringt es mir nichts, und es wäre viel-

leicht eine Quälerei für das Kind, auch wenn es sich in dem Moment nicht äußern kann. Oder wenn man einfach nur denkt, dass es eine Quälerei für das Kind wäre. (Frau F.).

Ähnlich argumentiert Frau H., die allerdings weiterhin zwischen körperlicher und geistiger Behinderung unterscheidet:

Wenn es körperlich gewesen wäre, das würde ich nicht so schlimm finden, aber dieses geistige, also das siehst du ja dann an der Hirnaktivität,[228] beispielsweise bei Kindern mit Down-Syndrom siehst du es ja dadurch schon. Weil ich eigentlich denke … wie soll ich das jetzt sagen? Dass es nicht nur eine Belastung für mich und meinen Mann wäre, sondern auch für das Kind. Was das für ein Leben für das Kind wäre. Wenn es jetzt körperlich behindert ist, ist es ja geistig voll eigentlich da, und kann eigentlich ein schönes Leben trotzdem führen, weil du hast heute so viel Möglichkeiten, mit Physiotherapie, mit allen möglichen Sachen, trotz dessen, wenn du eine körperliche Behinderung hast, auch Auto zu fahren, oder 'ne Lehre zu machen. Was kannst du machen, wenn du geistig behindert bist? (Frau H.).

Es ist klar erkennbar, dass viele Menschen „geistige Behinderung" immer noch mit einer so großen Beeinträchtigung der Lebensqualität verbinden, dass sie es sich nicht vorstellen können, dass diesen Menschen, wie allen anderen auch, ein positives Leben ermöglicht werden kann. Ebenso schockierend ist dazu auch die Aussage von Frau M.:

Was hast du denn im Endeffekt dann für ein Leben? Ja … Für mich wäre es jetzt zum Beispiel nicht schlimm gewesen, wenn L.[229] ein Down-Syndrom gehabt hätte, das wäre zum Beispiel was gewesen, was ich nicht schlimm gefunden hätte. Ich hätte mit umgehen können, aber zum Beispiel so richtig gravierende Fälle … Also, wenn es eine leichte Behinderung ist, ist es nicht schlimm, aber das weißt du ja halt vorher nicht, ob es eine leichte Behinderung ist oder ob es komplett behindert ist, also so richtig richtig doll schlimm. Wenn du zum Beispiel jetzt Kinder siehst, die in ihrem Rollstuhl festhängen, die Sabber läuft, ich glaube auch einfach dieses Gaffen der Menschen wird für immer bleiben und ich glaube nicht, dass ich hätte damit umgehen können (Frau M.).

Frau M. vertritt hierbei eine Meinung, die von einer so zivilisierten und angeblich aufgeklärten Gesellschaft wie unserer längst nicht mehr zu erwarten gewesen wäre. Dennoch zeigt sich, welches Bild von Behinderung noch immer von einigen Menschen existiert. Es ist daher auch in der vorliegenden Arbeit wichtig, eine Frau, die als geistig behindert bezeichnet wird, „zu Wort kommen zu lassen":

Weil es schmerzhaft ist, weil man eigentlich egal, ob man geistig behindert ist, man gerne genommen werden will, wie man ist und nicht immer nur als krank

---

[228] Innerhalb der Feindiagnostik.
[229] Tochter von Frau M.

dargestellt wird. Nicht immer nur Leiden hat. Auch ein behinderter Mensch wie
ein nicht behinderter Mensch hat glückliche Zeiten und Behinderung heißt krank,
du bist krank. Man ist aber nicht krank, man wird als krank hingestellt (Christiane
in: Sorge, 2010, 77).

Problematisch ist immer auch der Punkt, dass von vielen geglaubt wird, dass
Beeinträchtigungen, seien sie körperlicher oder geistiger Natur, zumeist angeboren sind, was eine Illusion einer Gesellschaft ohne Beeinträchtigungen hervorruft:

Wenn es das früher schon gegeben hätte,[230] gäbe es weniger kranke Menschen …
Das Risiko würden wir aus dem Weg räumen … Wenn das Kind 20 Jahre alt ist
und andere Leute belasten muss, das ist ein bedauerlicher Zustand (Partner einer
37-jährigen Friseurin. In: Fuchs, 2011, 68).

Es ist demnach klar ersichtlich, dass nicht nur zum Thema Pränatale Diagnostik
an sich, sondern ebenso zu verschiedenen Bereichen von Behinderung unbedingt
weiterhin Aufklärungsarbeit geleistet werden muss. Dabei darf jedoch nicht nur
eingegangen werden auf Arten von Behinderungen, Schweregraden o.ä., sondern
ebenso auf Unterstützungsmöglichkeiten und v.a. auf die Möglichkeit eines erfüllten Lebens auch mit einer körperlichen oder geistigen Beeinträchtigung.
Festzuhalten ist letztendlich, dass die Pränataldiagnostik lediglich das Wissen
über das Vorliegen einer Beeinträchtigung bietet und keine Möglichkeit für die
Garantie eines gesunden Kindes ist. Problematisch dabei ist allerdings, dass ein
hohes Maß an Wissen auch immer zu einer Wahl und Entscheidung drängt. „Mit
dem Wissen wachsen die Handlungsmöglichkeiten des Menschen" (Kirchenamt
der Evangelischen Kirche Deutschland, 1997, 21). Wissen verleiht Macht; in
diesem Falle die Macht, über ein Leben zu entscheiden. Das Recht auf das Leben des Ungeborenen steht damit in Kontroverse zum Recht auf Selbstbestimmung der schwangeren Frau. Wie jeder Mensch seine Entscheidung fällt, sei jedem selbst überlassen, allerdings sei ebenso bedacht, dass durch die PND „[…]
die Bereitschaft schwindet, von Geburt an behinderte Menschen anzunehmen
und in ihnen eine Lebensaufgabe zu sehen. Vielleicht wird die Gesellschaft behinderte Kinder einmal überhaupt nicht mehr akzeptieren: Sie hätte ja ungeboren
bleiben können" (Kirchenamt der Evangelischen Kirche Deutschland, 1997, 13).
Die Hypothese gilt demnach insofern belegt, „[…] weil behinderte Kinder zu
einer scheinbar wählbaren Option geworden sind" (Peters, 2011, 31) und die
Pränatale Diagnostik damit zum Selektionsorgan für unerwünschte, beeinträchtigte Kinder bzw. Ungeborene wird.

---

[230] Bezogen auf die PND.

Aussicht und mögliche Lösungsansätze

Durch die PND und die mögliche genetische Diagnose, an der nichts therapiert werden kann, können schwangere Frauen und ihre Partner in schwerste Konflikte kommen und vor schwerwiegende Entscheidungen gestellt werden, weswegen eine Beratung, die nur vom Gynäkologen ausgeht, unzureichend ist. Besser geeignet und jedem ratsam ist eine psychosoziale Beratung, welche schon vor der Entscheidung, ob überhaupt gewisse Verfahren der PND in Anspruch genommen werden sollen, stattfinden muss.

Die werdenden Eltern sollten sich somit vor einer Entscheidung, für oder gegen die Verfahren der Pränataldiagnostik, folgende Fragen erst einmal stellen:

> 1. Wollen wir das Risiko eingehen, dieses Kind vielleicht durch eine Fehlgeburt zu verlieren, die der Eingriff auslöst – ist uns das Wissen, das der Eingriff bringen kann, wichtig genug?

> 2. Wie würden wir damit umgehen, wenn wir erfahren, dass die Chromosomen unseres Kindes verändert sind?

> 3. Würde einer von uns dieses Kind dann abtreiben wollen, während der andere es lieber trotzdem bekommen möchte? Welche Auswirkungen würde das auf unsere Partnerschaft haben?

> 4. Was wünschen wir uns voneinander? Welche Haltung dem Kind gegenüber wünscht sich jeder von uns beim anderen?

> 5. Wo können wir uns gemeinsam Unterstützung holen? Wie gehen wir weiter vor, um einen für uns beide stimmigen Weg zu finden? (Weigert, 2001, 45).

Wie die Auswertung der Interviews zeigt, besteht ein hoher Bedarf an qualifizierter und umfassender Beratung. Es muss mehr Aufklärung stattfinden, darüber, was Pränatale Diagnostik überhaupt meint, um sicherzustellen, dass die werdenden Mütter vollkommen mündige Entscheidungen treffen können: „Frauen sollten informierte Entscheidungen treffen können" (BZGA, 2006, 53). Dies ist ebenso mit mehr Öffentlichkeitsarbeit verbunden. So sollten, unabhängig vom behandelnden Arzt, mehr Beratungsangebote beworben werden, welche in unmittelbarer Nähe zur ärztlichen Versorgung stehen sollten, im Idealfall in direkter räumlicher Anbindung, um kurzfristige Absprachen zwischen den beiden Berufsgruppen zu erleichtern (vgl. Rohde & Woopen, 2007). Man sollte die Inanspruchnahme der psychosozialen Beratung durch mehr Hinweise fördern und vor allem vorhandene Konkurrenzängste zwischen den Berufsgruppen der medizinischen und der psychosozialen Beratung abschaffen, dafür jedoch eine enge Zusammenarbeit zwischen ihnen ausbauen.

Um dies zu fördern, wurde ein Modellprojekt der BZgA: „Interprofessionelle Qualitätszirkel in der Pränataldiagnostik" (IQZ) ins Leben gerufen, bei dem Fachleute aus Medizin und Beratung versuchen, konstruktiver zusammenzuarbeiten, berufliche Barrieren zu überschreiten, von den Kompetenzen der jeweils anderen Berufsgruppe zu profitieren. Hierzu wurden im Zeitraum von 2002 bis 2006 an sechs verschiedenen Standorten die IQZs eingerichtet: Diese richteten sich vorwiegend an die Fachkräfte in der Schwangerenversorgung und -beratung: Ärztinnen bzw. Ärzte und Fachkräfte aus der psychosozialen Beratung. Ziel dieses Modellprojekts war es, die Beratungsqualität in der PND zu fördern, Versorgungsstruktur für Schwangere zu verbessern, die psychosoziale Beratung im Kontext von PND fester zu verankern, die Zusammenarbeit zwischen ärztlichen und psychosozialen Berufsgruppen zu fördern und Handlungsempfehlungen interprofessioneller Kooperation zu erarbeiten.

In den einzelnen IQZs wurden Lösungsvorschläge für bestimmte Fallkonstellationen erarbeitet und von einer wissenschaftlichen Begleitung für eine optimierte Schwangerenbetreuung verdichtet und aufbereitet. Im Projekt wurde festgestellt, dass die behandelnden Ärzte eine psychosoziale Beratung möglichst frühzeitig (am besten vor PND) anbieten müssten, damit sich Betroffene möglichst früh informieren und bewusster entscheiden können. So könnten sie beispielsweise auch durch Faltblätter oder ähnlichem Infomaterial regionale Verzeichnisse erstellen, um Betroffene auf psychosoziale Beratung hinzuweisen und sie bei der Suche zu unterstützen.

Fazit und eigene Stellungnahme

Die Pränatale Diagnostik ist heute zum Alltag in der Schwangerenvorsorge geworden. Dabei wird allerdings kaum beachtet, ab wann diese überhaupt beginnt. Einflüsse auf das Schwangerschaftserleben werden oftmals unterschätzt.

Wie sich in unseren Interviews gezeigt hat, nutzen die unter 35-jährigen Frauen überwiegend die nicht-invasiven Verfahren, was wir prinzipiell befürworten. Invasive Verfahren sollten, unserer Meinung nach, nur durchgeführt werden, wenn bestimmte Indikationen oder Risiken vorhanden sind, um sich auf ein Leben mit einem möglicherweise beeinträchtigten Kind einstellen zu können. Dennoch dürfen dabei auch die Risiken, z.B. für eine Fehlgeburt, nicht außer Acht gelassen werden, da dieses bei Frauen über 35 Jahren höher ist als das grundsätzliche Risiko für eine Beeinträchtigung des Kindes. Außerdem sollten auch andere Faktoren nicht unterschätzt werden. In unseren Interviews stellte sich heraus, dass die Risiken, die pränatale Untersuchungen mit sich bringen, erst dann wirklich wahrgenommen werden, wenn es zu einem unauffälligen Befund kommt und es damit zu keinen weiteren Verfahren kommen muss. Bei auffälligem Befund werden die Risiken unterdrückt, da die Folgen, welche ein eventuell beeinträchtigtes Kind für das Leben der Mutter hat, als wesentlich bedeutsamer eingeschätzt werden. Somit zeigt sich für uns, dass der pränataldiagnostische Befund über die Einschätzung der Risiken entscheidet, was bei möglichem falschen Befund fatale Folgen haben könnte, da möglicherweise bei z.B. eigentlich unnötiger Fruchtwasserpunktion eine Fehlgeburt ausgelöst werden kann oder ein gesundes Kind bei Falschinterpretation abgetrieben wird. Außerdem sollte man, unserer Meinung nach, erst einmal beginnen, Risiken unabhängig der PND zu minimieren, bevor man sich den Risiken der Verfahren aussetzt. Es ist erschreckend, dass sogar eine erfahrene Arzthelferin von möglichen Risiken der PND spricht, selbst allerdings die Gesundheit des Kindes von vornherein gefährdet:

> Jetzt im Nachhinein denk ich mir auch: Oh Gott, du hättest eigentlich 'ne Menge auf's Spiel setzen können, damit, dass du geraucht hast, ne (Frau H.).

Der uns am wichtigsten erscheinende Punkt bezieht sich auf das Thema der Beratung, welche derzeit als äußerst ungenügend bezeichnet werden kann und in den meisten Fällen lediglich auf medizinischer Ebene stattfindet. Schon vor der ersten überhaupt stattfindenden Untersuchung sollte demnach zwingend auch eine psychosoziale Beratung stattfinden, die hilft, sich für oder gegen die Pränataldiagnostik zu entscheiden und hinsichtlich der Vorbereitung auf folgende Verfahren eine informierende und beratende Unterstützung bietet. Somit können nicht nur Ängste und Sorgen genommen werden, sondern ebenso grundsätzlich erst einmal darüber informiert werden, dass es Beratungsangebote und -stellen gibt, an die sich werdende Mütter und vor allem auch Väter, gemäß ihrem Rechtsanspruch, wenden können und sollen.

In der Realität ist es allerdings so, dass die Entscheidung der Frau, vor allem hinsichtlich nicht-invasiver Verfahren, oft übergangen wird und somit keine selbstbestimmte Entscheidung von der Frau ausgehen kann. Somit sind auch die Gynäkologen wesentliche Einflussfaktoren auf das Entscheidungsverhalten der Frau. Diese müssen allerdings objektiver handeln, da auch ihre möglichen Vorschläge für Verfahren, welche in Anspruch genommen werden können, unabhängig und ergebnisoffen sein müssen. Niemand darf dazu gedrängt werden, die Untersuchungen in Anspruch nehmen zu müssen, da jeder auch ein Recht auf Nichtwissen hat und niemandem ein Vorwurf gemacht werden darf, der pränatale Diagnostik von vornherein ablehnt. Entscheiden sich werdende Mütter dennoch für eine PND, muss nochmals auf die Kooperation zwischen medizinischer und psychosozialer Beratung hingewiesen werden, da diese unzureichend ist. Wichtig ist ebenso die Rolle des Partners. Dieser sollte sich an der psychosozialen Beratung beteiligen, nicht nur um selbst mit der neuen Situation der Schwangerschaft und deren psychischen Folgen klar zu kommen, sondern ebenso um zu erfahren, wie er seiner Partnerin unterstützend zur Seite stehen kann, insofern beide dies möchten. Somit könnte er u.a. auch dazu beitragen, dass die Schwangere eine emotionale Bindung zum Kind aufbauen kann, die v.a. bei Inanspruchnahme invasiver Verfahren leiden könnte. Wenn beide Partner sich schon vor Inanspruchnahme diverser Verfahren mit dem Thema beschäftigen, wie sie mit einem möglicherweise auffälligen Befund umgehen, kann somit die Schwangerschaft wesentlich positiver und gelassener erlebt werden.

Im Falle eines auffälligen Befundes wird verfrüht an einen Abbruch der Schwangerschaft gedacht, anstatt sich mit der Situation auseinanderzusetzen und zu überlegen, wie ein mögliches Leben mit einem beeinträchtigten Kind aussehen könnte. Gesellschaftliche Idealvorstellungen prägen oftmals diese Ansicht der werdenden Mutter, was auch bei ihr ein verzerrtes und falsches Bild von Behinderung auslösen kann. Unsere „aufgeklärte" Gesellschaft weiß scheinbar immer noch nicht damit umzugehen – Behinderung wird als etwas von der Norm abweichendes, Unnormales dargestellt. Dabei sollte es aber doch normal sein, dass es Menschen mit Beeinträchtigungen gibt und die Illusion einer behindertenfreien Gesellschaft aus den Köpfen der Menschen verschwinden. Um diese Normalität schon von früher Kindheit an zu fördern, gibt es zwar bspw. integrative Kindergärten und Schulen, doch:

> Was nützt das Recht auf einen Platz im Kindergarten – ohne Recht auf Leben während des eigenen Heranwachsens im Mutterleib? (Csef, 1998, 178).

Letztlich sollte jeder werdenden Mutter, die die PND in Anspruch nimmt, bewusst sein, dass sämtliche Ergebnisse nie eine hundertprozentige Sicherheit bieten und lediglich Aussagen von Wahrscheinlichkeiten sind. Zusammenfassend lässt sich demnach festhalten:

> Die Möglichkeiten der pränatalen Diagnostik werden oft überschätzt, ihre Konsequenzen dagegen häufig unterschätzt (Peters, 2011, 87).

Quellenverzeichnis

Fachliteratur

Beckmann, R. (2000): Der Streit um den Beratungsschein, Johann Wilhelm Naumann Verlag GmbH, Würzburg.

Bökle, F. et. al (1991): Leben in der Hand des Menschen. Hrsg. von Josef Pfammatter und Eduard Christen, Benziger Verlag AG, Zürich.

Breuer, Clemens (1995): „Person von Anfang an? Der Mensch aus der Retorte und nach dem Beginn des menschlichen Lebens"; Verlag Ferdinand Schöningh GmbH, Paderborn.

Csef, H. et al. (1998): Gestern „lebensunwert" – heute „unzumutbar": wiederholt sich die Geschichte doch? Hrsg. von I. Schmidt-Tannwald. W. Zuckschwerdt Verlag, München; Bern; Wien; New York; Zuckschwerdt.

Ehrlich, S. (1993): Denkverbot als Lebensschutz? Pränatale Diagnostik, fötale Schädigung und Schwangerschaftsabbruch. Westdeutscher Verlag GmbH, Opladen.

Everschor, M. (2001): Probleme der Neugeboreneneuthanasie und der Behandlungsgrenzen bei schwerstgeschädigten Kindern und ultrakleinen Frühgeborenen aus rechtlicher und ethischer Sicht, Peter Lang GmbH (Europäischer Verlag der Wissenschaften), Frankfurt am Main.

Friedrick, H. et. al (1998): Eine unmögliche Entscheidung. Pränataldiagnostik: Ihre psychosozialen Voraussetzungen und Folgen, VWB-Verlag für Wissenschaft und Bildung, Berlin.

Fuchs, M. (2010): Bioethische Urteilsbildung im Religionsunterricht. Theoretische Reflexion – Empirische Rekonstruktion. V&R unipress, Göttingen.

Fülle, F. (2007): Embryonenforschung und Embryonenschutz- Rechtliche Rahmenbedingungen sowie nationale, regionale und internationale Standards der pränatalen Biomedizin. Studien zum Öffentlichen Recht, Völker- und Europarecht, Hrsg. von Prof. Dr. Eckart Klein, Peter Lang Internationaler Verlag der Wissenschaften, Frankfurt am Main.

Grafenhorst, G. (1992): Abtreibung. Erfahrungsberichte zu einem Tabu. Deutscher Taschenbuch Verlag GmbH & Co. KG, München.

Khaschei, K. (2010): Rundum Schwangerschaft und Geburt. Hrsg. Von Bundeszentrale für gesundheitliche Aufklärung (BZgA). Köln.

Kirchenamt der Evangelischen Kirchen in Deutschland (1997): Wieviel Wissen tut und gut? Chancen und Risiken der voraussagenden Medizin. Gemeinsames Wort der Deutschen Bischofskonferenz und des Rates der Evangelischen Kirche in Deutschland zur Woche für das Leben. Hannover.

Kleemann, F. et al. (2009): Interpretative Sozialforschung. Eine praxisorientierte Einführung. VS Verlag für Sozialwissenschaften, Wiesbaden.

Krauß, P. (1974): Medizinischer Fortschritt und ärztliche Ethik. C.H. Beck'sche Verlagsbuchhandlung (Oscar Beck), München.

Maleck-Lewy, E. (1994): Und wenn ich nun schwanger bin? Frauen zwischen Selbstbestimmung und Bevormundung, Aufbau Taschenbuch Verlag, Berlin.

Peters, J.S. (2011): Spätabbruch: Schwangerschaftsabbruch nach der Pränataldiagnostik. Psychosoziale Beratung zwischen Recht auf Leben und Recht auf Selbstbestimmung. Diplomica Verlag GmbH, Hamburg.

Reiter, J. & Keller, R. (1993): § 218 – Urteil und Urteilsbildung, Verlag Herder Freiburg im Breisgau.

Rohde, A. & Woopen, C. (2007): Psychosoziale Beratung im Kontext von Pränataldiagnostik. Evaluation der Modellprojekte in Bonn, Düsseldorf und Essen. Dt. Ärzte-Verlag, Köln.

Sorge, N. (2010): Gespräche mit Menschen, die für „geistig behindert" gehalten werden. Verlag modernes lernen, Dortmund.

Struck, K. (1992): Ich sehe mein Kind im Traum. Plädoyer gegen die Abtreibung. Verlag Ullstein GmbH, Berlin; Frankfurt am Main.

Weigert, V. (2001): Bekommen wir ein gesundes Kind? Pränatale Diagnostik: Was vorgeburtliche Untersuchungen nutzen. Hrsg. von B. Schön und B. Gottwald, Rowohlt Taschenbuch Verlag GmbH, Reinbek bei Hamburg.

Onlinequellen

Statistisches Bundesamt (2011): Schwangerschaftsabbrüche 2003 bis 2010 nach rechtlicher Begründung, Dauer der Schwangerschaft und vorangegangenen Lebendgeborenen (2011). URL:

[http://www.destatis.de/jetspeed/portal/cms/Sites/destatis/Internet/DE/Content/St
atisti-
ken/Gesundheit/Schwangerschaftsabbrueche/Tabellen/Content75/RechtlicheBeg
ruendung,templateId=renderPrint.psml] Zugriff am: 11. Juli 2011.

Bundeszentrale für gesundheitliche Aufklärung – Onlinedatenbank (2010): Pränataldiagnostik. Ein Angebot für Fachkräfte aus Medizin und Beratung (2010).
URL: [http://www.bzga.de/pnd] Zugriff am: 30.06.2011.

Bundeszentrale für gesundheitliche Aufklärung (2006): Schwangerschaftserleben und Pränataldiagnostik. Repräsentative Befragung Schwangerer zum Thema
Pränataldiagnostik. URL: [http://www.bzga.de/botmed_13319200.html] Zugriff
am: 03.05.2011.

Gesetz zur Änderung des Schwangerschaftskonfliktgesetzes (SchKGÄndG)
URL: [http://www.buzer.de/gesetz/9020/index.htm] Zugriff am: 13. Juli 2011.

Grundgesetz der Bundesrepublik Deutschland, Art. 2 [URL:
http://dejure.org/gesetze/GG/2.html] Zugriff am 18. Juli 2011.

Schockenhoff (o.J.): Die PID ist kein Garant für ein gesundes Kind. [URL:
http://www.katholisch.de/44829.html] Zugriff am 18. Juli 2011.

Multimediale Quellen

Baumgarten, K. (2007): Mein kleines Kind: Ein Dokumentarfilm (2007). DVD,
89 Min., Deutschland.

Interviews

Frau A. (28-jährige Mutter eines 5 Wochen alten, gesunden Mädchens)

Zunächst wurden die Vorhaben der BA-Arbeit erklärt und auf Anonymisierung etc. hingewiesen.

I: Kannst du mir erzählen, wie sich dein Leben mit der Geburt deines Kindes verändert hat?

Frau A.: Naja, es ist halt überhaupt nicht mehr so wie vorher: schön, aber es ist auch stressig. Also, wir haben gesagt, wir möchten die Maus nicht mehr hergeben, aber … naja, es verändert halt das Leben total. Im positiven Sinne.

I: Okay. Während der Schwangerschaft, welche Verfahren, also medizinische Verfahren hast du genutzt?

Frau A.: Na, wir haben im Prinzip regelmäßig diese Untersuchungen gemacht. Die erste Zeit war jeden Monat die Untersuchung und zum Ende der Schwangerschaft dann jede Woche. Das war dadurch, dass es eben eine Risikoschwangerschaft war durch die Beckenendlage. Deshalb war das dann einmal die Woche und die letzte Zeit, also so vier Wochen vor der Entbindung, dann sogar zweimal die Woche. Das war entweder im Krankenhaus direkt oder dann bei der Frauenärztin.

I: Und das war dann Ultraschall?

Frau A.: Genau, immer Ultraschall. Und halt dieses CTG[231] und so dann, ge? Also: Herztöne vom Kind abhören und gucken, ob schon Wehentätigkeit da ist.

I: Im Prinzip also diese ganz „normalen" Verfahren?

Frau A.: Ja. Also, wir hatten damals dann auch diese Feindiagnostik mitgemacht in der 20. Schwangerschaftswoche, aber nicht weil jetzt irgendein Risiko da war, sondern einfach so, weil wir halt gucken wollten, ob alles okay ist – weil

---

[231] CTG ist die Abkürzung für Kardiotokografie, einem Verfahren, bei dem die Herztöne des Ungeborenen abgehört werden können und überprüft werden kann, inwieweit schon Wehentätigkeit vorhanden ist.

das ja normalerweise auch 'ne Leistung ist, die nicht bezahlt wird von der Kasse, nur bei Risiko. Aber da hat dann meine Frauenärztin das so hingetrickst … Damit dann halt auch die Blase richtig dargestellt ist und so, ge?

I: Was heißt dann direkt „Feindiagnostik"?

Frau A.: Das ist so was wie nochmal so 3D-Ultraschall. Da sieht man dann noch mehr als bei dem normalen Ultraschall: Da konnten dann richtig die Gefäße untersucht werden, das Herz, also jedes Organ. Da hat man dann auch schon so richtige Bilder gesehen, also im Mutterleib, wie das Kind aussieht. Dass man da halt auch nochmal gewisse Krankheiten oder Behinderungen oder so ausschließen konnte. Ja, sowas wurde da direkt untersucht.

I: Also gab es dann auch vorher schon gar keine spezifischen Indikatoren, die dann nochmal für andere Verfahren der Pränataldiagnostik gesprochen haben? Z.B. aus der Familie?

Frau A.: Nee, da gab's nichts.

I: Inwieweit wurdest du dann während der Schwangerschaft noch über andere Verfahren, also außer dem Ultraschall und der Feindiagnostik, informiert?

Frau A.: Eigentlich gar nicht. Dadurch, dass ich eben keine Risikopatientin war, also aufgrund des Alters oder der Vorerkrankungen aus der Familie. Da bestanden bei uns eben auch keine Indikationen, um da noch andere Verfahren einzuleiten oder so. Und deswegen habe ich mich da auch nicht informiert.

I: Nicht mal so grob, also wenigstens mal vorgestellt bekommen, was es so gibt? Welche Verfahren kennst du denn da jetzt?

Frau A.: Ja gut, das schon. Von der Frauenärztin eben. Aber dann halt nicht noch mehr darüber. Ich weiß halt, dass es noch diese Fruchtwasseruntersuchung gibt, diese Punktion oder wie sich das nennt. Und ja … Hm. Mehr jetzt eigentlich nicht.

I: Okay. Hättest du dich dafür entschieden, wenn du die anderen Verfahren direkt angeboten bekommen hättest?

Frau A.: Eigentlich nicht. Weil, ich sag mal, grad dieses Fruchtwasserziehen ist ja dann immer auch mit 'nem Risiko verbunden und wenn sie mir das aber empfohlen hätten, also wenn Gründe dagewesen wären, ja. Aber so wusste ich ja immer, mit dem Kind ist alles okay und da stand das für uns auch gar nicht so zur Frage. Also naja, ich wüsste jetzt nicht, ob ich's gemacht hätte. Ich glaube aber eher nicht, grade wenn halt keine Veranlagungen oder so dagewesen waren.

I: Was wäre anders, wenn es bestimmte Indikatoren gegeben hätte?

Frau A.: Dann auf jeden Fall.

I: Wäre es für dich dann in Frage gekommen, das Kind bei bestimmten Erkrankungen oder Beeinträchtigungen auch abtreiben zu lassen?

Frau A.: Ich sag mal, im Nachhinein sag ich jetzt einfach ja. Aber ich mein, im Nachhinein ist es ja trotzdem noch dein Kind. Also, hm. … Ich wüsste nicht, wie ich mich entschieden hätte, wenn das Kind behindert gewesen wäre.

I: Es ist im Nachhinein ja auch sicherlich ganz schön schwierig, sich in diese Lage hineinzuversetzen. Wie hast du letztlich deine Schwangerschaft erlebt, auch ohne die hundertprozentige Gewissheit, wobei es die ja sowieso nie gibt, dass das Kind gesund ist? Heißt also, auch ohne weitere Untersuchungen, die dir vielleicht immer wieder und immer wieder die Bestätigung gegeben hätten, dass das Kind auch wirklich gesund ist?

Frau A.: Also, ich muss ja sagen, bei jeder Untersuchung, also, du machst dich eigentlich verrückt. Bei mir war's zum Beispiel: Der Eisenwert sank dann in den Keller, du hattest Wassereinlagerungen, was dann wieder heißt, also grade durch die Einlagerungen, es könnte eine Schwangerschaftsvergiftung sein. Also ich finde, du kannst dich durch diese ganzen Untersuchungen auch verrückt machen. Und bei mir war's dann halt auch so: Die Kleine lag ja auch relativ zeitig eben falsch rum, weißt du ja. Und ich hab dann also wirklich, also ab der 20. Woche lag die dann halt mit dem Po nach unten und … ja, es war wirklich ein enormer psychischer Druck, weil jeder hat halt gesagt: „Die dreht sich schon noch." Und dann haben wir ja auch sämtliche Verfahren angewandt, zum Beispiel bei der Hebamme vorher dieses Moxen und haben halt echt drei, vier verschiedene Techniken … Naja und jeden Abend gebadet und wirklich mehrere Verfahren probiert, dass die Kleine sich halt doch noch dreht und ich hab mich dadurch selber total unter Druck gesetzt. Das hat sich auf's Kind übertragen und irgendwann hab ich dann gesagt – das war so in der 35. oder 36. Woche: „Okay, wir finden uns jetzt damit ab. Die Kleine dreht sich nicht mehr." Und ab dem Zeitpunkt muss ich sagen, war ich wieder entspannter. M.[232] war entspannter und … ja. Das war dann für alle echt besser, weil du hattest ja wirklich kein anderes Thema mehr als: ob die Kleine sich noch dreht oder nicht. Und als wir uns dann damit abgefunden haben, also gesagt haben: „Okay, jetzt dreht sie sich wahrscheinlich nicht mehr." – klar, ein Restfunken Hoffnung hast du immer noch – aber dann waren wir auch wieder ruhiger.

I: Okay, demnach war das dann auch der Hauptgrund dafür, warum du dir da Gedanken gemacht hast.

Frau A.: Genau.

I: Kannst du mir auch erklären, wie du dich vor jeder Ultraschalluntersuchung gefühlt hast?

Frau A.: Ja, also, du warst halt immer gespannt. Also, dein Baby zu sehen und wirklich wie es sich bewegt. Weil, grade am Anfang, wenn du die Kindsbewegungen noch nicht merkst, dann hast du ja kein Zeichen dafür, dass das Kind lebt. Und wenn du dann die Bewegungen immer gemerkt hast, dann wurdest du halt immer sicherer und hast dich auch immer mehr getraut und … ja.

I: War auch Angst dabei? Zum Beispiel vor auffälligen Befunden?

Frau A.: Eigentlich nur vor dieser Feindiagnostik in der 20. Woche. Sonst eigentlich nicht. Weil man da ja viel mehr sehen kann als bei dem normalen Ultraschall.

I: Okay. Kannst du dir vorstellen, wie du reagiert hättest, wenn jetzt wirklich was mit dem Kind gewesen wäre? Also, beispielsweise eine Behinderung, die sie durch die Ultraschalluntersuchung nicht festgestellt hätten. Hättest du deine Entscheidung gegen die Pränataldiagnostik bereut?

Frau A.: Also, ich sage mal, wenn, dann kannst du das ja eh erst nach dem drit-

---

[232] Vater des Kindes und Partner von Frau A.

ten Monat feststellen und von daher hättest du es ja eh nicht wegmachen können.

I: Naja, Kinder mit schwersten Behinderungen, mit denen vor allem die Mutter nicht klar kommen würde, können auch noch nach dem dritten Monat abgetrieben werden.

Frau A.: Echt? Nee, also … Nee, das hätte ich, denke ich, nicht gemacht. Da denk ich auch von M. seiner Seite her. Irgendwo hätte man das hinbekommen. Sicher, dein eigenes Leben ist dann … eingeschränkt, um es mal so vorsichtig zu sagen. Also, ich glaube nicht, dass ich das könnte. Und ich denk auch für den Vater ist es immer auch noch was anderes. Aber du als Mutter oder halt werdende Mutter, ich mein … Das Kind ist in dir herangewachsen, also, du hast dann auch schon eine Bindung. Nee, also, nee. Ich glaub nicht, dass ich das fertig gebracht hätte.

I: Gut, das wär's dann auch schon. Gibt es von deiner Seite noch irgendwas, was wir vielleicht vergessen haben?

Frau A.: … Hm, nö. Eigentlich nicht.

I: Dann danke ich dir vielmals.

Frau K. (43-jährige Mutter zweier gesunder Töchter im Alter von 16 und 23)

Zunächst wurden die Vorhaben der BA-Arbeit erklärt und auf Anonymisierung etc. hingewiesen.

I: Wollen wir anfangen? Als Erstes würde ich gern dein Alter erfahren und wie viele Kinder du hast.

Frau K.: Ok und los. Ich bin 43 Jahre alt und habe zwei gesunde Töchter im Alter von 16 und 23 Jahren.

I: Kannst du mir etwas darüber erzählen, wie sich dein Leben mit der Geburt deiner Kinder verändert hat?

Frau K.: Eigentlich hat sich das Leben komplett verändert. Das Verantwortungsbewusstsein ist ganz anders geworden. Zum Beispiel in einem streng geregelten Tagesablauf. Die Freizeitgestaltung war ganz anders. Man hat sich Gedanken gemacht um finanzielle Absicherung. Sicher nicht ganz so intensiv wie heute, dass man erst Karriere machen möchte ... Gedanken um eine gesündere Lebensweise. Es musste viel mehr organisiert werden, der komplette Alltag musste anders gestaltet werden.

I: Ok. Möchtest du mir etwas über die medizinischen Verfahren erzählen, die du während der Schwangerschaft genutzt hast?

Frau K.: Im Prinzip die ganzen Standard-Blutabnahmen, regelmäßige Schwangerschaftsvorsorgeuntersuchungen, Ultraschalluntersuchungen. Ich hatte auch Spezialultraschalluntersuchungen gehabt.

I: Welche Gründe gab es für die Spezialultraschalluntersuchung?

Frau K.: Eigentlich waren in beiden Schwangerschaften die Kinder zu klein. In der ersten Schwangerschaft sind Blutungen gewesen und in der zweiten war der Kopf des Kindes zu klein. Ich hatte vorzeitige Wehen ab dem 6. Monat und eine Beckenendlage des Kindes.

I: Ist es möglich, dass es bereits gewisse Risikofaktoren vor der Schwangerschaft gab? Bist du z.B. Raucherin oder gab es vorangegangene Krankheiten o.ä. in deiner Familie oder in der Familie deines Partners?

Frau K.: Nein, die Familienanamnese ist von beiden Seiten unauffällig gewesen.

I: Inwieweit wurdest du während deiner Schwangerschaft über die PND informiert und von wem?

Frau K.: Ich bin schon sehr viel darüber informiert durch meinen Beruf als Kinderkrankenschwester.

I: Du warst dir also über mögliche Risiken im Klaren?

Frau K.: Ja, einfach schon durch mein Berufsbild. Außerdem wurde ich von meinem Frauenarzt informiert. Blutabnahmen und Fruchtwasserpunktion. Aber es war aufgrund meines Alters und der Familienanamnese nicht nötig, weitere Untersuchungen durchführen zu lassen.

I: Hast du alle weiteren Verfahren frühzeitig ausgeschlossen?

Frau K.: Im Frühstadium ja. Danach war nur der Spezialultraschall, der ab dem 6. Monat möglich war. Aufgrund des kleinen Embryos und der ersten Schwangerschaft war es so, dass ich durch den Facharzt aufgeklärt worden bin. Es wurden spezielle Messungen an Gliedmaßen und Durchblutung am Embryo durchgeführt und da die Proportionen im gleichen Verhältnis zueinander standen, wurde weitestgehend eine Schädigung ausgeschlossen. In der zweiten Schwangerschaft waren vorzeitige Wehen im 6. Monat, da hatte ich einen Krankenhausaufenthalt und wehenhemmende Medikamente bekommen. Dann erfolgte ein weiterer Spezialultraschall, weil Differenzen in den Proportionen vorhanden waren: Der Schädel des Kindes war zu klein, welches durch die Beckenendlage begründet wurde und sich bis zum Ende der Schwangerschaft verwachsen hatte. Die Geburt erfolgte aufgrund der Komplikationen und der Beckenendlage durch einen geplanten Kaiserschnitt. Im Nachgang hat sich das als richtig erwiesen, weil das Kind in die Nabelschnur eingewickelt war, also um den Hals gewickelt.

I: Würdest du sagen, du hast dich bewusst gegen invasive bzw. weiterführende

Untersuchungen entschieden?

Frau K.: Ich habe mich nicht direkt entschieden, es bestand kein Anlass und war damals nicht üblich. Auch mein Frauenarzt hat mir dazu nichts angeboten oder geraten.

I: Also hast du nur die Standarduntersuchungen, bis auf den Spezialultraschall, genutzt?

Frau K.: Ja.

I: Gibt es Erfahrungen mit der PND in deinem Bekanntenkreis, von denen du mir berichten möchtest?

Frau K.: Wüsste ich nicht.

I: Gibt es Menschen, die dich bei deiner Entscheidung zu deinen Untersuchungen beeinflusst haben und falls ja, inwieweit?

Frau K.: Eigentlich nicht. Auch mein Mann hat die Entscheidung mir überlassen. Wir waren ja damals auch noch sehr jung, also 20, und haben uns nicht ständig mit Behinderung auseinandergesetzt.

I: Inwieweit haben dich Familie und Partner unterstützt?

Frau K.: Unterstützung durch die Familie und Partner hatte ich schon. Ich habe nicht allein dagestanden.

I: Menschen, die sich für die PND entscheiden, argumentieren u.a. damit, sich auf den gesundheitlichen Zustand des Kindes einstellen zu können. Warum hast du dich dennoch dagegen entschieden?

Frau K.: Einfach … zum Teil die Unbeschwertheit der Jugend, das Vertrauen auf die gesunde Lebensweise und das Vertrauen einer unbelasteten Familie.

I: Erzähle mir bitte etwas darüber, wie du deine Schwangerschaften erlebt hast und ob es Unterschiede gab?

Frau K.: Die erste Schwangerschaft habe ich gelassen und zufrieden erlebt. Bei der zweiten habe ich mir doll Gedanken gemacht. Da ich eben durch meinen Beruf genauestens über die Komplikationen bei einer Spontangeburt mit Becken-endlage Bescheid wusste. Eine Komplikation ist durch den langen Geburtsvor-gang der Sauerstoffmangel des Neugeborenen. Der Sauerstoffmangel ist die Hauptursache für eine frühkindliche Hirnschädigung. Mit Absprache des Frau-enarztes wurde im 8. Monat gemeinsam die Entscheidung für eine Sectio gelegt bzw. geplant. Und danach war die Schwangerschaft auch wieder etwas gelasse-ner. Vorher war der Druck schon ziemlich groß.

I: Kannst du dir vorstellen, wie du auf ein behindertes Kind reagiert hättest und ob du deine Entscheidung gegen die PND bereut hättest?

Frau K.: Das ist davon abhängig, was man unter Behinderung versteht. Das kann ich gar nicht so genau sagen. Wenn mein zweites Kind nicht durch den Kaiserschnitt geboren worden wäre und ich die dazu nötigen Untersuchungen nicht machen lassen hätte und mein Kind dann ganz bestimmt geschädigt gewe-sen wäre, hätte ich mir schon Vorwürfe gemacht. Ich hätte das Gefühl gehabt, Schuld daran zu sein, weil ich gewusst habe, dass bei einer natürlichen Geburt aufgrund der Beckenendlage etwas schief gehen kann. Eine Ärztin hatte mir trotzdem zu einer natürlichen Geburt geraten und ich bin froh, auf mein Gefühl gehört zu haben. Wenn es sich um einen Gen-Defekt handeln würde, weiß ich nicht, wie man reagieren würde, auch wenn ich durch meinen Beruf des Öfteren mit Kindern mit Behinderungen bzw. Beeinträchtigungen zu tun habe.

I: Denkst du, dass die Pränatale Diagnostik zu einer Auslese unerwünschter Kinder in unserer Gesellschaft führt und wenn ja, warum?

Frau K.: Nein, denke ich nicht. Ich habe viel mehr Bedenken bei der Genfor-schung und den künstlichen Befruchtungen. Ich finde es wichtig, dass Familien, die vorbelastet sind, diese Möglichkeit der PND bekommen und die Untersu-chungen in Anspruch nehmen können, um sich möglicherweise auf ein Leben mit einem behinderten oder kranken Kind einstellen zu können.

I: Ok, gibt es noch etwas, was du mir erzählen willst oder habe ich dich verges-sen etwas zu fragen?

Frau K.: Nein.

I: Gut, dann bedanke ich mich für das Gespräch und wünsche dir alles Gute!

Frau K.: Kein Problem. Danke.

Frau S. (30-jährige Mutter eines einjährigen gesunden Mädchens)

Zunächst wurden die Vorhaben der BA-Arbeit erklärt und auf Anonymisierung etc. hingewiesen.

I: Hast du noch Fragen, bevor wir anfangen?

Frau S.: Nein.

I: Ok, dann lass uns beginnen. Als Erstes interessiert mich, wie sich dein Leben mit der Geburt deines Kindes verändert hat?

Frau S.: Naja, also man hat halt weniger Zeit für sich selbst. Man muss halt den Tagesrhythmus dem Kind anpassen. Das ist halt das, was sich verändert hat. Man kann nicht mehr so viel spontan machen, man muss halt immer planen. Aber da gewöhnt man sich schnell dran (lacht).

I: Und das ist alles aber sicherlich mit viel Freude verbunden.

Frau S.: Ja! (lacht wieder) Es gibt einem ein ganz neues Leben und das geht so schnell. Nach ein paar Wochen ist man schon so verbunden mit dem Kind und die Elternzeit war eigentlich auch ganz schön, entspannt, ja.

I: Kannst du mir etwas darüber erzählen, welche medizinischen Verfahren du während der Schwangerschaft genutzt hast?

Frau S.: Also, mein Frauenarzt hat mich darüber informiert. Ich weiß schon gar nicht mehr, wie das alles hieß. Ich war halt auch noch in einer Altersgruppe, wo es keine Bedenken geben sollte. Deswegen habe ich auch weitere spezielle Verfahren nicht gemacht.

I: Und speziell zum Thema Pränatale Diagnostik: Wie wurdest du darüber informiert oder wusstest du selber, was das ist?

Frau S.: Ein bisschen. Ich habe auch viel in Zeitschriften gelesen oder im Internet. Aber … ich weiß, dass man bestimmte Sachen nur in einem bestimmten Zeitabschnitt machen kann, aber es gab keinen Grund, diese Verfahren anzuwenden.

I: Also gab es keine Risikoverfahren, die für eine PND gesprochen hätten? Z.B., dass du Raucherin bist oder es vorangegangene Krankheiten oder Vererbungen in der Familie gegeben hat?

Frau S.: Nee, nee, gar nichts davon. Also, wir haben über das eine Verfahren nachgedacht, diesen Erst-Trimester-Test, also, ob eine Wahrscheinlichkeit für eine Behinderung besteht. Aber das ist ja auch nicht sicher. Und da ich wahrscheinlich eh nicht abgetrieben hätte, habe ich das auch nicht gemacht. Aber als ich hier in Erfurt noch mal bei einem Arzt war, haben die noch mal so eine Feindiagnostik gemacht.

I: Einige, die sich für die PND entscheiden, argumentieren oft damit, dass sie, der Partner oder auch die Familie, sich darauf einstellen können, ob das Kind eine Behinderung oder eine Krankheit hat. Wie stehst du dazu?

Frau S.: Hm, nö, darüber habe ich mir nicht so einen Kopf gemacht, da das Risiko eh nicht so groß war, dass was passiert. Ich wollte mich da auch nicht so verrückt machen, die ganze Zeit während der Schwangerschaft.

I: Kannst du mir etwas darüber erzählen, wie du deine Schwangerschaft erlebt hast? Also auch mit dem Hintergedanken: „Ich nehme das Kind so wie es ist?" Wie war es für dich emotional? Auch speziell die Bindung zum Kind?

Frau S.: Also die Gedanken, dass was sein könnte, habe ich mir am Anfang gemacht, als auch das Thema bestand, ob man das macht oder nicht. Und da hab ich schon drüber nachgedacht. Aber für mich hätte es jetzt keinen großen Unterschied gemacht. Ich weiß halt, dass das Leben komplett anders verlaufen wäre. Ich kenne das von meiner Tante, weil meine Oma sie die ganze Zeit gepflegt hat und ich glaube, ich hätte es nicht übers Herz gebracht, das Kind abzutreiben, es sei denn, man hätte wirklich festgestellt, dass vielleicht das Kind so schwer behindert ist, dass es nur ein paar Tage leben würde oder so. Und was mich eigentlich an diesem Triple-Test so gestört hat, war eigentlich, dass man nur so eine Wahrscheinlichkeit erfährt und man nie wirklich weiß, ob es nun behindert ist oder nicht. Und dann der Gedanke, dass man ein Kind abtreibt, weil man denkt, es wird behindert und dann wäre es doch nicht behindert. Ich weiß nicht. Das hätte ich nicht gemacht. Das Risiko wäre ich nicht eingegangen. Aber so war es am Anfang auch schon etwas belastend, weil man nicht so richtig wusste, was man essen darf oder nicht, ohne, dass man das Kind schädigt, weil man halt auch so viel liest. Da macht man sich teilweise schon ganz schön 'nen Kopf und das stresst auch.

I: Wie haben deine Familie oder dein Partner zu deiner Entscheidung gestanden?

Frau S.: Also, die hätten das genauso gesehen. Ich habe mich mit einer Freundin unterhalten, die das gemacht hat. Und die meinte, das würde sie auch nicht wieder machen. Also, bis man dann erfährt, was ist. Und bei einem Test kam dann auch was raus und dann musste sie noch einen weiteren Test machen und das hat sie halt in der ganzen Zwischenzeit total verrückt gemacht.

I: Inwieweit haben dich dein Partner oder Familie bei deiner Schwangerschaft unterstützt?

Frau S.: Naja, das war halt noch etwas schwierig, da ich zu dem Zeitpunkt noch in Düsseldorf gewohnt habe. Ja, also, ich hatte eine ganz unkomplizierte Schwangerschaft, da brauchte ich nicht allzu viel Unterstützung. Aber ich sage mal so, auf Arbeit oder so wurde eigentlich schon Rücksicht genommen, dass ich nicht so lange arbeite. Das war echt okay.

I: Kannst du dich in die Lage hinein versetzen, wenn du ein Kind bekommen hättest, was eventuell nicht gesund gewesen wäre? Wie hättest du reagiert, wenn du das nach der Geburt erfahren hättest?

Frau S.: Gute Frage. Ich mein, im Prinzip kann es immer passieren, dass das Kind behindert wird, durch 'nen Unfall oder irgendwas. Also, keine Ahnung. Also, zu der Bindung zum Kind, also vielleicht hätte man es dann noch mehr bemuttert. Keine Ahnung. Aber die Liebe, sage ich mal, wäre genauso gewesen. Man kann sich halt schwer reinversetzen, wenn man es nicht erlebt hat.

I: Wie ist deine eigene Einstellung zum Thema PND, da es ja auch in der Öffentlichkeit stark diskutiert wird?

Frau S.: Ja, ist halt schwierig ne, es ist ja immer: Was macht man mit dem Ergebnis? Das muss halt jeder vorher wissen, bevor er so was macht. Also, das haben wir uns auch überlegt, was würden wir machen, wenn es jetzt behindert wäre oder so. Das muss man sich halt genau überlegen.

I: Es besteht ja auch die Gefahr, dass das Ungeborene, gerade durch gewisse Verfahren, geschädigt werden kann. Inwieweit hat das deine Entscheidung beeinflusst?

Frau S.: Ja, das ist halt immer 'ne schwierige Frage, wenn es zu Behinderungen kommen kann, ob es dann besser ist, wenn das Kind nicht auf der Welt ist. Also ich glaube, ich könnte es nicht abtreiben, aber im Gegensatz dazu: Das Kind hat dann auch nicht so ein schönes Leben. Es kommt auch auf die Behinderung drauf an. Das weiß man nicht. Es kommt vielleicht auch auf die Mutter drauf an und auf die Familie, inwieweit die mit so einer Behinderung umgehen können. Wir sind selber emotional so stark und gefestigt in unserer Persönlichkeit, dass wir gut damit umgehen könnten, aber es gibt auch andere Menschen, die damit nicht so gut klar kämen.

I: Denkst du, dass durch diese Verfahren und der Möglichkeit der Abtreibung, die in Deutschland besteht, es zu einer Auslese unerwünschter Kinder kommt?

Frau S.: Hm, ich weiß nicht, wie viele deswegen wirklich abtreiben würden. Hm, ich habe mal einen Artikel gelesen, wo eine Familie relativ spät noch ein Kind abgetrieben hat und es sich gewünscht haben, dass das Kind nicht auf die Welt kommt. Es ist halt diese Frage mit der Auslese oder nicht. In unserer Gesellschaft ist es halt für behinderte Menschen schwer.

I: Okay, gibt es noch etwas, was du mir erzählen möchtest? Gibt es noch etwas, was eventuell während deiner Schwangerschaft passiert ist?

Frau S.: Hm, naja, ich hatte einen Autounfall mit ihr, aber alles gut gegangen. Und das soll auch so bleiben. Aber ansonsten nichts, ich hätte auch noch einen Monat länger schwanger sein können (lacht). Aber ich war dann auch schon froh, als mein Kind endlich da war.

I: Super, das war es auch schon. Ich bedanke mich bei dir und wünsche dir und deiner Familie alles Gute!

Frau S.: Danke!

Frau F. (23-jährige Mutter eines 5 Wochen alten Mädchens)

Zunächst wurden die Vorhaben der BA-Arbeit erklärt und auf Anonymisierung etc. hingewiesen.

I: Erzähl mir doch erst einmal etwas von deinem Kind, z.B. welchen Stellenwert es nach der Geburt in deinem Leben eingenommen hat. Was hat sich alles verändert?

Frau F.: Ich habe keine Zeit mehr. Ich habe keinen Schlaf mehr …

I: Kam es plötzlich oder war es geplant?

Frau F.: Geplant war es nicht. Es kam sehr plötzlich, im komplett falschen Moment, also die Schwangerschaft. Das Kind kam schon zum richtigen Zeitpunkt. … Na, Stellenwert ist natürlich ganz oben im Moment. Sie ist die Nummer Eins quasi, alles andere rutscht dahinter. Das Wohl des Kindes steht an erster Stelle, dahinter kommt irgendwie der Rest … Naja, und der ganze Alltag ändert sich halt, also ist nichts mehr so wie vorher, sondern alles nur noch auf Madame ausgerichtet.

I: Gibt es so Sachen, die du vermisst von früher? Was du jetzt nicht mehr machen kannst?

Frau F.: Na, du musst halt alles planen. Nicht mehr dieses: „Ich setz mich jetzt ins Auto und fahre da und da hin." Du musst halt gucken, wie es mit dem Kind passt und du musst generell Zeiten planen und also, Spontaneität ist gar nicht mehr da. Du musst überlegen, wann du einkaufen fährst, wie du einkaufen fährst, ja.

I: Und wie funktioniert das? Kommst du damit gut klar?

Frau F.: Teils, teils. Also dieses Normale, dass du jetzt nicht mehr irgendwo hinfahren kannst oder so viel planen musst, stört mich jetzt nicht. Aber so die Sachen, dass du abends nicht mehr jetzt da oder dort hinfährst, oder die Leute mal besuchen fährst und dich mit den Leuten treffen kannst, das fehlt halt. Also was heißt, es stört? Ist halt ungewohnt: Man muss sich daran gewöhnen, dass man jetzt halt nicht mehr so spontan sein kann, sondern planen muss, oder Sachen halt einfach ausfallen lassen muss oder nicht mehr möglich sind, so wie vorher. Dass man halt gucken muss, bis das Kind schläft und dann auch noch jemand hier sein muss, der nach dem Kind gucken kann, weil immer mitnehmen kannst du das Kind ja auch nicht, wo immer man jetzt auch hinfährt.

I: Und die Zeit deiner Schwangerschaft, wie hast du die erlebt? War die schön oder wie würdest du die beschreiben?

Frau F.: Meine Schwangerschaft war nicht schön! …

I: Inwiefern war sie nicht schön?

Frau F.: Naja, diese alltypischen Schwangerschaftsbeschwerden, die viele nicht haben, die hatte ich ja alle. Bei mir hatte es ja angefangen mit der morgendlichen Übelkeit, dann hab ich schöne Schwangerschaftsakne bekommen, am kompletten Körper. Und danach hab ich noch das Kapaltunnelsyndrom bekommen, was so viel ist, dass dir die Hände in den unmöglichsten Situationen immer wieder einschlafen und du nichts mehr anfassen kannst, weil alles nur weh tut. Das ist quasi wie Wasser in den Fingern. Die Finger schwellen dann ein bisschen an und die Sehnen, die schwellen dann richtig an und das tut dann weh. Dadurch konnte ich dann auch nicht mehr richtig schlafen. Das habe ich dann probiert durch Akupunktur zu bekämpfen. Da bin ich jeden Tag zur Akupunktur und dann wurden mir so Nadeln in die Finger reingesteckt.

I: C.[233] hat das doch bestimmt auch mitbekommen. Wie hat er sich in dieser Zeit dann verhalten?

Frau F.: Naja, er konnte mir halt nicht helfen. Also, er konnte mir bei der morgendlichen Übelkeit nicht helfen, weil da musste ich halt selber auf's Klo. Und er konnte mir bei dem, dass die Finger einschliefen und so, auch nicht helfen, er konnte mir die Nadeln ja nicht da rein hauen. Das einzige, was er jetzt machen konnte, war halt das mit der Schwangerschaftsakne, dass er mich halt eingerieben hat, da konnte er halt was machen, aber so wirklich helfen konnte er mir nicht und wirklich Rücksicht nehmen konnte er ja in dem Punkt auch nicht, weil wie willst du denn da helfen.

I: Und wie würdest du beschreiben, hat er sich in dem Moment gefühlt? War er eher hilflos oder wie würdest du persönlich das jetzt einschätzen?

Frau F.: Naja, hilflos nicht, aber er hat sich daran gewöhnt. Also, er wusste zwar, ich hatte Schmerzen, aber es war ja nun nicht so, dass ich mich über den ganzen Tag gequält habe. Also hilflos nicht so in dem Fall, er hätte sich so halt

---

[233] Vater des Kindes und Lebensgefährte von Frau F.

nur gewünscht, dass das alles nicht gewesen wäre, so dass ich hätte sagen können: „Meine Schwangerschaft war schön." An sich waren es ja auch nur die Beschwerden, die halt nicht schön waren. Die Schwangerschaft an sich, wenn man
das so betrachtet: Der Bauch wächst, man merkt die ersten Bewegungen und
man sieht die ersten Ultraschallbilder, das ist natürlich schön. Aber der Rest,
was halt so drum herum war, das war halt nicht so toll. Und gerade zum Ende
der Schwangerschaft hin wird es halt alles anstrengend, dass man sagt, man hat
jetzt keine Lust mehr. Weil Schuhe zubinden geht nicht mehr, so die einfachsten
Sachen gehen dann halt nicht mehr bzw. sind dann halt extrem anstrengend. Da
wird dann so eine Schwangerschaft auch nicht mehr schön, wenn es dann anfängt, dass man das erste Wasser in den Füßen kriegt.

I: Zum Thema Pränataldiagnostik. Da gehört ja Ultraschall und Fruchtwasserpunktion und alles dazu und Triple-Test. Inwieweit hat dich da dein Gynäkologe
informiert?

Frau F.: Also, es wurde immer gesagt, was für Untersuchungen gemacht werden und wenn jetzt Blut abgenommen wurde, wofür dieses Blut ist. Aber ich
hatte jetzt nicht wirklich die Möglichkeit zu sagen: „Nee, möchte ich nicht." oder „Ja, möchte ich." Also wurde halt einfach gemacht, die normalen Blutuntersuchungen. Nur wenn jetzt halt irgendwelche Untersuchungen waren … Also,
ich war jetzt zweimal bei dem wegen Toxoplasmose … Nee, da war es nicht. Na
bei irgendwelchen Untersuchungen musste man halt, als dann die Ergebnisse
vom Labor da waren, musste der Test halt selber bezahlt werden. Da wurde ich
auch vorher drauf hingewiesen. Es wurde auch gesagt, man kann diesen Test
ablehnen, aber mir wurde halt davon abgeraten, diesen Test abzulehnen. Man
sollte diese Untersuchung schon machen, sagte man mir.

I: Was war das für eine Untersuchung?

Frau F.: Weiß ich nicht mehr genau … Naja, es ging irgendwie darum, herauszufinden … Ich glaube der Triple-Test.

I: Triple-Test, das ist das Blutabnehmen. Und dann damit berechnen, anhand der
Werte, wie hoch die Wahrscheinlichkeit ist, dass das Kind eine Behinderung haben könnte. Da wird dann nur dein Blut abgenommen.

Frau F.: Ja, genau. Ja, die Fruchtwasserpunktur, die wurde bei mir nicht gemacht. Wurde ich jetzt auch nicht gesondert speziell noch einmal darauf hingewiesen, weil die sowieso bloß bei Frauen gemacht wird, wo halt schon vorher ein Risiko zu erkennen ist. Oder wenn man jetzt explizit zum Arzt gegangen wäre und gesagt hätte: „Das möchte ich jetzt machen." Weil einfach so die Untersuchung jetzt so zu machen, davon wurde mir jetzt aus anderen Kreisen abgeraten, weil das halt auch 'ne gewisse Gefahr und Belastung für das Kind darstellt, diese Untersuchung. Angeblich, weil man ja halt Fruchtwasser da anzapft, quasi. Und deshalb wurde die bei mir nicht gemacht. Speziell jetzt bei älteren Frauen, so ab 35 oder was, wird das sowieso gemacht. Ansonsten wurde bei mir halt nur dieser normale Ultraschall gemacht, also alles, was so der Norm entspricht, was so gemacht werden muss. Dann halt dieser spezielle Ultraschall, also hier die Feindiagnostik, wo auch nochmal geguckt wird, ob das Kind irgendwelche Behinderungen haben könnte, wo alles gemessen wird: die ganzen Knochen gemessen werden, wo abgeschätzt wird, wie groß es ca. werden könnte und so weiter.

I: Na, die Nackenfalte wird doch da auch gemessen, oder ist das bei dem anderen Ultraschall gewesen?

Frau F.: Also wenn dann nur bei dem, denn bei allen anderen Ultraschalls, die bei mir gemacht worden sind, sieht man das nicht so genau wie halt bei der Feindiagnostik, weil das ist irgendwie 3D und 4D und da kann man das sehen.

I: Also würdest du jetzt sagen, dass du dich gut beraten gefühlt hast, von den Ärzten?

Frau F.: … Auf der einen Seite ja, auf der anderen Seite nein. Gut beraten, speziell jetzt beim normalen Gynäkologen, war ich jetzt ganz zufrieden. Bei der Feindiagnostik fühlte ich mich etwas überfahren, weil halt, ich sage mal, zu viele Bedenken geäußert wurden. Da war dann halt am Mutterkuchen irgendwie 'ne Kalkstelle zu sehen und dann wurde mir gleich erzählt, es kann passieren, dass man das Kind eher holen müsste, oder, dass das Kind unterversorgt wird. Ich müsste mich jetzt den ganzen Tag nur noch schonen. Also einem wurde Angst gemacht. Man wurde zu sehr verrückt gemacht. Und dann musste ich ja noch zweimal zur Feindiagnostik, also zu diesem Arzt, weil dann jedes Mal wieder die Plazenta, also der Mutterkuchen, untersucht wurde, ob denn 'ne Unterversorgung beim Kind besteht oder die Gefahr besteht, halt, weil da 'n bisschen, weil da gewisse Kalkablagerungen am Mutterkuchen waren.

I: Und wie lange musstest du warten, bis du dann ein Ergebnis bekommen hast?

Frau F.: Sofort. Ja, der hat mir gleich gesagt, ob das jetzt mehr oder weniger geworden ist, ob es sicher verbessert hat, weil die Werte in so einer Normkurve eingetragen werden und dann guckt man halt, ob das jetzt noch in der Normkurve ist oder drunter oder drüber. Das kriegt man dann sofort beim Arzt gesagt. Also, da musste ich nicht irgendwie warten auf das Ergebnis.

I: Und in dem Zeitraum von dem ersten Besuch bei der Feindiagnostik und den nächsten Terminen dort, wie erging es dir da? Gerade weil du ja wusstest, dass du da jetzt erneut hin musst?

Frau F.: Anstrengend. Also das war das, wo ich sage: „Das war zu viel." Man wurde so verrückt gemacht. Immer wieder hieß es, umso näher der Termin gerückt ist, umso aufgeregter war man. Dann überlegt man da und da, bei jedem Schritt, wo man sich überanstrengt haben könnte. Oder wenn es mal anstrengender war, da war es gleich wieder so: „Oh Gott, oh Gott mein Kind," und so, „Tut es jetzt was?", weil man eben so verrückt gemacht wurde. Und im Nachhinein ist man wieder zu einem anderen Arzt, der dann gesagt hat: „Ach mein Gott, so ein bisschen und ist alles gut." So mit dem Spruch: „Früher haben die Frauen ihre Kinder auf dem Feld geboren." Also, man wurde da so ein bisschen in zwei Spalten gedrängt und die einen waren eher übervorsichtig mit Aufpassen und so, ganz akkurat alles und so. Die anderen waren dann so: „Mein Gott, 'n bisschen mehr hat uns früher auch nicht geschadet."

I: Und die Fruchtwasserpunktion, meintest du vorhin, wolltest du auch nicht machen lassen?

Frau F.: Nee, zu dem Zeitpunkt nicht, nein. Weil, soweit hieß es, dass alles in Ordnung ist und auch durch die Feindiagnostik. Sicherlich gab es da auch ein paar Bedenken von ärztlicher Seite her, aber dass ich jetzt gesagt hätte, ich muss jetzt das Fruchtwasser untersuchen lassen … kam für mich jetzt nicht in Frage. Überhaupt nicht.

I: Und so allgemein bei der Entscheidung für oder gegen die Verfahren der PND, waren das alles deine Entscheidungen allein? Oder wer hat dich da vielleicht auch etwas mit beeinflusst?

Frau F.: Naja, ich konnte … So viel Entscheidungsgewalt hatte ich ja da nicht, weil halt vom Gynäkologen ja vorher immer schon festgelegt oder angeraten wurde, die und die Untersuchungen machen zu lassen und da gab es dann auch nicht so die Überlegung: „Mensch, lass ich die Untersuchung jetzt machen oder nicht." Da war es dann halt klar, dass man die Untersuchungen machen lässt und dann gut.

I: Und C., der war auch immer damit einverstanden, mit diesen Entscheidungen für oder gegen eine Pränatale Diagnostik oder würdest du sagen, er hat sich eher rausgehalten?

Frau F.: Ja, der war da nicht irgendwie, dass er gesagt hat: „Nee, machen wir nicht." Sondern der war da auch, der hat immer gesagt: „Mach. Wenn du möchtest, mach!"

I: Also, versteh ich das richtig: Er hat die Entscheidung schon immer eher dir überlassen?

Frau F.: Ja. Es sei denn, ich hätte ihn jetzt explizit danach gefragt, dann hätte er schon sicherlich seine Meinung geäußert, aber letzten Endes hätte er die Entscheidung schon eher mir überlassen.

I: Und gab es noch weitere Verfahren, welche du von vornherein abgelehnt hast?

Frau F.: Alles, was so irgendwie nicht von mir aus … Also, wenn sie jetzt meine Blutuntersuchungen, die hätt ich gemacht oder meinen Urin testen, oder bei mir Ultraschall, aber alles was jetzt irgendwie, wo sie jetzt quasi, ich sage jetzt mal, das Kind mit angefasst oder die Nahrungsquelle des Kindes, wie zum Beispiel die Nabelschnur angepiekt oder Fruchtwasser, hätte ich alles, denke ich, wenn es keinen expliziten Verdacht gegeben hätte, einfach nur so um zu gucken, so ohne Verdacht, nee!

I: Wann war dein erster Ultraschall? Vielleicht möchtest du etwas über diese Untersuchung erzählen?

Frau F.: Also speziell bei mir jetzt, der erste Ultraschall, zur eindeutigen Feststellung der Schwangerschaft, wurde in der 6.Woche gemacht. Und der nächste Ultraschall dann wurde in der 10.Woche gemacht, das war dann schon einer, wo das Kind ausgemessen wurde, also dieser Zellhaufen (lächelt). Und da ging es dann auch los. Es war quasi der erste schwangerschaftsbedingte, der muss vor der 12. Woche gemacht werden, der erste. Weil da die Maße auch aufgeschrieben werden, und anhand dieser Maße der Geburtstermin des Kindes berechnet wird.

I: Inwieweit wurdest du denn über gerade das Fehlgeburtenrisiko, ausgelöst durch die Fruchtwasserpunktion, aufgeklärt?

Frau F.: Also, da wurde ich jetzt speziell vom Arzt nicht drauf hingewiesen. Es wurde nur gesagt, es gibt die Möglichkeit, das Fruchtwasser zu untersuchen und so weiter, aber da in meinem Fall keine Risiken bestehen, macht er es nicht. Also hätte ich gesagt: „Ich möchte das", hätte ich schon den Arzt wechseln müssen. Aber so direkt deutlich drüber aufgeklärt wurde ich vom Arzt jetzt nicht. Halt nur, hab ich mich selber belesen oder durch andere Leute.

I: Durch diese Untersuchungen besteht nun aber die Möglichkeit herauszufinden, ob das Kind gewisse Beeinträchtigung, wie Down-Syndrom oder ähnliches haben könnte. Also könnte ich jetzt schlussfolgern, dass du dir innerlich sicher warst, dass dein Kind dies nicht hat oder war es dir nicht von großer Bedeutung, dies zu wissen?

Frau F.: Na, das wurde ja schon bei diesem Triple-Test mit untersucht. Ob eine Wahrscheinlichkeit für das Down-Syndrom besteht. Und da habe ich ja dann das Ergebnis. Ich glaube, das war bei mir unter 1%, und für mich war ja dann die Sicherheit da.

I: Also, der Test hat dir nötige Sicherheit gegeben, um zu sagen, ich benötige keine weiteren Tests, da ich mir nun sicher sein kann?

Frau F.: Naja ich bin … Das Risiko wäre mir zu groß gewesen, weil diese Prozentzahl niedrig genug war, dass ich jetzt nicht das Risiko in Kauf nehmen wollte, meinem Kind irgendwie zu schaden, durch diese Fruchtwasseruntersuchung. Wäre jetzt diese Prozentzahl höher gewesen … Das weiß ich nicht, wo oder was ich dann da gesagt oder gemacht hätte. Aber dadurch, dass der Gynäkologe gleich von sich aus daraufhin gesagt hat, dass er diese Untersuchung bei mir halt nicht macht, weil er keine Notwendigkeit sieht, habe ich halt ihm ganz einfach vertraut. Und mich dann auch gar nicht weiter damit befasst. Mit den Untersuchungen, die halt gemacht worden sind und die Ergebnisse, die ich ja dann hatte und seine Aussagen, die haben mich dann soweit in Sicherheit gewogen, dass ich gesagt habe: „Dann brauche ich die anderen Untersuchungen nicht."

I: Inwieweit hast du dir vielleicht auch Gedanken darüber gemacht, dass auch dies eine Fehldiagnose bzw. eine falsche Berechnung gewesen sein könnte und was passiert, wenn es dann doch eine Beeinträchtigung hat?

Frau F.: Nein. Überhaupt nicht! Das habe ich dann von vorn herein ausgeblendet. Die Gedanken hatte ich vorher schon einmal, wenn es dann heißt: „Ja, du bist schwanger." Dann überlegt man ja sowieso schon. Ich war ja da in der 6. Woche, was hat man die sechs Wochen davor gemacht? Wenn man dann überlegt, was man da alles gemacht hat oder konsumiert hat, dann ist man schon genug belastet, dann brauch ich nicht noch über irgendwelche anderen Sachen nachdenken. Also das war bei mir jetzt so der Fall.

I: Darf ich dir eine bestimmt nicht ganz so angenehme Frage stellen? Du musst diese auch nicht beantworten, wenn dir das unangenehm sein sollte.

Frau F.: Ja.

I: Kannst du dir vielleicht vorstellen, wie du reagiert hättest, wenn es zu einem auffälligen Befund gekommen wäre?

Frau F.: Weiß ich nicht. Also, kann ich jetzt so gar nicht beantworten, weil, wenn man zur Feindiagnostik geht ... Wie gesagt, da kriegst du auch vorher ein Informationsblatt, welches du auch ausfüllen und unterschreiben musst, dass bei dieser Untersuchung auch Krankheiten des Kindes festgestellt werden können, auch schwerwiegende Krankheiten, weil man darf ja das Kind in Deutschland bis zur 12.Woche abtreiben oder es sei denn, es wird jetzt festgestellt, bei der Feindiagnostik, dass jetzt eine erhebliche Behinderung des Kindes sich entwickeln wird oder wie auch immer. Und das wird dann auch nochmal in Prozente eingeteilt, und bis zu einer gewissen Prozentzahl darf man auch nach der 12.Woche dieses Kind dann auch noch abtreiben. Und dafür muss man unterschreiben, dass man diese Erklärung bekommen kann. Bei mir war es so, ich hab das halt unterschrieben und hab dann halt beim Arzt beim Unterschreiben und zu C. halt gesagt: „Naja was machen wir denn dann? Wenn es dann so ist?" Und da kam von ihm auch nur: „Weiß ich nicht, kann ich jetzt noch nicht sagen." Genau wie bei mir. Und man hat dann auch nicht weiter versucht, sich damit zu befassen.

I: Wolltet Ihr dann wahrscheinlich auch nicht?

Frau F.: Nein, will man auch nicht. Weil die Feindiagnostik wird, glaube ich, gemacht zwischen der 19. und 22. Woche und da merkt man schon die ersten Kindesbewegungen und da will man sich nicht mehr damit befassen, dass jemand sagen könnte: „Es wäre jetzt zu 90% behindert oder hat jetzt eine schwerwiegende Krankheit." Wo der Arzt einem anrät, das Kind lieber abtreiben zu lassen. Da will man dann nicht mehr dran denken. In dem Moment.

I: In meiner Literaturrecherche stieß ich auf Interviews mit Müttern, die berichteten, dass sie in dem Zeitraum des Wartens auf Ergebnisse auch gar keine Bewegungen spüren wollten bzw. sie als negativ empfanden, da sie bis zum endgültigen Ergebnis keine Bindung aufbauen wollten, aus Angst, doch ein auffälliges Ergebnis zu erhalten. Könntest du diese Gefühle bestätigen?

Frau F.: Nein. Erst im Wartezimmer, als wir diesen Zettel bekamen, haben wir uns damit befasst, dass es auch sein kann, dass unser Kind halt doch auch behindert sein könnte. Für länger wollte ich mich speziell damit auch nicht befassen. So böse wie es jetzt klingt, aber ich hatte genug böse Sachen zu dem Zeitpunkt der Schwangerschaft, durch die Übelkeit und so weiter, was mich im gewissen Maße auch beeinflusst hat. Ich wollte mich damit nicht befassen und C. genauso wenig.

I: Es käme ja vielleicht auch darauf an, welche Diagnose genau gestellt werden würde, oder?

Frau F.: Ja, ich sag mal so, hätte der Arzt jetzt gesagt: „Ihrem Kind fehlt ein Fuß", dann wäre das für mich nicht das Gleiche gewesen, wie wenn er halt gesagt hätte: „Ihrem Kind fehlen beide Arme und beide Beine" oder „Ihr Kind wird, warum auch immer, sein Leben lang körperlich wie geistig behindert sein, es wird ein Leben lang pflegebedürftig sein."

I: Du würdest es also aber auch nicht von Anfang an ausschließen, dass du es vielleicht auch mit einer Beeinträchtigung bekommen hättest?

Frau F.: Nein, es kommt aber sicherlich auf die Behinderung an. Ich bin jetzt einfach mal so egoistisch und sage: Wenn ich wüsste, dass es geistig behindert wäre und so, dass, ich sag jetzt mal, es gar nichts mitbekommt, also vor sich hin vegetiert, bin ich der Meinung, dass ich gesagt hätte, dann bringt es mir nichts, und es wäre vielleicht eine Quälerei für das Kind, auch wenn sich das Kind in dem Moment nicht äußern kann. Oder wenn man einfach nur denkt, dass es eine Quälerei für das Kind wäre. Das würde ich jetzt halt sagen, wo das Kind schon da ist, was gesund ist. Ob ich damals so entschieden hätte oder genauso gedacht hätte, weiß ich nicht. Das ist dann sowieso situationsabhängig.

I: Den Ultraschall fandest du jetzt aber hilfreich? Ist ja in Deutschland schon ziemlich Routine, diesen zu machen, aber in anderen Ländern ist der durchaus gar nicht üblich.

Frau F.: Was heißt hilfreich. Hilfreich für den Arzt und seine Untersuchungen sicherlich, aber für mich war es nicht hilfreich, sondern eher schön. Weil man ja ein Bild hat und man sieht sein Kind und kann es zeigen und sich freuen und sagen: „Oh, guck mal da." Wenn man dann mehrere Ultraschallbilder hat, kann man dann gucken nach der Entwicklung. Bei uns ist es jetzt so: Man hat auf den Bildern so gewisse Körperhaltungen von ihr gesehen, die sie jetzt immer noch hat, wie zum Beispiel die eine Hand so hoch halten oder vors Gesicht, die macht sie jetzt immer noch und da weiß man halt: „Mensch, die habe ich halt damals schon gesehen, auf dem Ultraschall", und das ist halt schön. Schön zum Sammeln, die Bilder.

I: Inwieweit könnte man aus deiner Sicht sagen, dass die werdenden Mütter vielleicht auch eine größere Bindung durch diese Ultraschalluntersuchungen entwickeln können?

Frau F.: Ja, speziell wegen dem Monitor. Und als ich dann schon die Bewegungen gespürt habe und die gleichzeitig gesehen habe, das schärft die Bindung zwischen Mutter und Kind, bin ich der Meinung. Ich denke auch für den Vater. Also wenn ich erzähle … Oder man hat es ja nicht immer gesehen, gerade zum Anfang, da siehst du die Bewegungen am Bauch ja noch gar nicht. Und gerade, wenn der Vater es dann auf dem Bildschirm sieht, dass das Kind sich bewegt und macht, das ist für den Vater auch hilfreich.

I: In Düsseldorf bietet beispielsweise ein Dr. Dailali „Haptonomie", eine Schwangerschaftsbegleitung alternativ zu Ultraschalluntersuchungen an, mit der Intention, dass durch fachmännisch angeleitetes Berühren und Abtasten des Bauches, die Mutter auf solche Verfahren nicht angewiesen sei, da sie alles selbst spüren könne. Was hältst du davon bzw. könntest du dir so etwas für eine mögliche nächste Schwangerschaft als Alternative vorstellen?

Frau F.: Vorstellen, dass es funktioniert sicherlich, aber ich finde es halt schön, so ein Ultraschallbild zu haben und das Kind in dem Moment schon sehen zu können. Aber meine Hebamme macht es ja genauso. Meine zum Beispiel, die hatte jetzt keinen Ultraschall. Um zu gucken, wie rum das Kind liegt, hat sie halt den Bauch abgetastet und konnte so halt genau sagen, wie rum es liegt und konnte auch sogar schon abschätzen, und war verdammt dicht dran, abschätzen, wie groß es wird und abschätzen, wie viel sie wiegt. Sie war dichter dran als die Ärzte mit ihrem Ultraschall, weil sie hat nämlich genau 2,8 geschätzt und der Arzt hatte was bei 3,1 geschätzt, am selben Tag. Ich denke schon, dass für das

Kind, für die Geburt oder für den Schwangerschaftsablauf an sich, muss es keinen Ultraschall geben, aber für mich als Mutter und ich sehe jetzt mein Kind, find ich es jetzt schöner mit Bild.

I: Und um nochmal auf den Triple-Test zurückzukommen, nach dem Blutabnehmen, da musstest du aber schon warten auf das Ergebnis? Wie ging es dir in der Zeit?

Frau F.: Ja. Ich habe nicht drüber nachgedacht.

I: Um dich jetzt davon abzulenken, was wäre wenn oder wie?

Frau F.: Ja. Also, ich hab jetzt nicht jeden Tag drüber nachgedacht: „Mensch, wenn jetzt das und das raus kommt." Weil letzten Endes musste ich so oder so warten, bis ich wieder zum Arzt bin. Gut, ich wurde jetzt nicht angerufen oder so etwas, kann natürlich jetzt sein …

[kurze Unterbrechung, Kassettenwechsel]

Frau F.: … Ich weiß jetzt nicht, ob sie es bei Leuten machen, wo jetzt die Ergebnisse schlechter sind. Ob sie die dann anrufen, dass die in die Sprechstunde kommen sollen oder wie auch immer. Bei mir war es halt nicht so. Ich bin halt ganz normal wieder zum Arzt und hab nicht dran gedacht in der Zwischenzeit, also ich wusste jetzt: Gut, du gibst dein Blut da und dafür, aber ich hab jetzt nicht von vornherein gedacht: „Oh Gott, oh Gott" und habe mich irre gemacht, weil ändern konnte ich ja dann eh nichts. Also ich habe mich damit nicht befassen wollen und habe es dann auch nicht gemacht. Ich habe das dann auch C. nicht erzählt, also ich hab zwar gesagt, dass Blut abgenommen wurde, aber halt nicht wofür. Dann erst, wenn ich die Ergebnisse vom Arzt hatte, habe ich dann zu Hause erzählt oder gezeigt, wie auch immer. Also ich habe ihn versucht, damit auch nicht zu belasten, mit der Ungewissheit, was dann dabei raus kommt.

I: Und so abschließend, was würdest du vielleicht noch gern hinzufügen, was ich vergessen haben könnte zu fragen, was dir aber sehr wichtig ist in Bezug auf die PND?

Frau F.: … Also, wie gesagt, ich würde nichts machen, was dem Kind irgendwie schaden könnte oder wo ich an Nahrungsquellen des Kindes irgendwie ran müsste, wenn nicht explizit ein Verdacht besteht, dass es dem Kind schlecht geht oder dass das Kind irgendwelche Krankheiten haben kann. Also so einfach, um zu sagen: „Ich möchte jetzt auch noch das Ergebnis von der Untersuchung haben, einfach nur für mich", wenn aber vorher kein hinreichender Verdacht besteht, würde ich es nicht machen. Ich würde vielleicht noch weniger Untersuchungen machen bzw. ich fand es halt nicht schön von 'nem Arzt, dass von dem Arzt, der von mir die Feindiagnostik gemacht hat, dass der mich halt so verrückt oder nervös gemacht hat. Sicher, er wollte mich halt drauf vorbereiten oder drauf schärfen, dass halt gewisse Komplikationen auftreten können, wenn sich die Werte verschlechtern, aber wenn sie sich schon nach der zweiten Untersuchung, da hatten sie sich ja schon verbessert, im Gegensatz zur ersten, warum muss ich denn da noch ein drittes Mal hin? Dass er mir dann wieder sagt, es ist besser geworden und sie da schon im guten Bereich waren? Also, das fand ich dann so, also das ist für mich dann anstrengend, umso näher da der Termin gerückt ist, umso verrückter hat man sich da gemacht und umso mehr hat man darauf geachtet und hatte umso mehr ein schlechtes Gewissen, wenn man sich dann mal ein bisschen mehr bewegt hat, ein bisschen mehr Schnee geschoben hat. Aber man kriegt ja immer gesagt, man ist nicht krank, man ist schwanger. Wenn ich dann aber nichts machen darf, weil der Arzt mich so wuschig macht. Ich mein, sicher sollen sie die Leute darauf vorbereiten und auch hinweisen auf die Risiken und den Gedanken der Leute schärfen, dass man sich auch in gewissem Maße schonen muss, aber ich muss mich nicht an das Bett fesseln. Und der war da halt so ein bisschen übervorsichtig, wohingegen andere Ärzte dann wieder gesagt haben, auch mein richtiger Gynäkologe: „Naja, ist doch alles in Ordnung, warum will der dich denn jetzt nochmal sehen?" Und selbst er das nicht verstanden hat. Und das fand ich halt nicht so toll. Ansonsten … wenn die Untersuchungen nötig sind, sollen sie sie bitteschön auch machen, weil schließlich haben wir ja nun dafür die technischen Mittel. Also, wenn eine Gefahr abzusehen ist, hätte ich auch nichts gegen noch eine Untersuchung, aber es muss halt die Notwendigkeit da sein.

I: Gut. Dann bedanke ich mich recht herzlich für deine Offenheit und wünsche dir und deinem Partner noch viel Freude mit eurem Kind.

Frau H. (26-jährige Mutter eines 5 Monate alten Mädchens)

Zunächst wurden die Vorhaben der BA-Arbeit erklärt und auf Anonymisierung etc. hingewiesen.

I: Erzähle mir doch erst einmal was von deinem Kind. So zum Einstieg. Was hat sich ab dem Tag der Geburt von J.[234] in deinem Leben verändert?

Frau H.: Schlafenszeiten. Ständiges Aufstehen alle zwei Stunden. Du hast dich nicht mehr um dich selbst gekümmert. Ganz doll aufgefallen ist, nicht von der Körperhygiene jetzt, aber, du hast dich zum Beispiel nicht mehr zurechtgemacht, du sahst aus wie ein Besen. Ja, also du hast dich wirklich nicht mehr um dich selber gekümmert. Du hast dich nicht mehr um deinen Partner gekümmert. Nur noch das Kind stand im Mittelpunkt. Der Haushalt sah aus wie Sau. Ja, J. war der Mittelpunkt. Wir sind zu meinen Eltern gefahren, die haben nicht gefragt wie es mir geht, nein, die haben gefragt, wie es J. geht.

I: Wie anfangs schon erwähnt, unser Thema ist ja die Pränatale Diagnostik, welche ja schon mit dem Ultraschall beginnt, über Fruchtwasserpunktion etc. Wie war erst einmal deine Entscheidung bezüglich dieser Verfahren generell?

Frau H.: Die, Gott wie heißt es denn, Nackentransparenz, wo man die Nackenfalte misst, die habe ich machen lassen, das war im Spezialultraschall in Berlin. Fruchtwasserpunktion hätte ich ja nur machen lassen, wäre bei der Nackenfaltenmessung was auffällig gewesen, was ja nicht war. Was war noch? Ja, die normale Feindiagnostik und diese regelmäßigen Untersuchungen, die du ja beim Arzt machst, zwecks dem HB-Wert, der wurde geprüft, Blutzucker haben sie gemessen und regelmäßig Blut abgenommen haben sie mir halt, immer im Vier-Wochen-Rhythmus. Und da konnten sie ja dann auch gucken, ob mit meinem Körper noch alles in Ordnung ist, von meinen

---

[234] J. bezeichnet das Kind.

Werten her. Vorsorge war gewesen Ultraschall und was war noch, ich muss mal überlegen … Ne, sonst nichts, weil bei mir ja keine Auffälligkeiten waren.

I: Inwieweit hat dich da dein Gynäkologe informiert?

Frau H.: Ja, ich habe sämtliche Broschüren gekriegt. Die hast du dann ab dem Tag, wo du sagst, du behältst das Kind. Und mit dem ersten Ultraschall habe ich den Mutterpass gekriegt. Ab da dann regelmäßig Broschüren bekommen, wo dann auch beschrieben war … das mit dem mongoloid. Also, so zum Beispiel, was sein kann, wenn du die Fruchtwasseruntersuchung machen würdest, was für Nebenwirkungen, die das Kind schädigen könnten. Und sie haben mich eigentlich darauf vorbereitet, was passieren kann, wenn das Kind zu früh kommt und haben mich darauf vorbereitet, wenn dann bei der Feindiagnostik festgestellt wird, dass irgendeine Fehlbildung … Also, die haben mich schon ganz genau … Jedes Detail eigentlich … Und deine Fragen, die du hattest, eigentlich super beantwortet.

I: Die Entscheidung, dass du also die Fruchtwasseruntersuchung nicht machen lassen wolltest, hast du die allein getroffen, oder hat dich da dein Partner oder deine Eltern oder sonst jemand in deinem Umfeld beeinflusst?

Frau H.: Bei mir war es eigentlich eher aus meinem Beruf her,[235] dass ich schon viele Punktionen gesehen habe, die schief gegangen sind und ich immer Angst davor hatte. Und wirklich nur gesagt habe, wenn bei der Messung oder bei den Blutwerten was nicht stimmt, dass ich denn sage: „Okay, wir machen das", aber einfach so aus blauem Dunst hätte ich es nicht. Und mein Partner sah das auch so. Mit meinen Eltern habe ich auch drüber gesprochen, die waren von vornherein dagegen, egal was ist, wenn ein Wert nicht gestimmt hätte, sie wären dagegen gewesen. Es kommt natürlich auch auf den Monat an. Die Nackendichte messen sie im 4. Monat und da ist das Kind noch relativ klein. Hätten sie da die Punktion gemacht, ist die Wahrscheinlichkeit nicht so hoch, das Kind zu verletzen, als wenn du vielleicht schon, wenn du dann deine Feindiagnostik im 6. oder 7. Monat machst, das Kind schon größer ist. Egal was gewesen wäre, wäre es eine sehr schwierige Entscheidung für mich gewesen, weil es ja auch schmerzhaft ist, nicht nur für das Kind, wenn etwas ist. Aber ich wollte von vornherein so etwas eigentlich nicht.

I: Du sagtest gerade, dass du schon viele Fruchtwasserpunktionen, die schief

---

[235] Frau H. ist Arzthelferin.

gegangen sind, gesehen hast. Wie hab ich mir das vorzustellen? Was ist da passiert?

Frau H.: Na, dass halt die Plazenta verletzt wurde oder auch die Nabelschnur, die das Kind versorgt. Ja, und wenn nicht mehr die Versorgungsleitung nach außen funktioniert, dann stirbt das Kind. Oder, dass das Kind an sich verletzt wurde, was, wenn es nur ein kleiner Einstich ist, nicht so schlimm gewesen wäre, aber es können auch durch die Nadeln Erreger in das Fruchtwasser kommen, wenn es nicht vernünftig gemacht wurde. Ja, und es können natürlich lebenswichtige Organe verletzt werden. Oder was ist, wenn sie dem Kind in das Auge pieksen? Wenn es natürlich der Arm oder das Bein gewesen wäre, weiß ich nicht, was es für Auswirkungen gegeben hätte, aber ich hab halt gesehen, wie die Nabelschnur verletzt wurde und der Mutterkuchen, was ja wichtig ist für das Leben des Kindes.

I: Und der Triple-Test, sagt der dir was? Wie stehst du zu diesem Verfahren?

Frau H.: Ja, das haben die automatisch gemacht. Ja, ist nicht bei jedem so, aber haben die bei mir gemacht, ja.

I: Also konntest du nicht entscheiden, ob du das überhaupt möchtest?

Frau H.: Doch schon, aber es gehörte mit zum Rund-Um-Paket und er hat mir empfohlen, es zu machen. Tja, im Endeffekt ist es ja dein Körper, an den die dann ran wollen.

I: Und nach dem Blutabnehmen wartet man ja dann erst einmal auf das Ergebnis, wie erging es dir in dieser Zeit?

Frau H.: Aufregung! Jedes Mal Aufregung! Ob Ultraschall, ob Blutabnahme, ich hab jedes Mal Aufregung gehabt. Wenn du am Wehenmessgerät gelegen hast, immer wenn es um dein Kind ging: Aufregung! Angst, dass irgendwas nicht stimmen könnte, die war immer da, bei jedem Besuch. Vor Aufregung im Wartezimmer gesessen. Und jedes Mal hast du gedacht: „Um Gottes Willen, Hauptsache, es ist alles in Ordnung." Beim Ultraschall: „Ist der Kopf noch an der richtigen Stelle (lächelt) oder liegt es richtig", jegliche Kleinigkeit. Am schlimmsten war die Feindiagnostik, weil, da konnten die umschalten, da hast du die Blutbahnen gesehen, du konntest sehen, dass die Blase gefüllt ist vom Kind, daran konnten die sehen, dass die Nieren funktionieren vom Kind. Dieser Moment, da können die alles sehen, die haben dann noch den Herzton laut gemacht und da konntest du das „bubb bubb bubb" hören, und das war so der schlimmste Moment, weil da stellt sich raus, da können die das sehen: „Ist alles ok?" Die können die Hirnfunktion sehen, alles!

I: Darf ich dir eine bestimmt nicht ganz so angenehme Frage stellen? Du musst diese auch nicht beantworten, wenn dir das unangenehm sein sollte.

Frau H.: Ja.

I: Kannst du dir vorstellen, wie du reagiert hättest, wenn es zu einem auffälligen Befund gekommen wäre?

Frau H.: Da machst du dir ab dem Moment, wo du schwanger bist, oft darüber Gedanken. Der Arzt hat immer zu mir gesagt: „Bis Mittag müssen drei bis vier Kindsbewegungen sein." Ich hatte gar keine. Den einen Tag, da bin ich Achten gelaufen. Du hast dann einfach nur pure Angst, du weinst, die Hormone spielen sowieso verrückt. Also, der Gedanke wäre schlimm gewesen, hätten die bei der Feindiagnostik gesagt: „Frau H., tut mir Leid, aber das Ergebnis stimmt nicht", oder so. Da wäre für mich eine Welt zusammengebrochen. Ganz komisch wird mir da immer noch, wenn ich daran denke. Auch jetzt, obwohl sie ja schon da ist, immer. „Was ist, wenn noch was passiert?" Das begleitet dich eigentlich jeden Tag. Wenn das Kind eigentlich noch in deinem Körper ist, gibst du dir die Schuld dafür, wenn irgendwas ist. Ich bin im 3. Monat ja die Treppe runter gefallen, da ist ja noch der Zeitpunkt, wo das Kind ja „abgehen" kann, das hätte ich mir nie verziehen. Im Endeffekt bist du die Schutzhülle für das Baby, was in dir wächst. Du hast dann nicht richtig aufgepasst. Und selbst wenn es eigentlich Dinge wären, wofür du nichts kannst, weiß ich, wie Fehlbildungen oder so, dadurch dass ich ja auch geraucht habe in der Schwangerschaft, war das ja auch noch so im Hintergrund. Das hätte ich mir nie verziehen. Jetzt im Nachhinein denke ich mir auch: „Oh Gott, du hättest eigentlich 'ne Menge auf's Spiel setzen können, damit, dass du geraucht hast", ne. So, vorher hat man gesagt: „Nein, du hörst dann sofort auf zu rauchen." Als es dann soweit war, hat man sich eigentlich gar keine Gedanken drüber gemacht.

I: In meiner Literaturrecherche stieß ich auf Interviews mit Müttern, die berichteten, dass sie in dem Zeitraum des Wartens auf Ergebnisse auch gar keine Bewegungen spüren wollten bzw. sie als negativ empfanden, da sie bis zum endgültigen Ergebnis keine Bindung aufbauen wollten, aus Angst, doch ein auffälliges Ergebnis zu erhalten. Könntest du diese Gefühle bestätigen?

Frau H.: Richtig. Ab dem Moment, wo ich wusste, du bist in der 9. Woche schwanger: „Oh Gott, da ist was in dir." Nicht mal, dass es sich bewegt, aber du weißt vom Kopf her, dein Fleisch und Blut wächst da in dir heran. Im Mai bin ich schwanger geworden, am 19. September war die erste richtige Bewegung, die erste Beule, richtig 'ne Beule, vorher hab ich sie nicht gemerkt. Und trotz dessen, die ganzen Monate hast du ja nichts im Bauch gemerkt, aber der Bauch wurde ja dicker und du wusstest ja ganz genau: Da ist dein Kind drin. Gut, vom Gefühl wäre es vielleicht schlimmer gewesen, du hättest es gespürt und dann verlierst du es. Du spürst, das Kind lebt, dadurch ist die Bindung vielleicht auch stärker, du kannst deine Hand darauf legen und es drückt dagegen und reagiert auf gewisse Sachen, aber es tut genauso weh, wenn du das Kind verlierst und du bist im 3. oder 4. Monat und hast noch nichts gemerkt. Ich glaube einen riesigen Unterschied würde ich da nicht machen, der Schmerz ist ja derselbe.

I: Also würdest du jetzt nicht sagen, dass du die Bewegung in der Zeit des Wartens als negativ empfunden hast?

Frau H.: Nein, das war für mich eigentlich das Schönste. Es war das Schönste, was ich bisher im Leben hatte, diese Schwangerschaft. Das Gefühl, wenn du früh wach geworden bist und es bewegte sich dann da drin, hat einem so viel Glück und Freude gebracht. Vorfreude vor allem auf das, was da jetzt auch kommt. Was ja manchmal auch nicht Freude war (lacht), aber ich würde gerne manchmal die Zeit nochmal zurück drehen und nochmal schwanger sein. Das ist wirklich, und wenn du dann auch noch den richtigen Partner hast, der viel für dich macht, dich umsorgt und sich um dich kümmert, in der Familie große Freude da ist, dann ist das das schönste Gefühl auf Erden. Diese Bewegungen haben mir jeden Tag gezeigt: Sie ist da und ist wohlauf. Ich hab das dann eher damit verbunden: Ihr geht es gut. Dieser Tag, wo sie sich bis Mittag gar nicht bewegt hat, war für mich ganz schlimm. Ich bin dann auch zum Arzt gefahren, aber sie hat einfach geschlafen. Er musste dann auch mehrmals am Bauch rütteln, richtig doll, dass sie wach geworden ist. Aber das sind dann auch Sachen, wo du Alarm schlägst, weil du ja eigentlich gewohnt bist, du wirst wach und kriegst gleich einen Tritt und das an diesem Tag ja nicht so war. Und bei vielen, auf Arbeit, habe ich schon gesehen oder auch gehört, dass die auch ihre Kinder im 7. oder 8. Monat verloren haben. Was ja gar nicht lange her ist: im Bekanntenkreis, im 8. Monat, Totgeburt. Das ist das Schlimmste, was es gibt, was dir passieren kann.

I: Und als du zu den Untersuchungen gegangen bist, warst du dort allein oder zusammen mit deinem Partner?

Frau H.: Mit Partner.

I: Und inwiefern würdest du sagen, hat der dich unterstützt in dieser Zeit?

Frau H.: Na, meiner ist dann einfach mit rein gekommen. Hat dann neben mir gesessen im Untersuchungszimmer und hat denn geguckt, Ultraschall und so. Dann wurden die Ergebnisse gesagt. Da hat er meine Hand gehalten, weil die Aufregung war, glaube ich, auf beiden Seiten genauso groß. Wo er dann mal nicht konnte, habe ich meine Mutter mitgenommen, weil alleine wollte ich da auch nicht hinfahren. Irgendwo brauchst du da eine Stütze. Auch wenn jetzt nichts Schlimmes ist, trotzdem willst du ja die Freude teilen. So alleine, das hätte ich mir dann nicht so schön vorgestellt. Einmal musste ich, aber das war dann nicht so ein schönes Gefühl.

I: Und Ultraschall, Feindiagnostik und Triple-Test waren so die einzigen Verfahren, die du machen lassen hast, ist das richtig?

Frau H.: Genau, mit dieser Nackendichte, Feindiagnostik und Triple-Test, genau.

I: Den Ultraschall fandest du jetzt aber hilfreich? Ist ja in Deutschland schon ziemlich Routine, diesen zu machen, aber in anderen Ländern ist der durchaus gar nicht üblich. Hast du dich bewusst dafür entschieden oder war es eher auf Grund dieser Routine?

Frau H.: Eigentlich, also diese Nackendichte messen, wollte ich schon machen lassen, für mich, um zu wissen, ob alles okay ist. Also das ist, da musstest du auch 140 € bezahlen, also das zahlt keine Krankenkasse. Der Gynäkologe hat zu mir gesagt, er würde es machen, zur Sicherheit. Ist ja auch ein Ultraschall, da wird ja nicht jetzt irgendwo dem Kind irgendwo wehgetan und mir auch nicht. Und dann habe ich gesagt: „Ja, mach ich." Und die Feindiagnostik macht, glaube ich, jede Mutter, um ihr Kind zu sehen. Nicht nur um zu wissen, dass es gesund ist, sondern um auch die Bilder zu haben, oder wie ich jetzt auch auf DVD, um zu sehen, wie es gewinkt hat. Um dein Kind mal richtig in 4D zu sehen und zu sehen, wie es sich da drin bewegt. Ich glaube, das ist, glaube ich, das Schönste gewesen. Mein Mann war dabei, meine Mutter war dabei, mein Vater war dabei. War 'ne richtige Stuhlreihe, war wie im Kino (lacht). Mit J. in der Hauptrolle. Also, du hast die Bilder und du siehst auch noch, dass dein Kind gesund ist und, das Allerwichtigste: Du siehst, was es wird. Die haben damals schon bei der Nackendichtemessung gesagt, zu 95%, dass es ein Mädchen wird. Naja, aber sind ja immerhin noch 5%, da könnte ja doch noch ein „Schniepie" kommen. Und bei der Feindiagnostik wusstest du ja dann ganz genau: „Also, Frau Doktor, ist das da ein Stück Nabelschnur oder ist das ähh … ja." „Nein, nein. Es ist Nabelschnur, es wird ein Mädchen", hat sie dann gesagt. Ich denke mal, das ist auch einer der Hauptgründe, warum viele das machen. Also die Feindiagnostik würde ich also jedem empfehlen. Ist eigentlich 'ne ganz ganz tolle Sache. Aber mit dem Bezahlen fand ich halt ein bisschen schade, weil es gibt ja auch Menschen, die sich das vielleicht nicht leisten können, da 140 € zu bezahlen.

I: In Düsseldorf bietet beispielsweise ein Dr. Dailali „Haptonomie" als Schwangerschaftsbegleitung alternativ zu Ultraschalluntersuchungen an, mit der Intention, dass durch fachmännisch angeleitetes Berühren und Abtasten des Bauches, die Mutter auf solche Verfahren nicht angewiesen sei, da sie alles selbst spüren könne. Was hältst du davon bzw. könntest du dir so etwas für eine mögliche nächste Schwangerschaft als Alternative vorstellen?

Frau H.: Nein. Da vertraue ich gar nicht drauf. Erst mal, obwohl ich aus 'nem medizinischem Bereich komme, würde ich mich so einschätzen, selbst wenn ich Gynäkologie gelernt hätte, könnte ich nicht selber so einschätzen, also wie soll ich spüren, ob alle fünf Finger dran sind? Das kann mir keiner sagen. Du spürst den Kopf, den Körper und auch mal ein Bein, aber ich glaube nicht, dass es dem Kind gefällt … Ich meine, du musst ja sehr doll reindrücken, ich glaub nicht, dass es mir angenehm ist und dem Kind angenehm ist. Und der Ultraschall schadet dem Kind ja nicht.

I: Gut, vielleicht würde eine Mutter, die so etwas in Anspruch nimmt, auch damit argumentieren, dass es für sie jetzt nicht von größter Wichtigkeit ist, ob das Kind jetzt 4 oder 5 Finger hat. Hauptsache, es ist so weiter gesund.

Frau H.: Ja, ok. Könnte ich mir jetzt persönlich aber nicht vorstellen. Ich glaube auch nicht, also es wird vielleicht auch Frauen geben, die sagen: „Okay, ich probiere das aus, zusätzlich, um die Erfahrung vielleicht einfach zu machen, wie ich mein Kind spüre", aber die trotz dessen diese Ultraschalluntersuchungen trotzdem machen. Vielleicht ist es eine tolle Erfahrung, um den Körper besser kennen zu lernen, aber nur, ganz ohne Ultraschall, nein. Könnte ich mir gar nicht vorstellen. Hätte ich ein inneres ungutes Gefühl. Ich meine, man kann viele Sachen vorher noch vorbeugend machen, die man beim Ultraschall vielleicht noch sieht. Dann hätte ich wieder ein schlechtes Gewissen, wenn etwas gewesen wäre: Du hast nicht alles Menschenmögliche getan, wo man noch hätte etwas beheben können, durch irgendetwas anderes.

I: Was ich sehr interessant fand, das war der Fakt, das halt in anderen Ländern der Ultraschall gar nicht so häufig verwendet wird. Das hat ja auch Gründe bezüglich des Vertrauens in die Technik. Man denke da nur an die Röntgenstrahlen, bei denen man auch erst 50 Jahre später entdeckt hat, dass sie schädlich waren. Und den Ultraschall gibt es beispielsweise noch keine 50 Jahre. Aber das stand für dich außer Frage und da vertrautest du schon der heutigen medizinischen Technik?

Frau H.: Ja. Also ich habe, glaube, mit keiner Silbe daran gedacht, dass Ultraschall jetzt dem Kind schaden könnte. Weil Ultraschall jetzt auch bei mir gemacht wurde, als ich 'ne schlimme Blase hatte, oder so. Also, da habe ich mir nie Gedanken drüber gemacht, dass das irgendwelche Auswirkungen für das Kind haben könnte. Ja, das mit den Röntgenstrahlen, das weiß ich ja. Nee, da hab ich mir nie Gedanken drüber gemacht, weil es halt so normal ist und selbst der Gynäkologe den Ultraschall einfach macht. Ich denke mal, dass es einfach was mit der Zeit zu tun hat, wo wir geboren sind. Ultraschall ist einfach für mich das Normalste der Welt.

I: Und um nochmal auf den Triple-Test zurückzukommen: Da war das Ergebnis, meintest du, ein unauffälliger Befund? Wie bist du danach damit umgegangen? Hast du dem vertraut oder warst du misstrauisch? Welchen Einfluss hatte dieser auf weitere mögliche Verfahren?

Frau H.: Ich glaube, hundertprozentiges Vertrauen hast du nie, in gar nichts. Selbst, wenn du bei der Feindiagnostik siehst: Das Gehirn funktioniert, die Blase funktioniert, das Herz pocht, hast du aber immer irgendwo 'ne gewisse Angst, dass irgendwas noch bei der Entbindung passieren könnte. Oder in den letzten

Wochen noch etwas sein könnte, was sich schnell entwickelt: 'ne Infektion oder irgendwas anderes. Das beruhigt unheimlich, dass das Ergebnis negativ war, aber irgendwie 100% kann nie irgendjemand sagen, da ist alles ok. Sie sagt zwar, es ist negativ, aber im Endeffekt, ganz dem vertrauen tust du nicht. Das weißt du erst im ersten Moment, also erst dann, wenn du dein Kind auf die Welt gebracht hast und in den Armen hältst, und es atmet und ist alles dran.

[Pause; Kassettenwechsel]

I: Und wusstest du beispielsweise, dass die Triple-Tests überhaupt gar nicht so verlässlich sind? So werden beispielsweise 40% aller Down-Syndrom-Fälle erst gar nicht von dem Test entdeckt, bzw. sollten Frauen über 35, also das trifft auf dich jetzt nicht zu, aber die sollten ihn gar nicht machen, da durch ihren Altersfaktor zu 90% eh ein positives Ergebnis bei rauskommen würde, ohne jede Bedeutung, da nur allein der Altersfaktor dies auslöst.

Frau H.: Ja, genau. Hmm … Ja, also bevor du den Test machst, bekommst du ja auch eine Broschüre, und da steht es ja auch so ungefähr drin, wie du das gerade sagtest. Dass also diese Wahrscheinlichkeit nicht sehr hoch ist, aber trotz dessen ist es beruhigend, wenn negativ rauskommt und du hoffst einfach, dass du zu den Frauen zählst, wo es auch wirklich stimmt. Weil es wäre für mich ganz schlimm gewesen, ein Kind mit Down-Syndrom zu haben.

I: Darf ich dir eine bestimmt nicht ganz so angenehme Frage stellen? Du musst diese auch nicht beantworten, wenn dir das unangenehm sein sollte.

Frau F.: Ja.

I: Kannst du dir vorstellen, wie du reagiert hättest, wenn es zu einem auffälligen Befund gekommen wäre?

Frau H.: Es kommt drauf an, um was es geht. Wäre es behindert gewesen, hätte ich es nicht behalten.

I: Würdest du das jetzt so allgemein sehen, oder würdest du da auch Abstriche machen bezüglich der Art der Beeinträchtigung?

Frau H.: Wenn es körperlich gewesen wäre, das würde ich nicht so schlimm finden, aber dieses geistige, also das siehst du ja dann an der Hirnaktivität, beispielsweise bei Kindern mit Down-Syndrom siehst du es ja dadurch schon. Weil ich eigentlich denke … wie soll ich das jetzt sagen? Dass es nicht nur eine Belastung für mich und meinen Mann wäre, sondern auch für das Kind. Was das für ein Leben für das Kind wäre. Wenn es jetzt körperlich behindert ist, ist es ja geistig voll eigentlich da und kann eigentlich ein schönes Leben trotzdem führen, weil du hast heute so viel Möglichkeiten, mit Physiotherapie, mit allen möglichen Sachen, trotz dessen, wenn du eine körperliche Behinderung hast, auch Auto zu fahren, oder 'ne Lehre zu machen. Was kannst du machen, wenn du geistig behindert bist?

I: Na gut, dann kannst du aber auch arbeiten oder eine Lehre machen. Man denke da an die Behindertenwerkstätten beispielsweise.

Frau H.: Ja, aber ich hätte damit nicht umgehen können. Also, wäre es so gewesen, vor vollendete Tatsachen, hätte ich mein Kind wahrscheinlich genauso geliebt. Doch wenn du vorher entscheiden könntest, obwohl es, denke ich mal, eine sehr schwere Entscheidung ist, zu sagen: „Ich lass es abtreiben" … Weiß ich nicht, müsste man vielleicht doch erst in der Situation sein, aber aufgrund der Situation, dass ich ja momentan nicht schwanger bin, würde ich doch sagen, dass ich ein Kind, wo ich weiß, das hat eine ganz starke Behinderung geistig, dass ich es hätte nicht behalten wollen. Weil ich es einfach nicht mir und nicht dem Kind angetan hätte. Hört sich jetzt bestimmt böse an, es gibt natürlich viele, gerade beispielsweise bei den Samariter-Anstalten, die auch eigentlich ein „normales" Leben führen können.

I: Für diese Menschen ist das Leben doch vielleicht auch erfüllt.

Frau H.: Ja, bestimmt. Vielleicht aber auch, weil sie es ja gar nicht anders kennen, aber die sehen doch auch, wie es anders geht, die sehen uns und merken, dass sie anders sind. Ich glaube, das ist kein schönes Gefühl. Und was passiert denn mit deinem Kind, wenn du nicht mehr da bist? Das sind so Sachen, die einem durch den Kopf gehen. Weil, ich habe auch Nachbarn, die sind kurz vor der Rente, die kümmern sich um ihren Sohn, der ist Anfang 30, der ist geistig und körperlich behindert. Die sagen auch, sie haben Angst davor, was passiert mit ihm, wenn die nicht mehr da sind oder nicht mehr können. Wer kümmert sich? Das ist auch so ein Punkt, der einen belastet. Ich denke mal, es gibt auch viele, die sagen, egal ob es behindert ist oder nicht, es ist mein Kind. Egal wie es auf die Welt kommt, wir nehmen es.

I: Wie würdest du das abschließend jetzt also deuten? Ist PND eine Bereicherung oder doch eher eine psychische Belastung für die werdende Mutter?

Frau H.: Hm, als Fazit darüber? Glaube ich, sollte es jeder in Anspruch nehmen. Alles, was so möglich ist, halt auch finanziell. Ich glaube, man macht sich genauso viele Gedanken, als wenn man es nicht machen würde. Wenn ich diese Untersuchungen mache, und ein Ergebnis kriege, hab ich kurzzeitig 'ne Aufregung, weil die Tests sind ja relativ kurz, also in 2 bis 3 Tagen hast du dein Ergebnis, und dann weißt du, so und so ist es. Als wenn ich mir die ganze Schwangerschaft Gedanken machen würde: Ist alles ok, was wird es überhaupt und ich würde es doch schon …

I: Meinst du damit jetzt das „komplette Paket", also alle Verfahren?

Frau H.: Nicht alles. Also die normalen Ultraschalluntersuchungen, die eigentlich Standard sind und diese Feindiagnostik würde ich jedem eigentlich empfehlen. Die Nackendichtemessung hat natürlich wieder was mit Geld zu tun. Jeder, der sich das leisten kann, da würde ich sofort sagen: „Macht es." Der Triple-Test, wie gesagt, das ist … Ja, viele halten davon nicht viel, dadurch, dass die Ergebnisse nicht unbedingt stimmen können, da kannst du nicht mal sagen 90%, eher vielleicht zu 30%. Kommt darauf an, welche Zielgruppe du dann bist. Aber ich würde auch sagen, dass für Frauen ab 30 diese pränatalen Untersuchungen wichtiger sind noch, als bei Frauen, die Anfang 20 sind. Das ist auch wieder ein Unterschied, weil ich glaube eigentlich für jede Frau ist es ein sicheres Gefühl, dass sie weiß, es ist alles ok, weil selbst bei diesen einfachen Ultraschalluntersuchungen erkennst du schon eine ganze Menge.

I: Würdest du auch mitgehen bei der Meinung, dass durch diese Ultraschallbilder, du eine größere Bindung zu deinem Kind aufgebaut hast?

Frau H.: Ja, auf jeden Fall. Du spürst es zwar jeden Tag, aber du kommst ihm näher. Oft habe ich mir zum Beispiel Gedanken gemacht: „Mensch, wie sieht es denn überhaupt aus? Wie groß ist es denn? Hat es denn schon ein gutes Gewicht?" Ja, das ist schön gewesen, zu sehen auf dem Foto. Und es sieht ja nun wirklich aus, als ob sie dir den Bauch aufklappen und ein Foto von dem Kind schießen. Das war dann einfach ein ganz warmes Gefühl, so viel Freude, wenn der Arzt dann gesagt hat: „Oh, es ist wieder 2 cm gewachsen", oder „Es ist 100 g schwerer geworden", weil du immer wusstest: „Okay, das Kind ist gut versorgt." Wo ich sie das erste Mal auf dem Ultraschallbild gesehen habe, da sah sie aus wie eine Nuss. Aber trotzdem hab ich sie mir angeguckt: „Das ist mein Baby." Mit Tränen in den Augen, es war so schön, wenn du dann immer verglichen hast: Irgendwann wurden daraus dann Ärmchen und Beinchen und ein Kopf und auf einmal hast du dann die Nase gesehen, du warst deinem Kind richtig nahe, als ob es schon da wäre. So, wenn ich mir vorstelle, ich hätte die Bilder nicht gehabt, kann man sich gar nicht richtig rein versetzen, weil es eigentlich so normal ist. Aber es ist schon schön, also ich hab mich darüber immer sehr gefreut.

I: Grade auch wegen den Bildern, die man dann mit nach Hause nehmen kann?

Frau H.: Richtig, ja genau! Weil man sie dann auch der Familie zeigen kann, oder auf DVD. Dann konntest du deinen Eltern oder Großeltern, die jetzt vielleicht nicht dabei waren, zeigen: „Guck mal!" Und die waren alle begeistert. Die Ultraschallbilder hattest du dann auch immer im Portemonnaie und konntest sie auch den Freunden zeigen. Das war schon schön!

I: Und so abschließend, was würdest du vielleicht noch gern hinzufügen, was ich vergessen haben könnte zu fragen, was dir aber sehr wichtig ist in Bezug auf die PND?

Frau H.: … Wie gesagt, diese Fruchtwasseruntersuchung, die wollt ich nicht, von Anfang an, aus großer Angst. Hätte der Arzt zu mir gesagt, er würde mir raten, es zu machen, weil bestimmte Punkte oder Kriterien erfüllt wären, hätte ich gesagt, ja. Aber nicht aus dem Grund, weil meine Freundin, die auch schwanger ist, sagt, sie würde es machen oder weil mein Partner das gesagt hätte.

I: Gut, dann bedanke ich mich recht herzlich für deine Offenheit und wünsche dir und deinem Partner und noch viel Freude mit deinem Kind.

Frau M. (29-jährige Mutter eines 16 Monate alten gesunden Mädchens)

Zunächst wurden die Vorhaben der BA-Arbeit erklärt und auf Anonymisierung etc. hingewiesen.

I: Erzähl mir doch erst einmal etwas von deinem Kind. So zum Einstieg. Was hat sich ab dem Tag der Geburt von deinem Kind in deinem Leben verändert, wie hast du deine Schwangerschaft erlebt?

Frau M.: Als erstes war bei mir, dass ich Schwangerschaftsdepressionen hatte. Das habe ich daran gemerkt, dass ich den ganzen Tag nur geheult habe. Wenn man mich gefragt hat, wie es mir geht, habe ich einfach nur angefangen zu weinen. Dass ich dann mir Vorwürfe gemacht habe, dass ich dann mit meinem Hund nicht mehr rausgehen konnte, dass ich halt nicht mehr so die Zeit habe für mich. Das waren so die negativen Sachen, und dann war halt so das Positive, zu realisieren: Gut, man ist jetzt schwanger, dass man jetzt ein kleines Wesen hat, also ein kleines Baby, was einen anguckt, wo man weiß, das geht nie wieder weg, das ist halt immer da, und dass man sich halt die ganze Zeit um die Kleine kümmert, das sind die schönen Sachen ... Ja, zum Ablauf erst mal: Sich selber zurecht finden, das dauert dann auch noch mal einen Moment, weil in einem selber sehr sehr viel vorgeht. Weil du einfach nicht weißt ... also in einem Moment ist alles ok, du versuchst deinen Tagesablauf zu strukturieren, also zu welchen Zeiten du irgendwas machst. Und dann ist halt wichtig, dass man im Endeffekt Hilfe annimmt, wenn Hilfe angeboten wird, dass man die auch annimmt, egal wie stolz man in dem Moment ist.

I: Von welcher Hilfe redest du da speziell?

Frau M.: Na Haushaltshilfe, einkaufen. Meine Schwiegermutter kam beispielsweise dann vorbei und hat mir die Wäsche gemacht, weil ich dafür einfach keine Zeit mehr hatte, weil in dem Moment, wo das Kind da ist, ist einfach nur noch Kind! Alles andere ist unwichtig. Hauptsache das Kind hat was zu essen; das Kind weint, warum weint es? Dann brauch es eine neue

Windel, dann will es spielen und schlafen und wenn es schläft, dann könntest du sagen, jetzt machst du was für den Haushalt, aber kannst du in dem Moment gar nicht, weil du dir sagst, ja jetzt mal fünf Minuten für dich.

I: Also würdest du jetzt sagen, dass du deine Schwangerschaft im Großen und Ganzen eher positiv oder eher negativ erlebt hast und warum?

Frau M.: Ein Traum! Also es war gar nichts, nur zum Schluss hatte ich Wasser. Ja sonst war alles schick!

I: Zum Thema Pränataldiagnostik, da gehört ja Ultraschall und Fruchtwasserpunktion und alles dazu und Triple-Test. Inwieweit hat dich da dein Gynäkologe informiert?

Frau M.: Naja, bei mir war es ja so gewesen: In der 7. Woche hab ich erfahren, dass ich schwanger bin. Dann sollte ich ja erst 3 Wochen später wieder hin. Und diese Nackenfaltenuntersuchung machst du ja in der 13. Woche. Und daher, dass ich es nicht unbedingt für nötig empfunden habe, meinem Kind dahinten durch eine Spritze hinten in den Nacken des Fötus … Also, da wird dann halt Wasser entnommen, oder irgendwie so was. Da wird dann halt nachgeguckt, ob das Kind irgendwelche Schäden hat. Und davon halte ich halt nicht viel.

I: Meinst du jetzt die Fruchtwasserpunktion? Nackenfaltenmessung wird nicht mit einer Spritze gemacht, sondern durch Ultraschall abgemessen.

Frau M.: Nein, nein, nein. Da wird in den Fötus selber reingegangen und dann wird halt 'ne Probe entnommen. Da wird dann geguckt, ob es irgendwelche Genschäden hat. Und falls es diese hat, dass du dann noch rechtzeitig den Schwangerschaftsabbruch machen kannst.

I: Wer hat dich denn bezüglich dieser Verfahren beraten und aufgeklärt? War das eher der Gynäkologe oder dein Umfeld oder du selbst?

Frau M.: Nein. Wir haben gesagt: „Das machen wir nicht, wir gehen einfach davon aus, dass es gesund ist." Wenn was gewesen wäre, hätten wir das spätestens bei der Feindiagnostik erfahren. Man lebt zwar ein paar Monate dann damit, dass was sein könnte, macht sich natürlich dann auch Gedanken, aber so lange, wie in der Familie vorher nichts passiert ist, an Genfehlern, das irgendwie ein zu kurzer Arm oder Hasenscharte oder irgendwas war, passiert so was ja eigentlich nicht.

I: Du hast gerade die Feindiagnostik angesprochen. Wie ging es dir denn dann in der Zeit bevor der Termin dort war? Wie waren deine Gedanken bezüglich doch einer möglichen Beeinträchtigung bei eurem Kind?

Frau M.: Na, ob es gesund ist. Ob es irgendwelche Sachen wie eine Hasenscharte oder alle Gliedmaßen vorhanden sind, ob alles halt wirklich fit ist. Weil ich selber nicht wüsste, ob ich hätte damit umgehen können, wenn L.[236] zum Beispiel behindert wäre. Da wüsste ich nicht, ob ich das zum Beispiel geschafft hätte. Ich denke mal, dass ich es irgendwo sicherlich packen würde, aber die Angst war halt extrem und dadurch war es dann halt auch schön, wo es halt die ersten Ultraschallbilder gab, wo man dann halt sehen konnte, wie sich das Kind entwickelt hat, vorher war es ja bloß ein Teddy (lacht) auf den Bildern. Man wusste zwar, man ist schwanger, aber man konnte es sich jetzt nicht vorstellen, weil man es ja nie sieht, und so lange man es ja nicht visuell vor den Augen hat … Du weißt es, aber kannst es dir halt noch nicht so richtig vorstellen. Wenn du es das erste Mal dann so siehst, wenn es noch Purzelbäume schlägt, weil es noch Platz hat, das ist schon schön. So von außen zu sehen. Feindiagnostik war das Schönste eigentlich, weil es dann auch der Papa mal richtig lange sehen konnte. Du als Mutter baust ja in den ersten Wochen schon deine Bindung auf. Du weißt, du bist schwanger, setzt dich ja automatisch mehr mit dem Thema auseinander, was du beachten solltest, was du halt nicht essen darfst.

I: Würdest du jetzt so weit gehen, dass du sagst, du konntest durch die Ultraschallbilder eine größere Bindung zu deinem Kind aufbauen?

Frau M.: Ja.

---

[236] L. bezeichnet hier das Kind.

I: In Düsseldorf bietet beispielsweise ein Dr. Dailali „Haptonomie" als Schwangerschaftsbegleitung, alternativ zu Ultraschalluntersuchungen, an, mit der Intention, dass durch fachmännisch angeleitetes Berühren und Abtasten des Bauches, die Mutter auf solche Verfahren nicht angewiesen sei, da sie alles selbst spüren könne. Was hältst du davon? Könntest du dir so etwas für eine mögliche nächste Schwangerschaft als Alternative vorstellen?

Frau M.: Bei dem ersten Frauenarzt, wo ich war, der hatte nur so ein Ultraschallgerät, was von innen die Aufnahmen gemacht hat, später konnte der auch keine Bilder mehr machen. Und mir persönlich war das zu altmodisch, weil warum sollte man nicht die Technik nutzen, die man heutzutage hat, und dann halt wieder so einen Rückschritt zu machen, in Sachen Schwangerschaft, weil ich es einfach besser finde.

I: Was ich sehr interessant finde, ist, dass in Deutschland der Ultraschall schon ziemlich Routine geworden ist, aber in anderen Ländern ist der durchaus gar nicht üblich. Hast darüber schon einmal nachgedacht?

Frau M.: Na, ich denke mal, dadurch, dass es hier so normal ist, nimmt das auch jeder in Anspruch. Ich war ganz froh drum, weil dadurch, dass ich nachts einen Zusammenstoß mit einem Reh hatte, wusste ich nicht: Habe ich mein Kind jetzt noch im Bauch oder hab ich es nicht mehr im Bauch, weil im 4. Monat, da merkst du nicht, ob du einen Abgang hast, weil es halt einfach nur 2 cm groß ist. Da war ich dann ganz froh drum, dass es den Ultraschall gab und ich den nächsten Tag gucken konnte.

I: In meiner Literaturrecherche stieß ich auf Interviews mit Müttern, die berichteten, dass sie in dem Zeitraum des Wartens auf Ergebnisse, auch gar keine Bewegungen spüren wollten bzw. sie als negativ empfanden, da sie bis zum endgültigen Ergebnis keine Bindung aufbauen wollten, aus Angst, doch ein auffälliges Ergebnis zu erhalten. Könntest du diese Gefühle bestätigen?

Frau M.: Nein, die erste Bewegung, die ich gespürt habe, war genau an dem Tag, wo ich zur Feindiagnostik gefahren bin. Im Auto habe ich zum ersten Mal bewusst die Bewegung von L. wahrgenommen ... Die Bindung an sich findet schon automatisch statt, die kann man nicht unterdrücken, das war zumindest bei mir so. Ich hatte immer meine Hand auf dem Bauch, schon in der 6. oder 7. Woche. Dadurch war mir ja selber ja auch schon bewusst, dass irgendwo da was ist. Das Unterbewusstsein sagt einem ja, du bist schwanger. Du musst es halt nur erst einmal checken, dass da was ist. Und das sagt dir dein Körper ja, das ist der

Urinstinkt.

I: Also hast du es für dich nicht als negativ empfunden?

Frau M.: Ganz im Gegenteil, ich fand es schön. Zum Schluss war es ein bisschen lästig, weil es dann gegen die Rippen geboxt hat oder mal so in die Seite oder gegen die Blase geboxt hat. Aber sonst, im Gegenteil, ich fand es sehr schön, weil ich weiß, von 'ner Freundin … Die Freundin war schwanger und das Kind ist Anfang des 9. Monats im Mutterleib gestorben. Und die hatte die ersten Bewegungen zu einem späteren Zeitpunkt, da merkst du ja einfach nicht mehr, ob die sich dann noch so doll bewegen, weil der Platz für das Kind ja einfach nicht mehr da ist, es sich nicht mehr richtig drehen kann. Und bei ihr war das Kind dann halt 3 Tage schon tot. Da musste sie es tot zur Welt bringen. Das find ich dann schon … das ist wirklich schlimm.

I: Und die Fruchtwasserpunktion, habt ihr da mal drüber gesprochen, ob die für euch in Frage gekommen wäre oder unter welchen Umständen vielleicht? Inwieweit hat dein Gynäkologe dich darüber informiert und dich auch intensiv beraten?

Frau M.: (schüttelt den Kopf) Wir haben darüber kurz gesprochen.

I: Wer ist wir in dem Fall?

Frau M.: Mit meinem Partner. Der Gynäkologe hat mir dann gesagt, was ich machen könnte, aber man muss es nicht machen. Und warum sollte man das unbedingt machen? Weil, es reicht ja im Endeffekt, wenn man immer zu den Vorsorgeuntersuchungen geht. Das, was man machen sollte, hab ich gemacht, aber umso mehr du machst, umso ängstlicher wirst du ja dann auch.

I: Und der Triple-Test, sagt der dir was? Wie stehst du zu diesem Verfahren?

Frau M.: Nein, den hab ich nicht machen lassen, ich wusste gar nicht, dass es so was gibt. Das kenn ich nicht, da hat meiner nichts von gesagt.

I: Darf ich dir eine bestimmt nicht ganz so angenehme Frage stellen? Du musst diese auch nicht beantworten, wenn dir das unangenehm sein sollte.

Frau F.: Ja.

I: Kannst du dir vielleicht vorstellen, wie du reagiert hättest, wenn es zu einem auffälligen Befund gekommen wäre?

Frau M.: Für mich stand fest: Wenn es behindert ist, dass wir es abtreiben.

I: Würdest du das jetzt so allgemein sehen, oder würdest du da auch Abstriche machen bezüglich der Art der Beeinträchtigung?

Frau M.: Allgemein. Weil im Endeffekt … Ich bewundere die Menschen, die es machen, die es schaffen, vielleicht würden wir es auch schaffen. Da ich aber nicht mein Leben lang nur als Elternteil funktionieren möchte, sondern in 20 Jahren, wo es im Endeffekt ja zu Hause ist und dann ihr eigenes Leben lebt und groß wird und alles, das hast du ja im Endeffekt nicht, wenn es zum Beispiel körperlich und geistig behindert ist, hast du ja nicht. Was hast du denn im Endeffekt dann für ein Leben? Ja … Für mich wäre es jetzt zum Beispiel nicht schlimm gewesen, wenn L. ein Down-Syndrom gehabt hätte, das wäre zum Beispiel was gewesen, was ich nicht schlimm gefunden hätte. Ich hätte mit umgehen können. Aber zum Beispiel, so richtig gravierende Fälle … Also, wenn es eine leichte Behinderung ist, ist es nicht schlimm, aber das weißt du ja halt vorher nicht, ob es eine leichte Behinderung ist oder ob es komplett behindert ist, also so richtig richtig doll schlimm. Wenn du zum Beispiel jetzt Kinder siehst, die in ihrem Rollstuhl festhängen, die Sabber läuft, ich glaube auch einfach dieses Gaffen der Menschen wird für immer bleiben und ich glaube nicht, dass ich hätte damit umgehen können. Und deshalb war für uns klar, dass, wenn was gewesen wäre, hätten wir darüber nachdenken müssen, also so richtig damit auseinandersetzen. Also, wir haben es kurz mal angeschnitten, das Thema, haben uns aber jetzt nicht wirklich damit befasst: Was wäre wenn, sondern wir haben gesagt, dass, wenn es behindert gewesen wäre, denken wir, hätten wir es abgetrieben. Aber ich glaube, wenn man weiß, man ist schwanger, und bekommt das Kind, ist es im Endeffekt schlimm, wenn man wegen so was das tötet? Ist das Mord in diesem Sinne? Ich denke, man hätte sich dann nochmal mit dem Thema befassen müssen, aber jetzt einfach die erste Aussage war halt, dass wir es hätten abtreiben lassen.

I: Und was hältst du jetzt speziell von der Fruchtwasserpunktion? Wann sollte man die deiner Meinung nach machen? Sollte man die überhaupt machen?

Frau M.: Das ist nie auszuschließen, dass trotzdem irgendwas ist, weil auch diese Untersuchungen sind nicht zu 100%.

I: Ja, vor allem bürgen sie ja auch gewisse Risiken, die nicht zu verachten sind.

Frau M.: Eine Freundin von mir hat es machen lassen, um zu gucken, ob ihr zweites Kind den gleichen Herzfehler bekommt wie das erste. Die musste drei oder vier Tage bangen, dass sie das Kind nicht verliert, weil das wohl irgendwie die Zeitspanne nach dieser Punktur ist, wo es dann noch abgehen kann. Die hat sich in der Zeit total unter Druck gesetzt und die Angst war danach noch größer, dass sie das Kind dadurch verlieren könnte. Aber sie hat es ja selbst so entschieden, dass sie es machen lässt, sie hätte auch einfach nur warten müssen bis zur Feindiagnostik, denn da sehen sie ja, ob das Herz einen Fehler hat oder nicht. Nur weil man nicht so lange warten möchte? Das verstehe ich nicht!

I: Nun gut, aber wenn es demnach schon Indizien für mögliche Probleme gab. Bei der Feindiagnostik ist ja nun auch nicht alles sichtbar.

Frau M.: Doch. Naja gut, die Erbkrankheiten dann vielleicht nicht. Ich finde persönlich … Also für uns kam es halt nicht in Frage, wenn was gewesen wäre, hätten wir ja dann immer noch entscheiden können.

I: Wie würdest du die PND einschätzen: Als eher hilfreich oder doch eher eine psychische Belastung?

Frau M.: Beides.

I: Inwiefern?

Frau M.: Zum einen ist der positive Nebeneffekt, dass man das Kind vorher sieht, dass man es visuell schon einmal alles erfassen kann. Negativ ist zum Beispiel schon, dass man vielleicht Sachen sieht, die man gar nicht sehen möchte. Dass es das gibt, ist schön. Dass es diese Möglichkeit gibt, dass man vorher z.B. gucken kann, was es wird. Und der Nachteil ist natürlich, dass die Kinder heutzutage mit extrem viel Technik zur Welt kommen, Ultraschallwellen.

I: Ja, man denke da nur an die Röntgenstrahlen, bei denen man auch erst 50 Jahre später entdeckt hat, dass sie schädlich waren. Und den Ultraschall gibt es beispielsweise noch keine 50 Jahre.

Frau M.: Deswegen ja, man weiß es halt nicht.

I: Vielleicht ja auch ein Grund, warum der Ultraschall in anderen Ländern gar nicht routinemäßig verwendet wird?

Frau M.: Ach, das wusste ich auch nicht.

I: Oder, auch sehr interessant ist, dass viele Mütter angeben, dass das Schönste am Ultraschall halt ist, dass sie ein Bild haben, was sie mit nach Hause nehmen können und sich in die Wohnstube stellen können oder so.

Frau M.: Ja, dass du halt weißt, jetzt sieht das Kind in dem Moment so aus. Klar und man ist stolz und kann es rumzeigen.

I: Und so abschließend, was würdest du vielleicht noch gern hinzufügen, was ich vergessen haben könnte zu fragen, was dir aber sehr wichtig ist in Bezug auf die PND?

Frau M.: Naja, dass man sich halt einfach nicht so sehr unter Druck setzen sollte. Die Zeit, in der man schwanger ist, sollte man genießen! Und sich nicht über alles einen Kopf machen, was passieren könnte, was wäre wenn. Ich kann auch morgen auf die Straße gehen und werde überfahren. Einfach diese neun Monate genießen, weil danach hast du keine Zeit mehr zum Genießen. Auch das partnerschaftliche noch genießen, denn das geht in den ersten Wochen und Monaten flöten, weil du halt nur noch als Mutter funktionierst, da ist der Mann erst mal egal.

I: Gut, dann bedanke ich mich recht herzlich für deine Offenheit und wünsche dir und deinem Partner noch viel Freude mit eurem Kind.

Frau E. (37-jährige Mutter eines einjährigen gesunden Mädchens)

Zunächst wurden die Vorhaben der BA-Arbeit erklärt und auf Anonymisierung etc. hingewiesen.

I: Hast du noch irgendwelche Fragen, bevor wir anfangen?

Frau E.: Eigentlich nicht, nein.

I: Okay. Kannst du mir zum Einstieg ein bisschen was darüber erzählen, wie sich dein Leben mit der Geburt von S.[237] verändert hat?

Frau E.: Alles hat sich verändert. Alles! … Also, ich wusste ja vorher schon, dass ein Kind das Leben verändert. Aber, dass ja wirklich gar nichts mehr ist, wie früher … Nicht nur das Leben an sich ändert sich, sondern ich mich auch, also, halt, meine ganze Persönlichkeit, auch M.[238] Ich glaube, wir leben viel intensiver als früher, genießen jeden Augenblick mit der Kleinen. Klar ist's auch stressig. Aber ich finde eben, dass es ein schöner Stress ist. Wir haben halt auch das Glück, dass S. ein eher ruhiges Kind ist und halt sehr, naja … irgendwie unkompliziert, wenn man das so sagen kann. Ja, also, hm … Alles hat sich verändert. Zum Guten!

I: Also kann ich auch davon ausgehen, dass S. ein Wunschkind war?

Frau E.: Ja, auf jeden Fall. Sie ist ja auch unser erstes Kind. Und wir hatten halt damals gesagt, dass wir selber erst einmal auf festen Beinen stehen müssen und uns erst dann auch wirklich um ein Kind kümmern können. Deshalb haben wir eben auch so lange gewartet damit. Aber jetzt ist es wirklich sehr schön. (lächelt)

I: Kannst du mir auch etwas darüber sagen, wie du deine Schwangerschaft erlebt hast?

---

[237] Kind von Frau E.
[238] Vater des Kindes und Ehemann von Frau E.

Frau E.: Also, meine Schwangerschaft war wirklich schön. Ja doch, von Anfang an eigentlich. Das einzige war halt, dass ich ein Haufen zugenommen hab, was ich jetzt nicht mehr runterkriege. (lacht)

I: Und inwieweit hat dich M. während deiner Schwangerschaft unterstützt?

Frau E.: Naja, er war halt immer da. Viel mehr als früher. Er hat sich wirklich sehr um mich gekümmert. Früher ist er oft abends weggegangen mit seinen Freunden und so. Aber dann war er eigentlich immer da. Naja, was heißt immer, also, halt fast immer. Ja, ich muss schon sagen, M. hat sich wirklich Mühe gegebenen. Die Schwangerschaft hat uns noch mehr verbunden als vorher … Naja, und er hat mich halt auch dahingehend unterstützt, dass er aufgehört hat mit Rauchen, weil ich das ja auch gemacht hab. Und so Sachen, die ich dann nicht mehr machen durfte, was mir aber halt schwer fiel, da hat er mich eben unterstützt.

I: Du warst vorher also Raucherin und hast dann aufgehört mit dem Rauchen, um die Gesundheit deines Kindes nicht zu gefährden?

Frau E.: Ja, na klar. Also, naja, ich hab halt auch schon von Anfang an gesagt, dass ich alles, was möglich ist, tun werde, um die Gesundheit meines Kindes nicht zu gefährden. Es gibt ja auch immer noch Frauen, die das ganz anders sehen und zum Beispiel nicht aufhören mit dem Rauchen oder sich halt da gar nicht so 'nen Kopf drum machen, weil sie halt denken, dass das dem Kind nicht groß schadet oder so. Aber so ist es ja nicht. Also, wir haben eben gleich gesagt, dass wir alles tun werden, damit das Kind gesund zur Welt kommt. Ich denke, das ist ja auch ganz logisch, jeder will doch immer nur das Beste für sein Kind. Von daher finde ich das eben total unverantwortlich zu sagen: „Ich schränke mich da nicht ein“, oder „Ich ändere nichts an meinem Verhalten“ oder so etwas. Solche Leute dürften, meiner Meinung nach, keine Kinder bekommen.

I: Hast du aus diesem Grund dann auch weiterführende Untersuchungen während deiner Schwangerschaft machen lassen?

Frau E.: Also, man macht sich ja schon immer Gedanken, ob das Kind gesund ist. Und das wollten wir halt wissen.

I: Welche Verfahren hast du dann genutzt, um dies festzustellen? Und welche wurden dir eventuell auch noch empfohlen?

Frau E.: Naja, erstmal … wir haben halt die normalen Ultraschalluntersuchungen gemacht. Aber ich glaube, das ist ja Standard bei der Vorsorge. Bei mir meinte dann mein Frauenarzt eben, dass er mir empfiehlt, noch weitere Tests machen zu lassen. Eben deshalb, weil ich da ja schon 35 war. Er meinte dann halt, dass das ein Risikofaktor ist und dass es noch weitere Untersuchungen gibt, die ich in Anspruch nehmen kann, die ich aber selber bezahlen muss. Also, das hat dann die Kasse nicht übernommen. Er hat mir aber halt auch gesagt, dass ich mir das gut überlegen soll, weil manche Untersuchungen auch dem Kind schaden könnten. Ich hätte zwar den Risikofaktor, dass ich schon 35 bin und dass ich rauche, aber trotzdem sagte er halt, dass es eher unwahrscheinlich ist, dass das Kind krank ist oder eben eine Behinderung hat. Trotzdem hab ich mir da dann schon Gedanken gemacht. Mein Frauenarzt hat mir dann auch so Infomaterial gegeben, so Prospekte und so etwas und wo ich mich halt noch informieren kann, also so Internetadressen und so. Naja, da konnte ich mir dann halt genau anschauen, um was es bei den Untersuchungen geht und wie das durchgeführt wird und was man halt damit so feststellen kann.

I: Inwieweit hat M. dann zu deiner Entscheidung für bzw. gegen weitere Verfahren beigetragen?

Frau E.: Also, wir waren ja meistens zusammen beim Frauenarzt. Und er hat sich dann halt auch mit informiert … Naja, wir haben eben zum Beispiel diese Prospekte und so zusammen angeschaut und im Internet zusammen geguckt. Einmal hat er sogar noch zusätzliche Infos im Internet gefunden, da ging es so um Erfahrungen. Klingt ja an sich schon mal ganz gut, aber irgendwie haben mich die Berichte von den Frauen da noch mehr verunsichert. Wir haben das dann halt zusammen gelesen und ausgewertet und dann gesagt, dass wir uns so etwas nicht mehr durchlesen und uns nur noch auf das verlassen, was uns der Frauenarzt empfohlen hat. Ja so war das … Also M. war halt immer mit dabei und ich habe mich dann auch nicht alleine entscheiden müssen.

I: Welche Verfahren hast du dann letztendlich in Anspruch genommen?

Frau E.: Also wir haben eben Ultraschall und diese Messung der Nackenfalte gemacht. Und das war dann halt auffällig. Der Arzt meinte, dass das Risiko für Down- Syndrom wohl ziemlich hoch ist. Das war schon erst mal ein ganz schöner Schock für uns … Deshalb hatten wir dann noch eine Fruchtwasserpunktion machen lassen. Das war aber irgendwie komisch, weil mir auch nicht so richtig gesagt wurde, was das bedeutet. Aber ich hatte ja noch das Infomaterial und da stand dann drin, dass es bei der Fruchtwasserpunktion auch Risiken für das Kind gibt, also es halt ein erhöhtes Risiko für eine Fehlgeburt gibt und dass das Kind halt verletzt werden kann und so. Das hat einem schon ganz schön Angst gemacht. Aber wir haben halt gesagt, dass wir das Risiko dennoch eingehen und untersuchen lassen. Naja, und dann haben die das halt gemacht und dann kam nach zwei Wochen das Ergebnis, dass halt alles in Ordnung ist mit dem Kind. Ich hatte mir solche Sorgen gemacht …

I: Wie war das für dich, als du auf das Ergebnis der Untersuchung warten musstest?

Frau E.: Schlimm. Wirklich ganz, ganz schlimm. Ich war unruhig, war aufgeregt, habe mir Sorgen gemacht. M. hat versucht, mich zu beruhigen, aber das hat er auch nicht geschafft. Im Gegenteil, ich habe ihn mit meinen Sorgen auch noch angesteckt. Wir haben uns beide so fertig gemacht. Wir haben die letzten Tage kaum noch das Haus verlassen, da ja der Arzt anrufen könnte und uns sagen könnte, was rausgekommen ist. Es war schrecklich. Auch, weil wir dann halt nochmal nachgelesen haben und auch nochmal andere gefragt haben. Ich hoffte so sehr, dass es dem Kind gut geht … Dieses Warten … Es war schlimm.

I: Was hättest du bzw. ihr getan, wenn bei der Untersuchung ein auffälliger Befund gekommen wäre?

Frau E.: Naja, ich muss sagen, dass stand bei uns von Anfang an fest. Wir haben immer gesagt, dass wir das Kind bekommen werden, egal ob Junge oder Mädchen, ob krank oder nicht.

I: Trotzdem habt ihr die Fruchtwasserpunktion durchführen lassen …

Frau E.: Ja. Aber es ging uns eben darum, Gewissheit zu haben. Wir wollten das Kind in jedem Fall, aber wir wollten auch von vornherein wissen, auf was wir uns einstellen müssen. Es war uns einfach wichtig. Aber wenn ich jetzt im Nachhinein darüber nachdenke, was wir S. damit antun hätten können und was wir uns auch selbst damit angetan haben … Diese Unsicherheit, dieses Verrücktmachen und dann auch noch die ständigen Fragen von meinen Eltern,

Freunden, die wissen wollten, was nun rausgekommen ist. Wenn ich nochmal schwanger werde, werden wir das auf keinen Fall wieder machen. Zwar ist dann das Alter noch bedeutender, aber nee … So etwas tue ich mir nicht mehr an. Auf keinen Fall!

I: Inwieweit hat das Warten auf das Ergebnis auch deine Bindung zum Kind beeinflusst?

Frau E.: Naja, also ich wusste ja, dass wir das Kind auf jeden Fall bekommen wollen. Und ich war auch wahnsinnig glücklich, als ich erfahren habe, dass ich schwanger bin. Von daher war halt die Freude schon so groß, dass ich mich dem Kind auch schon zum Anfang der Schwangerschaft sehr verbunden gefühlt habe. Oder wie meinst du das jetzt?

I: Naja, es gibt z.B. auch Frauen, die sich dem Kind nicht verbunden fühlen können oder wollen, solange eben kein Befund dafür da ist, dass das Kind gesund ist.

Frau E.: Ach so, ja … Hm, naja, das war ja aber bei uns nicht, weil wir ja gesagt haben, dass wir das Kind bekommen wollen. Klar hat man sich auch Gedanken gemacht. Wäre ja auch schlimm, wenn nicht. Schließlich ist es ja auch was ganz anderes, wenn man ein behindertes Kind zur Welt bringt. Da muss man sich schon vorher informieren und schauen, wie man das alles geregelt kriegt.

I: Und inwieweit hast du dich darüber informiert?

Frau E.: Naja, ich beschäftige mich ja schon länger mit dem Thema[239] und weiß halt auch, worauf es ankommt, welche Probleme mich erwarten. Aber ich weiß eben auch, dass es ein ganz wunderbares Zusammenleben sein kann, wie bei ganz normalen Familien auch. Es kommt halt immer darauf an, wie man damit umgeht. Und wie man halt auch von außen Unterstützung bekommt und vom Vater eben auch.

I: Wie steht M. denn dazu?

Frau E.: M. sieht das eigentlich genauso wie ich. Also er hat halt auch gesagt, dass man immer alles schaffen kann, auch wenn das Kind jetzt eine Behinderung hat. Er hat halt auch von Anfang an gesagt, dass er mich immer unterstützen

---

[239] Frau E. war bis zur Geburt ihres Kindes Mitarbeiterin in einem integrativen Kindergarten.

wird. Und dass er sich auf unser Kind freut, egal ob Behinderung oder nicht. Trotzdem war er, genau wie ich, natürlich froh über das negative Ergebnis.

I: Hat dich dein Frauenarzt zum Thema, wie man mit einem behinderten Kind lebt und so weiter aufgeklärt?

Frau E.: Nee, also, aufgeklärt nicht. Er hat mir halt gesagt, was bei den Verfahren rauskommen kann und mir dazu Infomaterial gegeben. Und in dem Infomaterial stand dann wiederum drin, wo man sich hinwenden kann bei 'nem auffälligen Befund und so etwas. Mein Frauenarzt hat also sozusagen vermittelt.

I: Wie stehst du dazu, ein Kind nach einem auffälligen Befund auch noch nach der 12. Schwangerschaftswoche abtreiben zu lassen?

Frau E.: Ich finde so etwas ganz schlimm. Ein Staat hat doch nicht umsonst eine Auflage, dass eben nur bis zur 12. Woche abgetrieben werden darf. Ich mein, das Kind entwickelt sich ja auch … Nee, also so etwas kann ich absolut nicht verstehen. Solche Leute gehören echt eingesperrt.

I: Wenn doch aber die Frau nicht mit einem behinderten Kind klarkommen würde?

Frau E.: Nee, also … Trotzdem verstehe ich so etwas nicht. Es gibt immer Hilfen, halt auch so Einrichtungen und Vereine und so, wo man sich hinwenden kann. Da gibt's immer irgendwas. Und ich find's auch nicht gut, dass eine Frau, die vielleicht gar keine Ahnung hat, von vornherein sagt, dass sie ein behindertes Kind ablehnt. Klar ist das natürlich schwer. Trotzdem, ich kann so etwas halt nicht verstehen.

I: Okay. Hast du noch etwas, was wir vielleicht vergessen haben oder was du mir noch zum Thema erzählen möchtest?

Frau E.: Nee, also eigentlich nicht. Wüsste ich jetzt nichts.

I: Dann bedanke ich mich bei dir.

Frau L. (25-jährige Mutter eines 2-jährigen gesunden Jungen)

Zunächst wurden die Vorhaben der BA-Arbeit erklärt und auf Anonymisierung etc. hingewiesen.

I: Gibt es sonst noch etwas, was du wissen möchtest, bevor wir anfangen?

Frau L.: Na, kommt dann also alles, was ich hier sage, mit in die Arbeit rein oder wie?

I: Ja, also es wird komplett so angehangen. Aber wie schon gesagt, es ist alles anonym, du kannst demnach frei sprechen.

Frau L.: Ja gut, okay.

I: Vielleicht kannst du mir zu Anfang kurz etwas darüber erzählen, wie sich dein Leben durch die Schwangerschaft verändert hat?

Frau L.: Ja also, das war halt so, dass … Naja, eigentlich war ja J.[240] gar nicht so geplant. Also, wir haben uns schon gefreut, wo ich erfahren hab, dass ich schwanger bin, aber halt geplant so war's ja nicht.

I: Trotzdem stand es für euch außer Frage, das Kind abtreiben zu lassen?

Frau L.: Nee, also das war ja für uns klar eigentlich. Wir haben uns ja schon gefreut. Und wir wollten ja auch irgendwann Kinder haben. Aber halt eigentlich noch nicht jetzt. Trotzdem haben wir halt gesagt, dass wir das Kind behalten.

I: Wie war deine Schwangerschaft so im Allgemeinen?

Frau L.: Naja, wie halt so eine Schwangerschaft ist. Eigentlich ganz schön. Also, ich hatte jetzt keine Beschwerden oder so was. Zumindest nichts Gravierendes. War eigentlich alles ganz gut.

I: Welche Verfahren der Pränataldiagnostik hast du während deiner Schwangerschaft in Anspruch genommen und warum?

Frau L.: Also, da war halt Ultraschall, ganz normal. Und da lief auch alles ganz gut, also da haben die auch nichts weiter so festgestellt. Ich habe dann aber trotzdem gesagt, dass ich diesen 3D-Ultraschall noch machen lassen will, weil man das Kind da ja auch mal richtig halt … Naja, halt so richtig sehen kann.

---

[240] J. ist das Kind von Frau L.

Weißt du? Und das wollt ich halt. Und dann hatte ich mich dann eben von meinem Frauenarzt beraten lassen. Der hat dann gesagt, dass ich keine Risiken hab, also, dass das Kind jetzt zum Beispiel behindert sein könnte oder so. Weil ich ja noch nicht so alt bin und halt auch sonst nichts hatte. Und Krankheiten in der Familie gab's ja auch keine und von I.[241] seiner Familie halt auch nicht. Deshalb hab ich dann auch gesagt, dass ich nur den Ultraschall und das 3D-Zeug da mache.

I: Wollte I. das auch? Oder hast du die Entscheidung ganz alles getroffen?

Frau L.: Nee also, das hab ich schon alleine entschieden. Nicht, weil ich das unbedingt so wollte, sondern … Naja, I. hat sich da auch halt nicht so für interessiert. Also, der hat sich eher rausgehalten. Hat zwar immer gefragt, was halt beim Ultraschall war oder so. Aber sonst hat er eigentlich immer mir die Entscheidung überlassen, was ich machen will. War auch nicht so schlimm, weil ich ja noch die Unterstützung von meinem Frauenarzt hatte. Der hat mich halt gut beraten. Und mir eben auch klar gemacht, dass ich mir jetzt nicht so die Sorgen machen muss. Und das hab ich ja dann auch nicht gemacht.

I: Du hattest also keine Angst oder Bedenken, dass mit dem Kind etwas nicht stimmen könnte?

Frau L.: Nee, hatte ich nicht. Ich hab's ja auch immer auf dem Ultraschall gesehen. Und wenn dort was auffällig gewesen wäre, gut, ja, dann hätte ich auch noch irgendwelche anderen Untersuchungen machen lassen. Weil ich ja auch gesagt hab, dass ich kein behindertes Kind haben will.

I: Heißt das, du hättest die Schwangerschaft bei einem auffälligen Ergebnis abgebrochen?

Frau L.: Ja, natürlich. Was will ich denn mit einem behinderten Kind? Sorry, aber ist doch so. Was hat denn das Kind vom Leben? Und viel wichtiger: Was wird denn dann aus meinem Leben? Ich könnte mir niemals vorstellen, ein Leben lang auf ein Kind aufzupassen. Oder halt immer die Betreuung zu … naja, zu haben, halt. Also nee, das kann ich mir beim besten Willen nicht vorstellen. Und außerdem: Warum soll ich denn die Möglichkeit nicht nutzen, das Kind dann abzutreiben?

I: Wie steht denn I. dazu?

---

[241] Vater von J. und Lebensgefährte von Frau L.

Frau L.: Er sieht das halt auch so. Er hat auch gesagt, dass wir das Kind da nicht bekommen wollen. Auch meine Eltern haben das gesagt. Sie würden sich so was nicht aufhalsen. Es ist ja auch immer: Was wird denn dann aus deinem Leben? Du kümmerst dich nur noch um dein Kind und hast selber nichts mehr davon. Und wie reagieren auch andere darauf? Also ich mein, wenn jetzt du und dein Kind auf die Straße geht. Ist ja auch nicht schön, wenn es dann immer so gemeine Blicke zugeworfen bekommt. Also nee … Versteh mich nicht falsch: ich bewundere ja schon die Leute, die halt ein behindertes Kind groß ziehen. Aber für mich wär's nichts. Ich hätte das Kind abgetrieben, so hart wie's klingt.

I: Wäre deine Entscheidung die gleiche, wenn sie die Beeinträchtigung erst in späten Schwangerschaftswochen gesehen hätten?

Frau L.: Ja, ich denk schon. Also, es gibt ja, glaub ich die Möglichkeit, Kinder mit schweren Behinderungen auch noch spät abzutreiben, oder?

I: Das stimmt. Den wenigsten Frauen ist aber bewusst, dass dies nicht einfach „nur" eine Abtreibung ist, sondern eine künstlich herbeigeleitete Totgeburt, was eben auch mit enormen Schmerzen etc. zu tun hat. Und eben dann auch psychische Konsequenzen für die Frau hat.

Frau L.: Wie jetzt? Also krieg ich mein Kind dann tot?

I: Es kommt eben auf das Stadium an. Soll die Schwangerschaft erst spät abgebrochen werden, ist es so, dass die Wehentätigkeit eingeleitet wird und das Kind geboren wird. Das kann sich aber auch über lange Zeit hinziehen. Und wenn das Kind nicht direkt bei der Geburt schon stirbt, wird es liegen gelassen.

Frau L.: Okay, krass, das wusste ich nicht. Da müsste man halt dann nochmal schauen. Also ich denk, das muss man dann halt in der Situation entscheiden. Irgendwie.

[kurze Unterbrechung; Telefon klingelt]

Frau L.: Du … Ach, Mist, ich muss … Brauchst du noch irgendwas?

I: Ne, passt schon. Ich danke dir deine Zeit und deine Ehrlichkeit!

04. April 2011: Erste Seminarsitzung, erste Vorschläge für Themen der Arbeit bis Ende April 2011; Themenfindung

Hierbei sollte zunächst das Thema Elternschaft und Behinderung bearbeitet werden. Da sich allerdings schon eine weitere Gruppe mit dem Thema beschäftigte, wurde ein neues Thema gesucht: Abbruch der Schwangerschaft aufgrund einer Beeinträchtigung des Kindes. Bei der Beschäftigung mit diesem Thema und aufgrund der Beratung in der Sprechstunde wurde sich schließlich auf das Thema Schwangerschaftserleben und Pränataldiagnostik geeinigt.

bis 10. Mai 2011: Es wurde sich zunächst ausgiebig mit der Fachliteratur auseinandergesetzt. Dabei wurde ein grober Überblick schon vorhandener Studien gewonnen sowie erste Hypothesen aufgestellt, die letztlich ausformuliert wurden. Die Arbeit mit der Fachliteratur setzte sich weiterhin über die Zeit bis zum Ende des Schreibens der Bachelorarbeit fort.

bis 16. Mai 2011: In dieser Zeit sollte der Leitfaden für die Interviews erstellt werden. Nach Absprache in der Sprechstunde am 10. Mai 2011, wurde dies auch bis zum festgelegten Datum geschafft.

bis 20. Juni 2011: Bis zu diesem Datum wurde der Theorieteil der Arbeit verfasst und Interviews durchgeführt. Da wir beim weiteren Verfassen der Arbeit aber feststellten, dass uns ein paar Fragen unbeantwortet blieben, führten wir zwei weitere Interviews durch. Die Transkription der Gespräche erfolgte jeweils nach dem Interview, direkt im Anschluss.

ab 27. Juni 2011: Kontinuierliches Auswerten und Schreiben

Alle Interviews waren bis dato geführt, transkribiert und die Theorie bearbeitet. Demnach konnte das eigentliche Auswerten und Schreiben der Arbeit erfolgen. Probleme gab es dabei kaum. Die erste „Rohfassung" der Arbeit lag somit am 22. Juli vor, danach wurde die Arbeit für eine Woche beiseite gelegt, um Abstand zu gewinnen.

bis 5. August 2011: Korrekturvorgang

In der Woche vom 1. bis 5. August fanden Korrekturarbeiten statt. Die Formatierung der Arbeit wurde vollendet und die Arbeit abgeschlossen.

Einzelpublikationen

Nadja Belobrow; Präimplantationsdiagnostik – Fluch oder Segen? Perspektiven, Argumentationsstrategien und Lösungsansätze; ISBN: 978-3-656-32256-6

Monique Wicklein, Elisa Peter, Marie-Therese Kubik; Schwangerschaftserleben und Pränataldiagnostik. Einflüsse der Pränatalen Diagnostik auf das Schwangerschaftserleben aus Sicht junger Mütter und deren Konsequenzen für die psychosoziale Beratung; ISBN: 978-3-656-30931-4